KB081495

이 책에 쏟아지는 찬사

"거시적인 생각과 현실적인 보고, 미디어 홍수에서 허우적대는 모든 사람이 읽어야 할 필수 안내서."
　– 스펜서 라이스, 〈와이어드WIRED〉지

"우리의 디지털 세상에서 정말 중요한 문제에 대해 정곡을 찌른다."
　– 존 밀러, 뉴스코퍼레이션(News Corp)의 최고 디지털책임자(Chief Digital Officer)

"로젠바움은 정보 과잉에 대처할 방법을 알고 있다."
　– 더글러스 러시코프, 〈Program or Be Programmed, 프로그램할 것인가, 프로그램당할 것인가〉의 저자

"스티브 로젠바움은 몇 년 동안 큐레이션의 사업적 가치를 입증해 왔다. 새로운 시대의 마케팅을 준비한다면, 이 정보를 고려해야 한다."
　– 크리스 브로건, 〈Trust Agent, 신뢰! 소셜미디어 시대의 성공 키워드– 국역본〉의 저자, 휴먼비즈니스웍스 (Human Business Works)의 회장

"세 가지 핵심 요인을 알려준다. 솔직하고, 열정적이며, 믿음직해야 한다. 로젠바움의 비법은 큐레이션 사업을 준비하고, 경쟁에서 두 발짝 앞서 나가는 데 도움이 될 것이다."
　– 데이몬드 존, 후부(FUBU)의 창립자, 〈The Brand Within, 내부로부터의 브랜드〉의 저자

"우리의 친구와 동료들이 가장 신뢰할 만한 편집자로 떠오르고 있는 과정을 설명해준다."
　– 스티브 케이스, 아메리카온라인(America Online)의 전직 회장 겸 CEO, 레볼루션(Revolution LLC)의 회장 겸 CEO

"스티브 로젠바움은 진정한 비전가이다."
　– 밥 가필드, 미국 공영 라디오방송(NPR) 〈온더미디어On the Media〉의 공동 사회자, 〈The Chaos Scenario, 카오스 시나리오〉의 저자

"사용자 제작 콘텐츠로 가득찬 세상에서, 사용자는 곧 편집자가 되어가고 있다. 스티브 로젠바움은 이러한 큐레이션이 왜 중요한 트렌드인지를 설명한다."
　– 프레드 윌슨, 유니언 스퀘어 벤처(Union Square Ventures)의 파트너, AVC 블로그의 블로거

"스티브 로젠바움은 미래를 보았고, 모든 미래의 큐레이터를 위해 그 내용을 책 한 권에 담았다."
— **스콧 하이퍼만**, 밋업닷컴(Meetup.com)의 CEO

"스티브 로젠바움은 웹 동영상 분야의 선구자이다. 그러므로 스티브가 큐레이션에 대해 말할 때는 모두 경청해야 한다. 나도 마찬가지다."
— **댄 에이브람스**, 에이브람스 미디어네트워크(Abrams Media Network)의 창립자

"스티브 로젠바움은 온라인 커뮤니티의 위력을 누구보다 먼저 파악했다. 이제는 협업의 영향력을 이야기하고 있으므로, 우리 모두 귀담아 들어야 한다."
— **조 클라인**, 전직 CNN 프로그램 부문 책임자

"디지털 세계가 향후 10년간 나아갈 방향에 대한 실용적인 지침서."
— **하워드 모건**, 아이디어랩(IdeaLabs) 및 퍼스트라운드캐피털(First Round Capital)의 파트너

"로젠바움은 트위터와 페이스북의 세상에서 큐레이션이 수행하는 역할을 설명한다."
— **로버트 스코블**, 스코블라이저(Scobleizer.com)의 블로거

"이 개방적이고 접근성 높은 정보의 세계를 더욱 수익성 있는 사업으로 바꾸어줄 처방전을 담고 있다."
— **스테파니 아그레스타**, 웨버 샌드윅(Weber Shandwick) 소셜미디어 부문 전무이사, 〈Perspectives on Social Media Marketing, 소셜미디어 마케팅을 보는 관점〉의 저자

"21세기 미디어에 대한 읽기 쉽고 일관된 비전을 제시한다."
— **잭 마이어스**, 리커넥팅(Reconnecting)의 저자

"디지털 활동의 미래는 큐레이션이다. 읽고 즐기자."
— **셸리 파머**, NBC 유니버설의 셸리 파머의 생방송 디지털쇼 (Live Digital with Shelly Palmer)의 진행자

"커뮤니케이션과 상거래 분야의 최대 혁명을 꿰뚫어 보는 시선."
— **J. 맥스 로빈스**, 팰리 미디어센터(the Paley Center for Media)의 부회장 겸 최고경영자

"스티브 로젠바움은 남들보다 먼저 상황을 간파하는 재능을 타고났다. 이제 〈큐레이션〉으로 그 재능을 우리와 나누고자 한다. 이 기회를 놓치지 말고, 책을 읽어보자!"
– **앨런 M. 웨버**, 패스트컴퍼니(Fast Company)의 공동 창립자

"포스트 디지털 시대의 데이터 체계화에 관한 매뉴얼."
– **제이슨 실바**, 작가, 영화감독, 커런트 TV(Current TV)의 창립 진행자 겸 프로듀서

"신선한 통찰력, 적절한 사례연구, 전문가 인터뷰, 흥미로운 개인적인 일화가 넘쳐나는 가운데, 이 모든 내용이 미디어와 기술 분야에서 진정한 개척자 중 한 사람의 설득력있는 주장을 뒷받침한다."
– **앤드루 헤이워드**, CBS뉴스(CBS News)의 전직 회장, 마켓스페이스넥스트(MarketspaceNext)의 사장

"현대의 소매상을 위한 필독서."
– **데일 니취케**, 타깃닷컴(Target.com)의 전직 회장, 오바티브/그룹(Ovative/Group)의 파트너

"예술, 기술, 영속적인 인간 판단력의 가치에 대한 설득력 있는 주장을 제시한다."
– **앤드류 내치슨**, 위미디어(We Media)의 창립자

"미디어, 마케팅, 웹을 통해 확대되는 소비자의 목소리에 관심이 있다면, 반드시 읽어봐야 할 책!"
– **제프 헤이즐렛**, 미러 테스트(The Mirror Test)의 저자

"경쟁 환경을 변화시키는 모든 권력이동 중에서 독자, 사용자, 소비자가 사업과 미디어 분야의 실세로 등장했다는 것만큼 중대한 사안은 없다. 스티븐 로젠바움은 이렇게 새로운 환경에서 중요한 일을 하는 방법을 깨닫고, 〈큐레이션〉에서는 자신의 아이디어를 설명하며 실현시키고 있다. 미래를 창조해 가는 사람의 말을 듣는 것처럼 흥미로운 일도 없을 것이다. 스티브는 바로 이 일을 하고 있으며, 이 중요한 책은 우리 모두에게도 이 일을 하는 방법을 가르쳐 준다."
– **윌리엄 C. 테일러**, 패스트컴퍼니(Fast Company)의 공동 창립자, 실용적 급진주의(Practically Radical)의 저자

정보 과잉 시대의 돌파구

큐레이션

정보 과잉 시대의 돌파구

큐레이션

스티븐 로젠바움 지음 | 이시은 옮김 | 임헌수 추천·감수

이코노믹북스

CONTENTS

Part 1
박물관에서 탈출한 큐레이션

Part 2
큐레이션의 도약과 저항

Part 3
큐레이션의 미래와 성공

큐레이션 : 미디어 3.0 시대를 이해하는 열쇠

벤처스퀘어 대표 명승은

인간은 태생적으로 뭔가를 알고 싶어 한다. 알고 싶은 것을 수집하는 습성이 있고, 새로운 소식을 들었을 때 그것을 다른 이에게 알려주고 싶은 욕망이 있다. 내가 아는 것을 다른 사람에게 전해주는 것, 이것이 바로 미디어의 기본적인 속성이다.

우리가 갖고 있는 정보, 콘텐츠, 소식, 이야기, 데이터 등을 누군가에게 전달할 때 거치는 모든 것을 우리는 미디어라고 부른다. 모든 사람은 미디어를 통해 알고 싶은 욕망과 알리고 싶은 욕망을 해소한다. 그러니 인터넷 포털 역시 미디어이며 많은 사람이 지나다니는 담벼락도 미디어이다.

이 책에서 소개하는 큐레이션 개념은 미디어 본연의 모습과 올드미디어의 역할, 뉴미디어의 기능을 탁월하게 설명해준다.

큐레이션은 정보의 결핍에서 과잉으로 흐르는 과정에서 필연적으로 나타나는 역할이다. 미디어 소비자는 정보가 부족한 상황에서 더 풍부한 정보를 원하고 시장의 요구는 생각보다 빠르게 채워진다. 기술적인 진보로 인해 미디어 생산의 비용이 낮춰지고 더 많은 정보가 더 빠른 시간 안에 제시되는 상황이 만들어지는 데 이 과정에서 정보 과잉이 나타난다.

이렇게 정보가 결핍에서 과잉으로 흐르면 사람들은 다시 누군가에 의한 초월적 정리를 기대하게 된다. 이 모든 과정은 '실제 결핍과 과잉'을 반영한다기보다 미디어 소비자들이 느끼는 인식의 요구 같은 것이다.

이 책의 저자 스티븐 로젠바움은 매스미디어가 소비자의 필요에 따라 생겨났음에도 궁극적으로 소비자의 필요를 만들어내고 있는 상황에 대해 이렇게 설명한다.

"데이터가 넘쳐나는 시대인 만큼, 이제 희소한 것은 인간의 취향이다. 과거에는 소수 미디어와 대기업이 정치적 담론, 대중문화, 새로운 트렌드 등의 헤게모니를 장악하고 어젠다를 설정했다. 매스미디어는 우리가 똑같은 청바지나 치약을 원했기 때문에 생겨난 게 아니라 철저히 기술 발전의 산물이었다."

애초에 소식이나 뉴스는 공유의 개념으로 인식되었던 반면, 콘텐츠는 기본적으로 소유의 개념으로 인식되었다. 서적은 소식과 뉴스에서 콘텐츠라는 덩어리를 만들어냈다. 이 콘텐츠가 다시 생산 비용과 배포 비용의 획기적인 절감으로 인해 역시 공유의 개념으로 바뀌어가고 있다. 결국 남는 문제는 생산자에 대한 보상이다.

소비집단을 만들어내는 것은 '정보의 획일성'이다. 이를 쉽게 말하면 유행 또는 트렌드이며 집단적 소비증후군 같은 것이다. 가령 누구나 비슷한 시기에 비슷한 것을 보기 때문에 구멍 난 청바지도 어느 순간 멋진 패션으로 인식될 수 있다.

매스미디어는 산업사회와 전쟁의 일등 공신이었다. 산업적으로는 소비하는 자와 소비하지 못하는 자로 나누어 경쟁심을 부추겼고, 네 편과 내 편을 갈라놓음으로써 전쟁이 일어났다. 매스미디어에 의한 프로파간다는 21세기 현재도 이어지고 있다. 문제는 나만 잘 이용하는 것이 아니라 상대도 매스미디어의 속성을 잘 이해하고 있다는 점이다.

더 이상 생산과 수요 곡선으로 설명할 수 없는 일이 벌어진다. 가격은 누가 결정하며 지불할 의도는 누가, 왜 갖게 되는가?

커피 가격 차에 관한 뉴스가 보도되었을 때를 보자. 한국의 넘쳐나는 커피전문점마다 그린티라떼 가격이 최대 2,500원의 차이를 보인다고 했다. 과연 이 정보가 모든 이에게 유용한 정보일까?

여기서 다시 '의도'가 중요하게 작용된다. 커피 값이 이렇게 차이

난다는 사실, 그리고 왜 이렇게 차이가 나는가에 대한 분석은 다분히 저널리즘적인 선택이다. 결국 '선의'와 '이타심'이 매우 중요한 저널리즘의 덕목으로 떠오른다. 21세기 정보 과잉의 시대에서 사람들이 저널리스트에게 사실의 나열에서 더 나아가 '해설'을 요구하는 이유가 여기서 나온다.

미술관에만 있을 것 같은 '큐레이션'에 대한 광범위하고 개념적인 이 책의 설명이 조금은 어렵게 느껴질 수도 있다. 원래부터 있었던 기능이 아니었느냐고 되물을 독자도 있을지 모른다. 그도 그럴 것이 최근의 미디어 플랫폼의 진화에 따른 미디어 생성과 소비의 흐름에서 큐레이션의 흔적은 곳곳에서 찾아볼 수 있다. 하지만 우리가 '큐레이션'이라는 이름을 부여하는 순간, 원래부터 존재했던 그모든 것들이 새롭게 보일 것이다. 이 책에서 소개하지 못한 우리나라의 사례들을 살펴보자.

포털 뉴스

포털 뉴스는 자체 생산 기능이 없음에도 100여 개에 달하는 국내 뉴스사들과 계약을 맺어 뉴스를 공급받고 뉴스를 재배치하는 일에만 열중했다. 그리고 그것이 권력이 되었고 이후 다양한 층위의 견제를 받게 되었다. 포털 뉴스는 기계적인 수집과 배열 기술이 없었던 포털의 선택이었으나 오히려 기계적인 배열 기술보다 나은 효과를 발휘했다.

이후 포털 뉴스의 자의적인 편집에 대한 반발이 나타나면서, 네이버 같은 포털은 언론사들이 뉴스를 직접 편집하도록 했다. 뉴스캐스트라 불리는 이 서비스는 시시각각 놀라운 편집 능력을 발휘하고 누리꾼을 대상으로 '지능적인 낚시질'을 하기도 한다. 미디어 소비자의 주목과 시간의 희소성을 알기 때문이다.

지식인

흥미롭게도 2011년 네이버 저팬에서는 지식인 서비스를 일본에 소개하면서 큐레이션 플랫폼이라 이름 붙였다. 사람들이 궁금해하는 것을 다른 사람들이 정보를 제시하고 그것을 바라보는 많은 사람들이 정보 오류를 고치고 정보에 대한 신뢰도를 검증하여 정답과 가까운 것을 질문자가 채택하는 시스템이다.

인간이 질문하고 역시 살아 있는 인간이 대답하는 방식. 그래서 "인생이 슬플 때 어떤 음악을 들어야 하죠?"라는 질문에 "음악보다 자연을 벗 삼아 산 속을 거닐어보세요. 자연의 소리가 음악보다 슬픔을 더 잘 치유해줍니다." 같은 답변을 달 수 있는 것이다. 0과 1만을 구별하는 디지털 시대에 아날로그적인 감성을 잘 접목한 서비스라고 할 수 있다.

물론 무의미한 질문과 답변들이 넘쳐나고 종교, 인종, 지역 등 애초에 정답이라고 할 수 없는 내용을 묻고는 서로 질문과 답변으로 공격하는 '훌리건'들이 휩쓸면서 신뢰하기 힘든 정보 덩어리가 되어 버렸다.

모바일 메신저

카카오톡, 위챗, 라인 등 소셜미디어의 애매한 다중 소통 과정에서 좀더 직접적이면서도 단체 톡방 등을 통해서 미디어 메시지 전달 방식의 형태도 큐레이션의 새로운 형식이라고 할 수 있다. 이는 개인간 플랫폼을 활용해서 발신자가 자신이 중요도를 판단하여 특정한 다수 또는 특정되어 유포될 수 있음을 인지한 다수에게 메시지를 발신하는 행위가 일상화되고 있다.

이로 인해 가짜 뉴스의 전파, 마녀사냥, 신상털기 등 부작용이 일어나고 있지만 선의로 남들에게 자신이 확보한 정보, 의견을 체계적으로 정리하거나 단순화하여 정리한 글을 실어나르는 과정으로 큐레이션을 실행하는 사람들이 많아지고 있다.

카카오톡의 오픈채팅방의 경우도 역시 커뮤니티 역할을 톡톡히 하면서 모바일 메신저가 매스미디어만큼의 영향력과 실시간 전파력을 가진 상황이다.

공개적으로 검증과 즉시적 반응이 가능하다는 전제 하에 큐레이터의 아젠다세팅(의제설정)과 게이트키핑(선별적 수집)은 새로운 의미로 받아들여지고 있다.

미디어 1.0 시대의 배열과 편성 · 편집이 미디어 2.0 시대에 거부되었다면 미디어 3.0 시대, 즉 큐레이션미디어 세상에서는 신뢰할 만한 사람의 전문적인 판단력과 선의에 따른 배열과 편집 능력에 기댈 것으로 보인다.

	Media 1.0 (매스미디어)	Media 2.0 (마이크로미디어)	Media 3.0 (큐레이션미디어)
메시지 생산 주체	생산자 ≠ 수용자	생산자 ↔ 수용자	생산자 ↔ 중개자 ↔ 수용자
메시지 수용 형태	수동적 수용	선택적 수용	적극적 수용
유통 경로	일방향 단일 유통	다채널 복수 유통	쌍방향 다수 유통
브랜드	권위형 브랜드	개인형 브랜드	신뢰형 브랜드
정보 흐름	정보 집중 · 배포	정보 분배 · 공유	정보 순환 · 누적
내용 성격	권위적, 범용적, 종합적, 객관적	말초적, 전문적, 단편적, 주관적	종합적, 해설적, 이타적, 합리적
정보 배열	종합 편집 · 편성	단품 개별 유통	종합 수집, 집중 배열
광고 및 수익원	광고 및 행사 후원	시스템에 의한 롱테일 수익	구독료 및 광고, 롱테일 수익, 수익 포기 – 별도 수익 기대

참고: 〈미디어 2.0 : 미디어 플랫폼의 진화〉

앞의 표는 필자의 저서 〈미디어 2.0 : 미디어 플랫폼의 진화〉에

수록되어 있는 표를 큐레이션 시대에 맞춰 개선한 것이다. 이 책을 읽고 나서 다시 한 번 이 표를 주목해 주기 바란다. '이제야 미디어의 흐름을 물 흐르듯이 자연스럽게 이해할 수 있게 되었다.'는 필자의 느낌에 공감하게 될 것이다.

〈큐레이션〉은 미디어와 정보의 홍수 속에서 구원의 손길을 기다리는 누리꾼들을 위한 친절한 해설서이다. 혼란스러운 소셜미디어 세상에 대한 맹목적인 찬사가 아니라 의미와 희소성 있는 정보를 찾아내어 더욱 가치 있게 제시해 주는 '큐레이터' 역할에 대한 기대도 한껏 담겨 있다. 무한정한 자료 속에서 막연한 정답을 제시해 주는 기계 검색보다 여전히 사람들에게 필요한 것은 신뢰할 만한 전문가와 저널리스트이다. 그리고 이제 블로거, 트위터리안, 시민기자, 카페 운영자, 콘텐츠 전략가 등으로 활동했던 우리 앞에 '큐레이터'라는 이름의 새로운 기회가 펼쳐진다.

콘텐츠
큐레이터에 대하여

콘텐츠 큐레이터 · 모바일마케팅캠퍼스 소장 임헌수

2013년부터 '모바일'과 'SNS'를 집중적으로 연구해 오면서, 내가 지금 하고 있는 일은 무엇인가에 대해서 생각해 볼 때가 많다. 최근 기업 경영에서의 화두 중에 하나인 '나는 무슨 일을 하는 사람이며, 왜 사업하는가'에 발맞추어 근본적으로 생각해 보니 더 그런 거 같다. 특히 처음 보는 사람들에게 직업을 소개할 때 가끔 농담으로 하는 말이 있는데 "'듣보잡'이 '듣보Job'을 만들어서 일을 합니다"라고 말한다. 전자는 '듣도 보도 못한 잡놈'이라는 비속어를 의미하고 후자는 '듣도 보도 못한 Job'을 의미한다. 이 업계(소상공인 마케팅교육)에서는 처음 보는 사람인데 어느 날 뜬금없이 나타나서, 해마다 책을 내고 뭔가를 알려주려고 하는 거 같은데 뭐라 딱 설명하기 힘든,

새로운 일을 하고 있기 때문에 그렇다. 더군다나 시골에 계신 부모님이 "너 요즘 뭐하냐?"라고 물어보면 그저 "'강의'를 하고 '강사일'을 합니다"라고 하기엔 항상 아쉬운 마음이 드는 것도 사실이다.

물론 현재 하는 일을 쉽게 강사나 작가라고 말할 수도 있겠으나, 그보다 더 포괄적이고 적확한 용어를 생각해 내고 싶었다. 그러던 차에 이 책 '큐레이션'을 읽고 나서는 내가 하는 일이 '콘텐츠 큐레이터'라 할 수 있으며, 이만큼 잘 설명해 주는 말도 없음을 알게 되었다. 지금 하고 있는 일을 빗대어 보면 이렇다. 집중적으로 연구하고 강의하는 분야 중에 하나인 '소셜미디어(SNS)'만 보더라도, 시시각각 너무나 빠르게 변하기 때문에 나의 방식이 정답일 수 없다. 그렇기 때문에 수많은 전문가들의 글, 각 플랫폼사들의 보도자료, 실사용자들의 데이터를 수집하고(curate), 그 속에서 의미 있는 것들을 발견하는 것이 우선이다. 여기에 내가 직접 해 보면서 느끼는 감정과 해석해낸 통찰들을 운영하는 플랫폼(카페, 페이스북, 유튜브, 심지어 책까지)에서 정리해서 배포하면(보여주면) 많은 사람들이 호응을 해준다. 이것은 이 책의 핵심 내용이기도 한 '정보 과잉 시대의 돌파구'로서 콘텐츠를 걸러주는 '인간 필터'의 역할을 하고 있음이 입증되는 사례가 아닌가 싶다.

2007년 스티브 잡스의 '아이폰'이 출시된 이후 국내에서도 2010년경부터 본격적인 모바일 시대가 되면서 '스마트폰'을 가진 누구나

가 메시지를 내보내고 있다. 정보의 양이 폭발적으로 늘어나다 보니 시도 때도 없이 눈에 띄는 '뉴스'와, 각종 SNS를 통해 보게 되는 친구들의 소식, 유튜브나 페이스북 등의 정교한 알고리즘에 의해서 추천되는 게시물 등으로 원래 의도하지 않았던 것을 봄으로써 엄청난 시간을 소모하게 되었다. 진정 내가 찾는 정보는 찾지 못하고 말이다. 여기에 카카오톡의 단톡방이나 유튜브 등을 통해서 확인되지 않은 '가짜 뉴스'들은 또 얼마나 많은가? 현 시대를 사는 사람들은 그야말로 '정보'의 쓰레기장에서 허우적대고 있는 것이다.

그렇기 때문에 이 책에서 강조하는 '큐레이션'의 역할이 더욱더 필요한 시대가 되었음을 모두가 인식하게 되었다. 기억하기로는 2014년 상반기까지만 해도 '네이버' 지식백과에서 '큐레이션'이라는 말이 등재되어 있지 않았었다. 이미 미국과 유럽에서는 'curation'이나 'content curation'이 활발하게 검색되고 있었음에도, 우리나라에서는 그 단어의 의미조차도 정확하게 밝혀지지 않았다. 뷰티 스타트업 '미미박스(https://www.memebox.com/)'가 혜성처럼 등장했을 때 '큐레이션 커머스'란 용어가 등장하고, '우주의 얕은 재미'를 표방했던 '피키캐스트'(www.pikicast.com) 등이 '에디터'라는 이름으로 인터넷의 각종 콘텐츠들을 큐레이션하기 시작했다. 이러한 것들이 차츰 알려지면서 '큐레이션'이란 용어와 개념들이 일반인들에게 익숙해지지 않았나 싶다. 하지만 이 용어를 정확히 개념화하여, 보편적으로 쓰일 수 있게끔 하기에는 역부족이 아닌가 싶다.

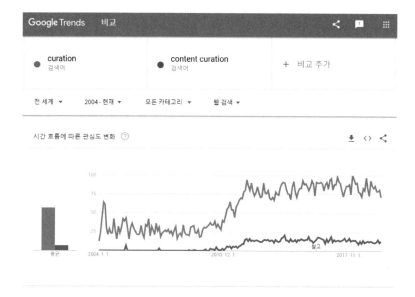

구글 트렌드 : 2010년 이후로 '큐레이션'의 검색빈도가 높아지고 있다.

그래서 '스티븐 로젠바움'의 '큐레이션'은 이 새롭게 부상하는 비즈니스 용어와 직업군으로서의 '콘텐츠 큐레이터'를 설명하기에 최적의 책이라 생각한다. 만들어내는 것(크리에이터)보다 이미 있는 것들에서 중요한 것들을 선별해 내고, 목적에 맞게끔 의미를 덧붙여 다시 배포하는 것(큐레이션)이 더 중요해진 시대를 살고 있기 때문이다.

가끔 이런 말을 한다. '세상에 새로운 것은 없다.' 그저 그동안 있었던 것들의 재조합과 변주가 있을 뿐, 하늘 아래 새로운 것은 없다고 생각하기 때문이다. 내가 엄청나게 좋다고 생각했던 아이디어도 누군가 이미 하고 있거나, 지구 반대편에서 비즈니스로 하고 있을 가능성이 높기 때문이다. 그래서 비즈니스를 하는 모든 사장님들을 만날 때마다 이 책을 추천하고 있다. 읽었던 모든 분들은 세상을 보는 시각이 완전히 바뀌었다고 말한다. 예를 들어서 식당 사장님이 '큐레이션'이란 용어를 사용하는 방식은 이렇다. 내가 만드는 모든 음식과 플레이팅은 국내외 이곳저곳에서 보고 배운 것들을 '큐레이션'한 것이라고 말이다. 여기에 덧붙여 중고생 그리고 대학생들에게도 이 책을 추천하고 싶다. 왜냐하면 '스마트폰'이라는 수퍼컴퓨터를 항상 지니고 다니는 지금의 시대에서는 모든 사람들이 수학을 다 잘 할 필요도 없고(수포자 1인), 뭔가를 외우는 데 많은 에너지를 쓰지 않아도 되기 때문이다. 그저 남들이 궁금해할 만한 사항, 부족한 것을 느끼는 부분을 내가 큐레이션하고 정리해서 보여주면 그로부터 호응을 얻기 때문이다. 이게 조금 더 나아가면 비즈니스로 연결이 되기 때문에, 어렸을 적부터 이런 관점을 가지는 것이 중요하다고 생각한다. 요즘 한창 화두가 되는 '4차 산업혁명' 시대, 인공지능과 빅데이터가 발달하는 시대에는 더욱 핵심이 되는 개념이 '큐레이션'이 아닌가 생각된다. 기술의 발달은 당연지사인데, 거기서 필요한 본질은 내가 필요한 정보를 찾아내는 능력, 그리고 그것을 '큐레이션'하는 능력이 중요하기 때문이다. 그래서 자신있게 추천하는 바이다. 앞으로는 세상을 '큐레이션'의 대상으로 보는 자와 그렇지 않은 사람, 두 가지 부류로 나뉠 것이 확실하기 때문이다.

어느 미스터리한
비서의 이야기

대부분 CEO의 하루는 이렇게 시작된다.

집무실로 들어서며 비서와 가볍게 눈을 마주친다. 책상에는 이미 비서가 스크랩해둔 주요 일간지와 매체, 잡지 등에서 추려낸 중요한 기사들과 긴급한 회신을 기다리는 메일의 리스트가 출력되어 있다.

조간신문 스크랩을 다 읽은 후에는 다시 오늘 일정에 대해 비서에게 보고를 받는다. 봐야 할 것도 너무 많고, 만나야 할 사람도 너무 많다. 그 와중에 자선단체며 신문기자들이며 여기저기서 걸려오는 전화를 비서가 걸러준다는 게 그나마 다행이다.

스마트폰과 아이패드를 늘 갖고 다니지만, 급할 때는 기기를 뒤지는 것보다 비서에게 물어보는 게 가장 빠르다. 다음 일정을 위해 집무실을 나서며 비서와 다시 눈이 마주친 CEO는 다음 분기에는 이 센스 있는 비서를 승진시키리라는 마음을 먹는다.

'나에게 꼭 필요한 사람이야!'

그런데 잠시 어이없는 생각이 스쳐 지나간다.

혹시 비서가 기사를 스크랩하면서 꼭 알아야 할 중요한 걸 빠뜨리지는 않았겠지? 약속 장소는 맞게 예약이 되었겠지?

CEO는 고개를 가로젓고는 차에 올라탄다.

그리고 집무실에 남은 비서의 입가엔 희미한 미소가 떠오른다.

비서는 CEO가 꼭 봤어야 할 신문 기사를 스크랩 목록에서 의도적으로 누락시켰다.

자, 이 미스터리한 비서의 이야기가 우리에게 시사하는 것은 무엇일까? '정보가 곧 부의 근원이자 권력'인 스마트 시대, CEO에게 어떤 정보를 어떻게 줄 것인지를 결정할 수 있는 비서들의 파워는 상상 그 이상일 수 있다.

CEO는 아니더라도 당신은 데이터에 빠져 허우적대고 있지 않은가? 메일함은 스팸으로 가득 차 있고, 페이스북에 등록된 '친구'는 너무나 많으며, 트위터 계정은 통제 불능 상태다. 콘텐츠를 만들기는 쉬워도 정작 중요한 내용을 찾기는 어렵다.

다행히도 이렇게 감당하지 못할 웹을 살려내는 새로운 마술이 있다. 바로 큐레이션이다. 우리는 큐레이션을 통해 넘쳐나는 정보를 자세히 살펴보고, 원하는 내용을 찾을 수 있다. 앞에서 소개한 미스터리한 비서는 곧 큐레이션을 말한다. 그는 고객의 취향을 통제할 수 있는 사람이다.

디지털 정보의 양이 급증하면서 양질의 의미 있는 정보 수요는 더욱 절실해졌다. 바로 이러한 변화 속에 특별한 사업 기회가 숨어 있다. 큐레이션은 이제 곧 우리의 비즈니스와 디지털 세상의 일부가 될 것이다. 지금 당장 큐레이션을 이해하고 그 물결에 일찌감치 동참한다면 앞으로 큐레이션이 제시하는 수많은 혜택을 누리게 될 것이다.

이 책을 쓰기 위해 나는 총 70명이 넘는 사람을 인터뷰했다. 인터뷰 대상은 뉴스코퍼레이션News Corporation의 조너선 밀러 같은 기업 경영자부터 에델만 월드와이드Edelman PR Worldwide의 스티브 루벨까지, 또 블로그허BlogHer의 리사 스톤부터 퍼블리시스 모뎀Publicis Modem 장 필립 마으까지 다양하다. 또 브레인 트래픽Brain Traffic의 크리스티나 할버슨같이 변화를 주도하는 콘텐츠 전략가 집단도 있고, 자포스Zappos의 토니 셰이 같은 획기적인 온라인 소매상도 있으며, 펩시의 보닌 바우 같은 브랜드 마케팅 담당자도 있다.

또 정보 공유의 시대를 맞아 개인 정보가 중요한 사회적 문제로 대두되면서, 프라이버시의 미래 포럼Future of Privacy Forum의 질 플레네츠키나 스탠퍼드대학교의 로렌 겔맨같이 결정적인 방향을 제시하는 사람도 있다. 그리고 이 새로운 소비자 큐레이션의 시대를 일부는 받아들이고 일부는 저항하고 있는 신·구 콘텐츠 제작자들도 포함되었다. 콘텐츠에 대해 열심히 고민하는 AOL팀이나, 콘텐츠 제작·기고·큐레이션을 섞어서 새로운 방법을 모색하는 〈뉴욕매거진〉의 마이클 실버맨이나 〈테이스트 오브 홈Taste of Home〉의 르네 조던도 있다.

우리가 디지털 세상에 살고 있다는 것은 분명하다. 그러나 우리가 디지털 세상에 전반적으로 적용되는 어떤 통합적인 분석을 할 수 있을지는 결코 분명하지 않다. 또 이런 혼란스러운 상황 속에서 무엇이 개인과 기업의 번영에 핵심 요소가 될 것인가를 깨닫는 것도 어려운 일이다.

이제 큐레이션의 핵심으로 들어가보자.

1

박물관에서
탈출한
큐레이션

Curation

01

큐레이션,
고정관념에
돌을 던지다!

여행과 고급 와인, 소장 가치 있는 도시락통에 대한
개개인의 애정이 각자의 수입원으로 연결되는 세상을 상상해 보자.

13살 때 나는 마술에 푹 빠져 살았다. 당시에는 청소년이 구할 수
있는 마술 도구와 책은 얼마든지 있었다. 마술 상자나 칼, 실크 스
카프 따위의 마술 도구 정보와 화려한 일루전 마술[1] 등을 소개하는
잡지와 카탈로그도 넘쳐났다. 주머니 사정만 허락한다면 얼마든지
관객을 놀라게 할 신기한 마술을 익힐 수 있었다. 마술 기법은 정말
이지 끝이 없어 보였다. 아직 어렸던 나는 수많은 정보에 둘러싸여
무엇을 어찌해야 할지 갈피를 잡기 어려울 정도였다.

---

[1] 대형 무대와 큰 마술 기구를 사용하는 고난이도 마술이다.

그러나 방법이 없지는 않았다. 마술사들이 직접 마술 도구 제품을 확인해 주고, 멋진 마술 시범까지 볼 수 있는 곳이 있었다. 바로 뉴욕 타임스퀘어 44번가에 위치한 타넨스 매직 스토어였다. 나는 어렵게 모은 용돈을 가지고 그곳에 갔다. 그곳은 엘리베이터도 없는 낡은 건물의 4층에 있었지만, 어린 마술사에게는 그야말로 천국이 따로 없었다. 물론 이곳에도 마술 도구 카탈로그가 있었지만 물정 모르는 사람이나 들여다볼 뿐, 똑똑한 손님들은 이 가게에 발품을 들일수록 더 좋은 물건을 더 좋은 가격에 구할 수 있다는 사실을 알았다.

지금 생각하면 나는 그 가게에서 생애 최초의 '큐레이션'을 경험한 셈이다. 타넨스 매직 스토어는 싸구려 복제품 가운데 좋은 물건을 가려내고, 지식과 경험에서 우러난 특별한 아우라를 부여했다. 평범한 카드 한 벌에 인쇄된 설명서를 추가해서 보물로 탈바꿈시키듯이 제품에 컨텍스트와 의미, 지식을 덧씌웠다.

나는 그곳을 사랑했고 지금도 그렇다. 요즘에는 마술에 관심 있는 어린이가 줄었지만, 타넨스 매직 스토어는 1925년 개업 이래 여전히 특별하고 매력적인 곳으로서 건재하고 있다. 장난감 가게에서 사는 흔한 마술 세트와는 비교도 할 수 없다.

이처럼 '큐레이트'된 구매와 일반 구매의 차이는 마술 스토어에만 국한되지 않는다. 곧 알게 되겠지만, 세상이 복잡해질수록 무작정 많은 상품보다 엄선한 상품을 취급하는 브랜드와 매장이 차별화에 성공한다.

익숙하지만 낯선, 오늘날의 큐레이션

주변에서 시간의 흐름에 따라 의미가 바뀌는 용어의 사례는 쉽게 찾아볼 수 있다. 예를 들어 '트위팅Tweeting'은 본래 새의 지저귐을 나타냈으나, 트위터Twitter의 등장으로 새로운 의미가 생겼다. 또 어떤 인물에 대해 알고 싶을 때, 전에는 문헌 자료를 뒤지거나 지인에게 물어보는 방법을 동원했지만 지금은 '구글Google'을 하기만 하면 된다.

큐레이션은 우리에게는 익숙하면서도 낯선 용어이다. 과거에는 분야마다 용어가 달랐다. 잡지를 편집하는 사람은 편집장이었고, TV 방송국에서 프로그램을 선정하는 사람은 프로그램 편성자였다. 또 매장에 진열할 상품을 정하는 사람은 상점 주인이었다. 그러나 시청자나 고객의 관심을 끌기 위해 적절한 아이템을 선택하고 알맞은 순서로 배치하여 신규 컬렉션을 만든다는 점에서는 모두가 같은 일을 했다. 아, 물론 박물관이나 미술관에 전시할 작품을 선정하는 우아한 직업도 있었는데, 그 명칭은 큐레이터였다.

우리가 다룰 '큐레이션'이라는 용어 역시 그 의미가 빠르게 변화하고 있다. 본래 박물관이나 미술관에서 작품을 전시한다는 의미를 가진 큐레이션이라는 용어는 오늘날 어디에서나 통용되는 말이다. 영화제에서는 상영 프로그램을 큐레이트하고, 웹사이트는 게시

글을 큐레이트한다. 명품 판매 사이트인 길트 그룹Gilt Group은 판매할 상품을 큐레이트한다. '큐레이션'은 한때 교양 있고 고급스러운 이미지를 가진, 평범한 서민과는 거리가 먼 단어였다. 하지만 오늘날의 미술관 큐레이터는 뉴스 수집 사이트 뉴서Newser의 '미디어 큐레이션', 수공예품 전문 사이트인 엣시Etsy의 '제품 컬렉션', 지식 공유 사이트 스퀴두Squidoo의 '큐레이트된 개인 지식' 등과 용어를 놓고 다투고 있다. 큐레이션은 여전히 고품질을 의미하지만, 고품질에 대한 판단은 사람마다 다르기 때문이다.

앞으로 살펴보겠지만, 큐레이션의 형식과 규모는 정말로 다양하다. 먼저 두 가지 중요한 사실을 알아두자. 큐레이션은 인간이 수

그림1. 미술관 큐레이터
출처 : https://www.britannica.com/topic/Smithsonian-American-Art-Museum

집·구성하는 대상에 질적인 판단을 추가해서 가치를 더하는 일이다. 또한 아마추어와 전문가의 큐레이션은 엄연히 다르므로, 아마추어나 프로슈머Pro-sumer 2)의 등장이 전문가에게 위협이 되지는 않는다.

큐레이션은 수준 높은 인력을 요한다는 점에서 상거래, 미디어, 커뮤니티상의 핵심적인 변화다. 인간은 더 이상 예외적이고 부차적인 잉여적 존재가 아니다. 인간 그 자체가 큐레이터다. 인간은 컴퓨터가 할 수 없는 일을 해낸다. 인간에게는 뉘앙스도 너무나 많고 취향도 다양하다. 큐레이션은 선별하고 재구성하여 표현하거나 개선하는 작업이다. 컴퓨터로 각종 콘텐츠나 정보, 데이터 수집은 할 수 있어도 큐레이션이 빠지면 그저 연관성은 있어 보이나 의미 있게 조합되지 못한 자료 더미에 지나지 않는다.

우리가 제일 처음 큐레이션을 접하는 곳은 주로 웹사이트, 잡지, 기타 매체가 될 것이다. 자칫 큐레이션이라는 트렌드가 오래 알고 신뢰해온 기업들을 위협하는 듯이 보이겠지만, 실제로는 큐레이션이 그들을 구원하고 있다고 해도 과언이 아니다. 머지않아 큐레이션은 우리가 물건을 사고파는 방식, 물건을 추천하고 검토하는 방식, 집단으로 정보를 공유하거나 수집하고, 공동 구매 참여자를 모

---

2) 프로듀서와 컨슈머의 합성어로 생산자인 동시에 소비자를 의미한다.

집하는 방식을 변화시킬 것이다. 무엇을 구매하고 누구를 신뢰할 것인가의 문제에서 큐레이트된 경험은 본질적으로 개별적인 단순한 결정보다 우월할 수밖에 없다.

그러나 이처럼 '큐레이션'을 지향하는 트렌드의 진정한 의미는 개인이 열정과 틈새 지식을 바탕으로 가치를 창출하고 세상에 공개할 수 있는 사상 초유의 미래를 맞게 되었다는 점이다.

여행과 고급 와인, 소장 가치 있는 도시락통에 대한 개개인의 애정이 각자의 수입원으로 연결되는 세상을 상상해 보자. 물론 그 수입원은 크지 않겠지만, 소소한 일거리라도 여럿 모이면 우리의 큐레이트된 지식은 점차 단순한 취미에서 집세를 내고 고양이 사료비를 대며 대학 등록금 마련에 보탬이 되는 부업으로 발전해 나갈 것이다.

큐레이션은 일상을 압도하는 콘텐츠 과잉과 우리 사이에 인간이라는 필터 하나를 더 두어서 가치를 더하려는 노력이다. 이로써 정보의 홍수가 빚어내는 잡음은 사라지고 세상은 명료해진다. 이 명료함은 우리 스스로 선택하고, 우리가 신뢰하는 사람의 도움을 받아 이르게 되는 상태다.

결국 큐레이션은 폭발적으로 늘어나는 정보의 양과 한눈에 알기 쉬운 정보라는 양립적인 트렌드를 중재하는 개념이다. 소셜미디어 권위자인 뉴욕대 클레이 셔키 교수가 말한 대로, 우리는 분명히 콘텐츠 부족의 시대에서 콘텐츠 과잉의 시대로 넘어가고 있다. 콘텐츠가 많아진다는 말은 그만큼 이용하기 힘들어진다는 말이기도 하다. 예컨대 건초 더미 한 개에서 바늘 하나를 찾는다고 가정해 보자. 또 똑같은 바늘을 건초 더미 1천 개에서 찾는다고 해 보자. 그런 다음에는 10억 개의 건초 더미에서 서로 비슷한 세 개의 바늘을 찾는다고 해 보자. 그 바늘을 단어나 개념이라고 생각하면 일관된 문장 하나를 만들기란 불가능에 가깝다. 바로 이러한 상황에서 큐레이션은 구원자가 된다.

큐레이션, 우리를 구해줘!

주변에서 새로운 미래상을 더듬어가다 보면 예상치 못한 분야에서 큐레이션이 등장할 때가 있다. 미국 항공우주국 큐레이션 사무국NASA office of Curation은 자신의 임무가 NASA에서 보유한 현재와 미래의 외계 샘플 컬렉션을 큐레이트하는 것이라고 소개한다. 이때 큐레이션이란 연구, 교육, 기타 공익 목적으로 샘플을 문서화, 보존, 준비, 배포하는 작업이다(실제로 이런 곳이 있다. http://curator.jsc.nasa.gov에서 확인해 보자).

아니면 잘 빠진 섹시한 속옷을 찾고 있는가? 캐나다 벤처기업인 팬티 바이 포스트는 가입자에게 큐레이트된 고급 여성 속옷 카탈로그를 정기적으로 배달해준다. 미국의 슈대즐ShoeDazzle도 최신 스타일의 구두 리스트를 엄선해서 매달 고객에게 보내준다.

큐레이션은 언제나 품질을 식별하는 과정이었다. 그러나 정보 과잉의 시대에는, 품질의 정의도 타깃 고객에 맞게 바뀌어야 한다. 엄격히 말해서 예술 작품이나 구두, 여성 란제리 큐레이션은 전혀 새로운 것이 아니다. 큐레이션이란 개념이 정말 새롭게 등장한 곳은 온라인이다. 웹이 유례가 없을 만큼 빠르게 성장하면서 콘텐츠가 물밀듯이 밀려오고 있으므로 이를 관리하려면 새로운 시스템과 조치가 꼭 필요하다. 페이스북에서 트위터, 블로그 뉴스리더Newsreader 3), 링크드인LinkedIn, 문자 메시지, 이메일, 포스퀘어Foursquare 4), 음성 메일과 아이폰의 페이스타임 영상 통화까지, 우리가 사용 가능한 방대한 데이터는 우리를 유혹하는 동시에 지치게 만든다.

미국의 유명 IT블로거인 로버트 스코블은 깨어 있는 시간 내내 자신을 압도하는 정보의 홍수를 이렇게 묘사한다.

"저는 트윗덱TweetDeck을 실시간 스트림으로 실행시켜 화면 아래로 계속 흘러가게 합니다. 트위터 사용자 2억 명 중 겨우 2만 명만 팔로잉하기 때문에 미시시피강 대신 작은 개울물이 흐르는 수준이죠. 그런데도 다들 이 정보를 처리하기 위해, 또 흥미로운 내용을 찾아서 친구들과 공유하기 위해 안간힘을 쓰고 있어요. 우리에겐

---

3) 뉴스 그룹에서 나온 메시지나 기사를 검색, 조직 및 게재 가능한 프로그램이다.
4) 위치 기반 소셜 네트워크 서비스(SNS)다.

이 끊임없는 정보의 흐름을 처리할 대책이 필요합니다."

이때 대책이란 일부 자포자기한 네티즌처럼 인터넷을 끊고 세상을 등진 채 살아가는 것이 아니다. 뉴욕의 벤처 투자가로서 신생 인터넷 기업의 최신 동향에 밝은 프레드 윌슨은 정기적으로 '이메일 파산'을 선언하고 받은 메일함을 비운다. 폭주하는 정보량에 압도되어 디지털 세상에서 항복을 선언하고, 메일을 보낸 사람에게 메일을 다시 보내달라고 요청한다. 물론 이렇게 해도 큰 효과는 없다. 윌슨도 잘 안다. 다만 정보를 걸러낼 대안이 없었을 뿐이다. 그러나 이제 상황이 완전히 달라졌다.

미국의 과학 전문 저술가 조앤 맥닐은 투모로우뮤지엄닷컴tomorrowmuseum.com에 기고한 글에서 큐레이터의 새로운 역할을 설명하기 위해 이 말의 어원부터 따져보자고 제안한다.

"먼저 '큐레이트'의 어원, 즉 돌본다는 의미부터 생각해 보자. 정보 과잉은 정보의 보존과 기록 관리 측면에서 또 다른 문제를 야기했다. 디지털 민속지학자나 사이버 인류학자들이 있더라도, 미디어에서 가장 필요한 것은 제이슨 스콧처럼 역사적 의미를 부여하는 디지털 역사가이다. 수시로 바뀌는 인터넷 문화 속에서 옥석을 가려내는 사람이다. 큐레이터라는 단어에는 패턴을 인식해내는 직관력이란 의미가 함축되어 있다. 따라서 인터넷 큐레이터에게는 글, 이미지, 공간, 형태 간의 관계에 대해 일반 편집자보다 훨씬 더 시각적인 감각이 필요하다."

그러나 나는 여전히 이 챕터 서두에서 제기했던 질문에 제대로 답변하지 못했다. 대체 큐레이션이란 무엇일까?

큐레이션의 기원

먼저 이 새로운 용어가 필요해진 이유부터 살펴보자.

1977년 당시 어린 마술사였던 나는 깊숙이 숨은 비밀을 찾고 있었다. 링컨센터 도서관에서 마술사의 소장품과 사적인 문서를 보관하고 있는 비공개 개인 컬렉션을 찾아 헤맸던 것이다. 서가 뒤편에 눈에 잘 뜨이지 않는 하얀 대리석 방 안에 보관되어 있던 무시무시한 장정의 책들 속에는 위대한 마술사들의 미스터리가 꼼꼼히 기록되어 있었다. 오로지 정보에 굶주린 나처럼 용감무쌍한 학생만이 이러한 은밀한 서고를 발견하고, 접근 권한을 얻을 수 있었다. 나는 안내 데스크의 사서를 찾아가서는 호주머니에서 미국 마술사협회의 회원 카드를 꺼내 보여 그를 놀라게 만들었다. 필요한 서류를 제출하고 새 도서관 카드에 서명하자, 나는 비밀서고를 마음대로 드나들게 되었다. 희귀본들이 기둥처럼 쌓여 길게 늘어선 고요하고 먼지 자욱한 공간이었다. 모서리가 접힌 카드 카탈로그는 타자기로 친 일련번호가 붙어 있었다.

'DDC: 793.8 LCC 죽음과 마술사', 'DDC: 793.80922 100년간

의 마술 포스터', 카드 마술의 기호는 '793.5'였다. '793'이라는 코드만 알면 마술의 비밀이 간직된 곳으로 금세 갈 수 있었다.

과거의 책 분류 체계는 단순했다. 도서관 사서가 같은 부류의 책을 몇 권씩 묶는 수준이었다. 그러다가 1876년 멜빌 듀이가 도서관 전용 분류 체계인 '듀이 십진분류법'을 만들어 저작권을 취득했다. 이 체계는 도서관 서가에 원래대로 복원할 수 있는 순서에 따라 도서를 정리하도록 되어 있다. 그러면 전 세계 어떠한 도서관을 가더라도 같은 위치에서 그 책을 발견할 수 있다는 개념이다. 잠시나마 듀이는 당대의 '구글'이었다. 그러나 웹 특유의 개방성은 듀이를 사정없이 무너뜨렸다. 더 이상 콘텐츠 제작자와 도서관 서고 사이에 사서들이 끼어들 여지가 사라지면서, 그 융통성 없고 딱한 분류법도 쓸모가 없어졌다. 온라인에서는 누구나 글을 게시하고 또 게시된 페이지에 접근할 수 있으므로 사서의 역할도 디지털화되어야 했다.

1998년에 스탠퍼드 대학원생 두 명이 구글이라는 검색 엔진을 상용화하기 시작했다. 이 회사의 사명은 '세계의 정보를 체계적으로 정리하여 어디에서나 편리하게 이용할 수 있도록 만드는 것'이었다. 웹의 방대한 규모와 개방성 때문에 더 이상 인간이 카테고리를 분류하기는 불가능했다. 오늘날 구글은 전 세계 데이터 센터에서 100만 대 이상의 서버를 운영 중이며, 매일 10억 건 이상의 검색 요청과 20페타바이트PB 5) 용량의 사용자 제작 데이터를 처리한다.

듀이는 엄격한 디지털식 분류법을 갖춘 인간 시스템이었다. 구글은 복잡하고 가변적인 알고리즘을 이용해, 특정 검색어에 대한 데이터의 상대적 가치를 결정하고 웹페이지에 순위를 매기는 '블랙박스' 방식과 디지털상의 발견으로 기존의 인간 분류법을 대체했다. 페이지 순위라는 개념은 강력했고, 여기에 기반을 둔 분류법은 웹 콘텐츠 제작자들의 검색 엔진 최적화(SEO) 6)를 지원하는 컨설팅 및 자문업계를 새롭게 탄생시켰다.

구글의 공동 창립자인 래리 페이지는 웹 콘텐츠의 측정 단위가 지난 10년간 웹을 만드는 데 일조해온 도메인, URL, 기사, 저자, 소스 등이 아니라 '페이지page'라는 사실을 깨달았다. 마침 페이지라는 개념과 그의 성이 같다는 사실은 역사상 가장 위대한 우연 중 하나로 남을 것이다.

이처럼 전에는 인간의 분류(듀이)에서 자동화된 분류(구글)로 서서히 변화해 왔고, 현재는 데이터의 방대한 용량과 뉘앙스와 복잡성이 검색 기술을 압도하고 있다. 그런데 또다시 완전히 새로운 일이 벌어지기 시작한 것이다.

지금은 데이터라는 쓰나미가 몰려오기 직전의 폭풍 전야와도 같

---

5) 디지털 신호의 처리 속도 또는 용량을 표시하는 단위. 1PB는 1,024TB이다.
6) Search Engine Optimization. 검색 엔진에서 특정 웹사이트의 검색 순위를 높이기 위해 웹사이트의 내용을 적절히 조정하는 다양한 기법을 의미한다.

다. 구글의 CEO 에릭 슈미트는 2010년 미국 캘리포니아 레이크 타호에서 개최된 테크노미Techonomy 컨퍼런스에서 이렇게 말했다.

"인류 문명이 시작된 이래 2003년까지 만들어진 데이터 양은 통틀어 5엑사바이트EB 7)에 불과했습니다. 지금은 이틀마다 그만큼씩의 데이터가 새로 추가되고 있으며, 이 속도는 점점 빨라지고 있습니다."

물론 슈미트의 말은 옳다. 전체 데이터의 상당량이 전 세계에 포진한 구글의 대규모 데이터센터를 통해 이동하고 있으니 그는 누구보다도 데이터에 대해 잘 알고 있을 것이다. 하지만 데이터의 용량보다 더 중요한 문제는 속도다. 웹은 완전히 실시간으로 움직인다. 지금 벌어지는 일이 지금 바로 전송된다. 미국 최대 인터넷 전화업체 보나지Vonage에 초기 투자했던 창업 전문 투자가인 제프 펄버는 요즘 오로지 하나의 주제, 그의 표현에 따르면 '지금의 상태'에 대해서만 이야기한다. 펄버는 이렇게 말한다.

"지금 이 시대에 살면서 정보를 경험한다는 것은 이전까지 우리가 사물을 경험하던 방식과는 완전히 다릅니다. 1993년 인터넷이 처음 상용화된 이래 우리는 늘 실시간으로 온라인에 접속했지만, 사용하던 정보는 발생한 지 시일이 좀 지난 내용이었죠. 하지만 지난 1년간 정보에 대한 접근 방식이 워낙 급격히 변하다 보니 이제

---

7) 디지털 신호의 처리 속도 또는 용량을 표시하는 단위. 1EB는 1,024PB이다.

는 항상 지금의 상태로 살게 되었어요."

'지금'이란 데이터가 워낙 빠르게 쏟아져 나와서 그 연관성과 정확성, 심지어 출처조차 파악하기 힘들어졌다는 의미다.

여기서 다시 바늘과 건초 더미에 대한 이야기를 꺼내지 않을 수 없다. 스코블은 이렇게 말한다.

"건초 더미는 점점 많아질 것이고, 우리는 그 속에서 바늘을 찾아 줄 사람이 필요해질 거예요. 오늘날 트위터가 빠르게 성장하고 있죠. 그러한 트위터 스트림 속에서 우리가 수집하고 저장하고 논의해야 할 새로운 인간의 패턴은 어디에 있을까요? 그 첫 번째 열쇠는 세상에서 논의할 가치가 있는 패턴을 포착해 내는 큐레이터가 쥐고 있어요."

앤드루 블라우는 미디어 유통 및 콘텐츠 제작에서 변화를 예견했던 선견지명이 있는 연구자이다. 그는 이제 1인 퍼블리싱Publishing 8)의 새롭고도 역사적인 출현을 지켜보고 있다. 블라우는 이렇게 말한다.

"과거에는 의견을 제시하고 유포하는 데 매우 많은 비용이 들었어요. 그래서 대중과 정부, 사회에서 정한 높은 기준에 맞는 극소수의 사람만이 의견을 전파할 수 있는 기회를 얻었죠. 그러나 지금은 이런 폐쇄적인 집단이 복구가 힘들 정도로 무너졌어요."

---

8) 각종 형식의 콘텐츠를 일반 공중이 접근할 수 있는 상태로 발매 또는 배포하는 일. 일반 유통보다 범위가 넓고 전략적 의미가 강하다.

블라우는 이제 누구든지 퍼블리싱 수단을 쉽게 얻을 수 있다고 말한다. 비용, 소유권, 진입장벽 등 모든 요소가 거의 하룻밤 사이에 사라져버렸다는 것이다.

"그럼 누구나 대중에게 직접 말할 수 있는 이 시대에는 어떤 일이 벌어질까요? 사회의 모든 제작, 유통, 관리 체계가 워낙 근본적으로 변하다 보니, 기존의 게이트키핑Gatekeeping 9) 기능이 사실상 사라져버렸죠."

물론 격변의 과정에는 늘 의도하지 않았던 결과가 수반된다. 블라우는 과거의 퍼블리싱 수단 통제와 같은 고질적인 문제들이 인터넷을 통해 해결되었다고 말한다. 예전에는 정보를 만들고 전달하는 데 매우 큰 비용이 들었으므로, 누가 발언권을 얻을 것인가의 문제가 사회적·정치적인 핵심 이슈였다. 그러나 지금은 발언권이 훨씬 민주화되었다. 물론 이러한 변화는 새로운 문제를 야기했다. 블라우는 이렇게 말한다.

"이제 문제는 누가 들을 것인가로 바뀌었습니다. 어떻게 대중에 다가갈 것인가가 진짜 문제예요. 쉽지 않은 문제이기 때문이죠. 반면에 기술적인 문제는 이미 선진국 대부분에서 문젯거리도 아니고, 신흥국에서도 중요도가 낮아지고 있죠."

발언권이 지나치게 민주화되고 있다는 문제에 대해서 블라우는

---

9) 특정한 메시지가 결정권자에 의해 선택 또는 거부되는 취사선택의 과정이다.

한 유명한 야구 선수의 말을 인용해서 이렇게 설명한다.

"누구에게나 말할 수 있다면, 결국 어느 누구에게도 말할 수 없어요."

블라우의 지적은 분명히 옳다. 온라인상에서 말하기는 점점 쉬워지지만, 듣기는 점점 어려워진다. 컴퓨터가 데이터와 아이디어를 구분하지 못하고, 인간의 지혜와 단순 집적된 텍스트와 링크를 구분하지 못하기 때문이다. 정보의 홍수 속에서 이러한 기계의 심미안 결여 때문에 게임의 판도가 뒤바뀌고 있다.

검색 엔진이 사람 냄새를 풍긴다?

더 이상 알고리즘만이 핵심이 아니다. 인간 큐레이터도 필수적이다. 결국 인간과 컴퓨터의 새로운 협력 관계가 중요해지고 있다. 전직 〈뉴욕타임즈〉 기술 전문 기자이자 AOL 편집국장인 사울 한셀은 이를 '생체공학적 저널리즘Bionic Journalism'이라고 부른다. 반은 인간이고 반은 기계인 일종의 사이보그[10]라는 의미다. 거대한 수집 엔진이 발견, 분류, 구성한 축적된 정보를 인간의 손에 넘겨 최종 검토와 편집자의 승인을 얻는 식이다.

---

10) 신체 일부가 기계로 개조된 인조인간이다.

이 말을 듣고 영화 〈터미네이터〉의 아놀드 슈워제네거를 떠올렸다면, 진정하자. 새로운 큐레이션 시대에는 다시 인간이 상당 부분 주도권을 되찾게 될 것이기 때문이다. 잠시나마 구글 뉴스의 알고리즘이 자동으로 '나만을 위한 신문The Daily Me'11)을 만들어낼 듯이 보인 적도 있었지만, 이제는 우리가 단순한 태그 모음에 만족할 수 없다는 사실이 분명해졌다. 좋아하는 책, 와인, 식당 등을 고를 때 발휘되는 심미안과 판단력은 데이터와 인간적 취향이 복잡하게 어우러진 결과인 것이다.

데이터가 넘쳐나는 시대인 만큼, 이제 희소한 것은 인간의 취향이다. 과거에는 소수 미디어와 대기업이 정치적 담론, 대중문화, 새로운 트렌드 등의 헤게모니를 장악하고 어젠다를 설정했다. 매스 미디어는 우리가 똑같은 청바지나 치약을 원했기 때문에 생겨난 게 아니라 철저히 기술 발전의 산물이었다. 텔레비전이 개발되면서 지리적·문화적으로 다양한 사람들에게 실시간 신호 전송이 가능해진 셈이다. 그 결과 사람들은 한때 전 세계에 울려 퍼지는 요란한 북소리를 공유하게 되었다. TV 프로그램, 전국 뉴스, 소비재 등은 모두 대중문화를 지향했고, 대중 수요를 창출했다. 그러나 기술로 흥한 자는 기술로 망하는 법이다. 통신망과 하드웨어라는 새로운 만병통치약이 개발되면서, 이제 모든 사람이 호주머니 속에는 TV

---

11) 니콜라스 네그로폰테가 〈디지털이다Being Digital〉란 책에서 처음 사용한 개념으로 처음에는 단순한 몽상으로 여겨졌으나 이제 완전히 현실화되었다.

방송국을, 책상에는 아이패드를, 아이팟에는 라디오 방송국을 확보하게 되었다. 매스미디어가 완전히 무너진 것이다.

과거의 기술은 매스미디어를 탄생시켰지만, 최근의 대중 콘텐츠 제작 및 수집 기술은 마이크로미디어[12]와 웹 큐레이터라는 직업의 산실이 되고 있다.

로힛 바르가바는 소셜미디어투데이닷컴SocialMediaToday.com에 기고한 큐레이션 선언문에서 이 미래의 직업을 다음과 같이 정의했다.

직무기술서 : 콘텐츠 큐레이터

전문가들은 머잖아 온라인상의 콘텐츠가 72시간마다 두 배로 확대될 것으로 전망한다. 이제 기계적인 알고리즘 분석만으로는 우리가 원하는 정보를 찾기에 충분하지 않다. 상상할 수 있는 모든 주제에 대한 양질의 콘텐츠를 원하는 인류의 갈증을 해소하려면, 온라인상에서 새로운 직업이 필요해질 것이다.

이 직업의 목적은 연관성이 가장 높은 최고의 콘텐츠를 찾아서 널리 전파하는 데 있다. 이러한 일을 하는 사람들을 콘텐츠 큐레이터라고 한다. 온라인상에서 질 좋은 콘텐츠를 수집·공유하고, 다른 사람이 만들어낸 콘텐츠를 가치 있게 퍼블리싱하여 다른 사람이 소비할 수 있도록 시민 편

---

12) 네티즌들이 온라인상에서 제작 및 공유하는 UCC 동영상, 블로그 미니홈피 등의 1인 미디어를 의미하여 TV, 신문 등을 일컫는 매스미디어와 대조적인 개념으로 사용된다.

집자 역할을 자처하는 콘텐츠 큐레이터가 앞으로 소셜 웹을 주도하게 될 것이다. 이들은 조만간 소셜 웹에 더 많은 가치와 질서를 부여할 것이다. 아울러 브랜드 중심의 마케팅 메시지 대신 가치 있는 콘텐츠를 바탕으로 한 완전히 새로운 대화를 유도함으로써 기업이나 기관이 고객과 접촉할 수 있도록 그들의 의견과 관점을 보완해줄 수도 있다.

여기서 말하는 콘텐츠는 예전과 다른 의미임을 알아둘 필요가 있다. 고객 서비스 분야의 전설로 알려진 온라인 신발 쇼핑몰인 자포스Zappos의 직원들이 자사 사이트에서 판매하는 제품 하나하나를 콘텐츠로 생각한다는 사실을 알면 아마 깜짝 놀랄 것이다. 미국 라스베이거스에 있는 자포스 본사의 벽에는 직원 단체 사진과 함께 이러한 문구가 걸려 있다.

"한때 상품정보팀이었던 콘텐츠팀."

신발 정보, 〈뉴욕타임즈〉 헤드라인, 뉴욕시 전철의 도착 시간 정보 등 모든 것이 콘텐츠다. 그리고 모두 큐레이션에 목말라 있다.

이제는 큐레이터라고 불러줘 – 래퍼, DJ, 블로거

혹시 래퍼나 음악 DJ, 블로거도 큐레이터라고 생각하는가? 다소 의외지만 미국 박물관협회는 그럴 수 있다고 본다. 이 협회 블로그에 올린 글에서, 엘리자베스 슐라터는 동료 박물관 전문가들에게 새로운 소식을 전해주었다.

"지난 몇 년간, '큐레이트'와 '큐레이터'라는 단어는 박물관 외부의 활동을 설명하는 데 점점 많이 쓰이고 있습니다. '선별'이나 '전시'와 같은 뜻으로 통용되는가 하면, 직업명이나 관련된 상품, 기능을 가리키는 말로도 사용되죠."

보수적인 분위기의 박물관에서 이처럼 대중문화를 돌아보게 된 계기는 무엇일까? 아마 역시나 보수적인 〈뉴욕타임즈〉가 '래퍼 루다크리스, 힙합 박물관 큐레이터되다'라는 제목으로 실은 기사가 발단이었을 것이다. 슐라터는 이렇게 설명한다.

"그 기사는 콘서트를 소개한 내용이었는데, 거기서 래퍼 가수인 루다크리스가 그동안 자신의 새로운 음반이나 라이브 콘서트에서 1980~1990년대의 유명 래퍼와 DJ를 게스트로 초대해온 과정을 소개했죠. 특히 이번 콘서트에서는 다른 가수의 노래를 삽입하거나 직접 그 가수를 출연시킨 점을 높이 사면서, 기자는 이렇게 썼어요. '화려한 게스트들이 각자 몇 분씩 무대 위에 등장하면서, 한 열성 팬이 큐레이트한 뉴욕 힙합 역사의 쇼케이스 무대가 펼쳐졌다. 콘서트의 놀라운 변신이었다."

학벌이 우수한 큐레이터들이 이런 글을 읽으면 거부감이 들 수도 있다. 어느 길거리 출신의 래퍼가 감히 큐레이터 역할을 자청하고 나섰는데, 그 고매한 〈뉴욕타임즈〉마저 기꺼이 그 칭호를 하사하겠다고 거드는 꼴이기 때문이다.

슐라터의 보고에 따르면, 이러한 트렌드 때문에 기존 큐레이터들이 대중문화에서 큐레이터의 새로운 역할을 이해하려고 노력 중이라고 한다. 독립 큐레이터인 미셸 카스퍼잭은 이렇게 말한다.

"다분히 오해의 소지는 있겠지만, 이 용어가 업계 외부에서 사용 또는 남용되는 현상은 현대 미술계와 큐레이터라는 업종에 대한 사회적 몰이해를 반증하는 만큼, 오히려 큐레이터의 역할에 대해 더 폭넓은 맥락에서 각성의 계기로 기꺼이 받아들여야 할 겁니다."

'큐레이션'이란 용어가 민주화되는 추세에 대해 비교적 호의적인 기존 큐레이터도 있지만, 대부분은 그 전문직의 대중화를 쉽게 용납하지 않는다.

노스캐롤라이나 더햄 생명과학박물관의 혁신·학습 분과 부책임자인 트로이 M. 리빙스턴은 문제의 정곡을 찌른다.

"큐레이터들은 누구나 큐레이터가 될 수 있으면 큐레이터라는 역할의 가치가 줄어들지 모른다고 생각해서 위협을 느끼는 겁니다. 그래서 전문 큐레이터 사이에서는 저항감과 두려움이 있을 수 있어요. 아마 관리자가 없다는 이유로 위키피디아Wikipedia를 싫어하는 큐레이터들도 있을 겁니다. 하지만 우리는 이미 위키피디아의 세상에 살고 있는걸요."

마케팅 분야에서는 현재 20대를 콘텐츠 세대Content Generation라는 의미에서 'C세대'라고 부르기도 한다. 트렌드워칭닷컴Trendwatching. com이라는 웹사이트는 2004년 자사 브랜드 관련 콘텐츠 제작에 C세대를 초대하는 글을 게시함으로써 이들을 겨냥한 소비자 브랜드 광고를 등장시키기도 했다.

그러나 영국 컨설팅 회사 수모Sumo의 설립자 짐 리처드슨은 웹사이트에서 사진과 음악, 동영상, 각종 의견을 제작하고 구성하며 분석·공유하는 수백만의 젊은이들을 지목하면서, C세대의 'C'가 콘텐츠Content, 창의력Creativity, 연결성Connectivity뿐 아니라 큐레이션Curation의 의미까지 포함해야 한다고 주장해왔다. 리처드슨의 의견은 이렇다.

"C세대는 '자료'를 큐레이트합니다. 이 말은 그들에 대해 말해 주고, 조금 더 정확히는 그들이 어떻게 보이고 싶어 하는지를 말해 주죠. 젊은 층에게 '큐레이터'라는 용어는 그다지 중요하지 않더라도, 큐레이션이라는 행위 자체는 큰 의미가 있습니다. 그 세대가 자신들을 세상에 알리는 데 도움이 될 테니까요."

그리고 리처드슨은 웹2.0 문화의 도래로 누구든지 콘텐츠를 큐레이트할 수 있게 되었지만, 어디까지나 전문 큐레이터의 역할을 보완하는 것일 뿐 대체하는 것은 아니라고 덧붙였다.

슐라터는 '과연 음악 DJ가 큐레이터가 될 수 있는가?'라는 질문을 던진다. 그러나 조금만 생각해 보면, 음악 DJ를 큐레이터가 아니라고 보기가 더 어렵다. 분명히 큐레이터는 창작자가 아니다. 그들은 콘텐츠든 미술 작품이든 스니커즈든 그 어떤 것도 만들지 않는다. 큐레이터가 무에서 창조해 내는 것은 아무것도 없다.

그렇지만 웹사이트 메디에이트닷컴Mediate.com의 수석 편집자 콜비 홀은 이렇게 말한다.

"DJ의 역할은 정확히 큐레이터의 역할과 일치합니다. DJ는 다른 사람이 작곡하고 연주·믹싱해서 배포한 곡들로 완전히 새로운 경험을 창조하니까요."

가끔은 같은 곡이라도 더 좋게 들릴 때가 있다. 멋진 DJ가 있는 파티에 가본 적이 있다면, 얼마나 대단한 경험인지 알 것이다. 반면 형편없는 DJ는 같은 곡을, 심지어 같은 순서로 틀더라도 그 공간의 속도감, 리듬감, 전반적 분위기를 제대로 살려내지 못한다. 큐레이션이란 바로 이런 것이다. 적당한 곡을, 적당한 타이밍에, 적당한 속도로 선택하면 각각의 곡이 합쳐져 전체가 부분의 합보다 더 커지는 음악적 몽타주가 완성된다. 그래서 음악가는 DJ가 필요하고 DJ는 음악가가 필요하다. 물론 이 새로운 큐레이션 경제에서 창작자, 퍼블리셔, 큐레이터가 각자 어떻게 보상받을 것인가의 문제는 이 책 전반에서 실마리를 찾을 수 있다.

큐레이션에 대한 세련된 정의

큐레이션 생태계가 형성되면서 교양 있고 족보 있는 박물관 큐레이터도 이마에 주름이 늘겠지만, 인간이 지원하는 검색과 필터링의 부상으로 그에 못지않게 골머리를 앓고 있는 사람들이 있다. 컴퓨터 중심의 크라우드 소싱[13] 검색과 필터링을 금과옥조로 모셔온 코드 중심의 솔루션 집단이다. 이른바 수집기 진영으로, 새롭지만 잡음 많은 큐레이션 커뮤니티를 자신들의 우아한 코드로 대체하길 바라고 있다.

블로거 클린턴 포리의 수집과 큐레이션 구분은 지금껏 내가 본 가장 설득력 있는 정의다.

- 수집은 자동화되어 있다.
- 수집은 메타 데이터나 키워드 형태의 기준에 따라 콘텐츠를 수집한다.
- 수집의 기준은 조정 가능하나, 그 외에는 불변이다.
- 퍼블리싱 빈도가 사전에 설정되어 있다(항상, 매주 등).

---

13) 기업 활동의 전 과정에 소비자 또는 대중이 참여할 수 있도록 개방하고 참여자의 기여로 기업 능력이 향상되면 그 수익을 참여자와 공유하는 방법이다. '대중'(Crowd)과 '외부 자원 활용'(Outsourcing)의 합성어다.

포리는 수집이 중요하지 않은 것은 아니지만, 전부는 아니라고 생각한다. 수집만으로는 작업을 마칠 수 없다는 것이다.

"……수집은 콘텐츠 수집 과정에서 중요하고 능동적이며 지속적인 편집 과정을 배제합니다. 물론 수집에는 나름대로 장점이 있죠. 한번 설정해 놓으면 그만이니 편리하죠. 필요한 인력도 상당히 적어요. 엄선된 기준과 자원만 있으면, 실제 원하는 결과를 얻을 수도 있습니다."

포리는 콘텐츠 전략가를 자처하는 새로운 컨설턴트 중 한 사람이다. 이들은 '일단 게시하고 나면 잊어버리는' 식상한 콘텐츠 대신 생동감 넘치는 콘텐츠로 웹사이트를 채우는 역할을 한다. 포리는 큐레이션을 다음과 같이 정의한다.

- 큐레이션은 부분적으로 수작업이다.
- 분석할 소스부터 시작한다.
- 정립된 편집 기준에 따라 콘텐츠를 개별적으로 평가한다.
- 문맥, 최근 사건 브랜드, 정서 등을 기초로 콘텐츠의 가중치를 결정한다.
- 일정에 맞추어 승인된 콘텐츠를 퍼블리싱한다.

만약 콘텐츠 부족의 시대에서 콘텐츠 과잉의 시대로 변하고 있다는 주장에 동의한다면, 또 아침에 눈뜨는 순간부터 잠들기 직전까지 쉴 새 없이 밀려드는 이메일, 문자 메시지, 음성 메일, 블로그 게시

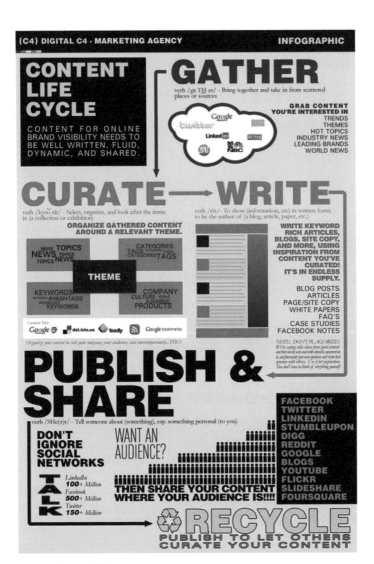

그림2. 콘텐츠 큐레이션

출처 : https://www.dr4ward.com/dr4ward/2013/09/what-is-the-content-curation-process-in-the-content-life-cycle-infographic-cdnpamoramanet-i-look4wardto-your-feedb.html

글, 트위터 메시지 등의 데이터를 감당 못할 지경에 빠져 있음을 인정한다면 큐레이션은 막연히 언젠가 벌어질 일이 아니라 반드시 필요한 일이 된다. 일관성 있는 인간의 필터링을 통해 전후 컨텍스트가 통하고 이해하기 쉬운 정보를 만들어내지 않으면 잡음이 급속히 확대되면서 다른 신호들은 파묻혀버릴 것이다. 아무런 조치 없이 이대로 방치한다면 데이터가 우리의 두뇌마저 잠식해 버릴지도 모를 일이다.

요약

우리의 일상을 돌아보자. 그야말로 정보의 홍수에 빠져 허우적대고 있다. 메일함은 스팸으로 가득 차 있고, 페이스북에 등록된 '친구'는 너무나 많으며, 트위터 계정은 통제 불능 상태다. 콘텐츠를 만들기는 쉬워도 정작 중요한 내용을 찾기는 어렵다.

다행히도 이렇게 정보가 넘쳐나 감당하지 못할 웹을 살려내는 새로운 마술이 있다. 바로 큐레이션이다. 과거의 큐레이션이라는 용어는 고상한 박물관이나 미술관에서 쓰이던 말이었다. 이것이 디지털 시대를 맞아서 '검색'이라는 의미를 가지게 되었다. 그리고 감당 못 할 정도로 데이터가 넘쳐나는 오늘날, 큐레이션은 그 의미를 더욱 확장해서 인간이 개입하는 검색을 뜻하는 용어가 되었다. 큐레이션은 건조한 기계가 아닌 사람 냄새 나는 검색을 가능하게 함으로써 콘텐츠 과잉의 시대에 꼭 필요한 존재가 되었고, 또 그 역할을 하는 새로운 '큐레이터'의 필요성이 높아졌다.

02

큐레이션으로
일군 기적,
〈리더스 다이제스트〉

월리스 부부가 신혼여행을 마치고 돌아왔을 때,
연간 잡지 구독료인 3달러를 부쳐온 구독 신청자는 1,300명에 달했다.
〈리더스 다이제스트〉가 탄생하는 순간이었다.

    오늘날 미국에서는 전통적인 직업의 개념이 바뀌고 있다. 과거 정규직이 점차 기간제나 임시직으로 바뀌는 것이다. 미국 창업 전문지 〈엔트러프러너Entrepreneur〉에 따르면, 미국 기업의 90퍼센트가 아웃소싱을 활용하고, 그 비중도 1990년을 전후로 6퍼센트에서 27퍼센트로 급증했다고 한다. 전국에 프리랜서가 넘쳐나면서, 심지어 정규직 근로자들도 자신의 열정과 지식, 기술을 신규 돈벌이 수단으로 바꿀 방법을 모색하고 있다. 이 결과 이른바 프로슈머가 등장했고, 소비자는 파트타임 전문가로 변신 중이다.

    이러한 추세는 특수한 관심 분야를 다양한 방식으로 깊이 있게 파고드는 새로운 큐레이터 계층을 탄생시키면서 더욱더 확고해졌다. 주요 미디어들이 지금처럼 백악관에 출입하던 수석 기자를 교육이나 건강보험 취재로 여기저기 돌리는 한, 열렬한 도시락 마니아가 최고의 도시락 정보 소스로서 인기를 얻을 가능성은 더욱 높아진다. 그 도시락의 여왕이 얼마 있다가 장난감 차나 인형 쪽으로 관심을 바꿀 확률은 낮기 때문이다.

그러면 열성적인 아마추어가 큐레이터가 된다는 것이 과연 새로운 개념일까? 그렇지 않다. 그들도 처음에는 발견하고 분류하며 요약본이나 컬렉션을 만들어 가치를 추가한다는 본연의 사명에서 출발했다. 그러다가 검색과 필터링의 개념에 기초한 대기업으로 성장한 것이다.

드윗 월리스를 예로 들어보자. 그는 제1차 세계대전 참전 도중 부상으로 치료받는 동안 월간지 기사를 모아 요약하는 일에 취미를 붙였다. 가끔은 기사를 다시 쓰기도 했다. 그렇게 만든 잡지가 바로 〈리더스 다이제스트〉였다. 애초의 사업 계획은 연간 순익 5,000달러로 소박한 수준이었으나, 결과적으로는 상상을 초월했다.

잡지를 편집한 잡지, <리더스 다이제스트>

드윗 월리스는 1889년 미네소타 세인트폴에서 태어났다. 그의 아버지는 장로교 목사였고 매컬레스터대학교의 학장을 지냈다. 월리스는 닭과 채소를 기르고 전자제품을 수리하면서 자랐다. 신앙심을 중시하는 가정이었다.

월리스는 1907년부터 1909년까지 매컬레스터대학교에 다니다가 UC버클리대학교로 옮겨갔다. 1912년에 중퇴하고 다시 세인트폴로 돌아가 농업 교본을 만드는 출판사에 취직했다. 1916년에는 연방 정부와 주 정부에서 무료로 배포하는 다양한 정보지에 대해 아는 농부가 거의 없다는 사실을 깨달았다. 그래서 정보지 목록을 만들어 노스웨스트 전역에서 10만 부 이상을 판매했다.

제1차 세계대전이 터지자 월리스는 육군에 입대했고, 부상 탓에 4개월간 프랑스에서 병원신세를 졌다. 주로 미국 잡지를 읽으며 소일하다가 문득 읽어야 할 자료가 정말 많다는 생각이 들었고, 이내 다른 독자들에게 생각이 미쳤다. 잡지 콘텐츠 양이 너무 많아 바쁜 독자들이 다 읽기에는 버겁겠다는 깨달음이었다. 이때부터 그의 사업 아이디어가 싹트기 시작했다!

월리스는 수줍음이 많고 내성적이라 비사교적인 사람으로 보였다. 낯선 사람과 함께 있는 자리를 불편해했고 목소리는 작았으며 불쑥 말을 꺼내다 그만두고는 했다. 그러나 사람들이 어떤 기사를 원하고 어떻게 기사를 받아들일지 등의 잡지에 대한 감각은 그를 따라올 사람이 없었다.

그 후 고향에 돌아간 월리스는 반년 동안 거의 매일같이 미네아폴리스 공공도서관에서 잡지를 읽으며 보냈다. 그는 기사를 읽고 내용을 요약하며 색인을 만들었다. 빨리 읽을 수 있도록 다양한 주제에 대한 기사를 압축해서 요약본을 만들 계획이었다. 시범으로 〈애틀랜틱 먼슬리〉, 〈새터데이 이브닝 포스트〉, 〈내셔널 지오그래픽〉, 〈레이디스 홈 저널Ladies Home Journal〉 등에서 뽑은 31개의 기사로 〈리더스 다이제스트〉의 견본호를 만들었다.

월리스는 이 '잡지에 대한 잡지'를 친구의 여동생인 애치슨에게 보여주었고, 애치슨은 이 아이디어를 마음에 들어 했다. 결국 두 사람은 1921년에 결혼했고, 그 뒤 출판업계 역사상 가장 생산적이고 성공적인 동업 관계가 되었다. 이들은 12군데나 되는 출판사에서 거절당하고 나서 이 잡지를 직접 발행하기로 결심하고 수백 장의 광고 전단을 만들어서 우편으로 발송했다. 그리고 나서 월리스 부부가 신혼여행을 마치고 돌아왔을 때, 연간 잡지 구독료인 3달러를 부쳐온 구독 신청자는 1,300명에 달했다. 〈리더스 다이제스트〉가 탄생하는 순간이었다.

그림3. 리더스 다이제스트

출처 : https://mumbrella.com.au/direct-group-acquires-
readers-digest-business-australia-new-zealand-437283

1929년이 되자 구독자는 29만 명으로 늘어났고, 총수입은 연간 100만 달러에 육박했다. 또 40년 후에는 전 세계 40개국에서 출간되면서 2,300만 권의 발행 부수를 자랑했다. 현재 전 세계에서 1억 명이 넘는 독자를 거느린 〈리더스 다이제스트〉는 역사상 가장 인기 있는 잡지로 확고히 자리매김했다.

〈리더스 다이제스트〉가 선풍적인 인기를 누린 이유로는 여러 가지를 들 수 있다. 분명히 월리스는 미국적인 기사를 선별하고 포장하는 데 천재적인 재능이 있었다. 그렇지만 다양한 이야기를 간결하게 뒤섞는 방식도 독특했다. 이는 〈리더스 다이제스트〉라는 브랜드와 스타일의 트레이드마크가 되었다.

다루는 주제도 과학, 사회봉사, 교육, 정부, 정치, 산업, 스포츠, 여행, 자연, 인물의 전기 등으로 워낙 다양했다. '어휘력은 언젠가는 도움이 된다!', '군복 입은 유머', '미국에서의 삶', '내가 만난 잊을 수 없는 인물' 등의 인기 칼럼이 잡지의 중심 뼈대를 이루었다.

〈리더스 다이제스트〉는 시종일관 낙관적인 어조였고, 당대에 유행하던 앤드루 카네기 시리즈처럼 호주머니에 들어가는 크기였다. 월리스는 미국의 긍정적 사고방식이 스며든 부분을 추출해서 잡지로 만들어내는 방법을 알고 있었다.

최초의 뉴스 매거진, 〈타임〉

헨리 루스는 중국에 체류하던 미국 개신교 선교사의 아들로 태어나, 14살 때 미국으로 돌아갔다. 그리고 코네티컷에서 엘리트 사립 고등학교인 하치키스 학교Hotchkiss School를 다녔다.

전기 작가 앨런 브링클리는 당시를 이렇게 썼다.

"그때 당시 루스는 지나칠 만큼 자부심과 야망에 차 있었다. 그는 친구들처럼 돈으로 특혜를 얻지도 못했고, 미국 대중문화에 어두워

사립학교에서 유행하던 속어도 이해하지 못했다. 그런데도 졸업할 때쯤에는 교내 잡지의 편집자가 되었고, 자신만만하게 그 잡지에 '최고의 사립고교 잡지'라는 표제를 붙였다."

루스가 동창생 한 명과 세계 최초의 '주간 뉴스 매거진'인 〈타임〉을 만들었을 때 그의 나이 겨우 24세였다. '뉴스 매거진'이란 용어도 두 사람이 처음 사용했다. 그러나 1923년 당시 〈타임〉은 기자들이 만드는 잡지라기보다는 전 세계의 기사 모음집, 즉 미국 전역에서 매주 출간되는 기사 요약집의 성격이 강했다. 〈타임〉은 세계의 아이디어와 기사를 미국 독자에게 전달함으로써, 그 모든 간행물을 정독할 시간은 없지만 그 내용은 알고 있어야 할 중산층에게 유일한 정보 공급원 노릇을 했다.

여기에서 루스와 월리스가 둘 다 목사의 아들이라는 사실도 주목할 필요가 있다. 미국이 전 세계로 시야를 넓혀가던 시절, 두 사람은 미국의 정치적 야망을 복음주의의 열정과 선교사적 목적 의식에 접목해서 전 세계 잡지의 콘텐츠를 선별하고 의미를 부여하는 방법으로 미국적 사상을 전파하고자 했다.

〈타임〉과 〈리더스 다이제스트〉 둘 다 기사 선정부터 논조, 배급까지의 모든 요소가 특정 목적을 위한 수단이었으므로 애초부터 요약이 객관적일 수가 없었다. 두 잡지 모두 콘텐츠를 수집·큐레이트하여 전달하는 매체임에는 틀림없었지만, 자동화되기는커녕 오히려 목적에 맞추어 선정·요약되는 식이었다. 그러므로 둘 다 객관적이기보다는 주관적인 출판 제국이었다.

1923년 〈타임〉 창간호를 준비하던 당시 루스는 뉴스 매거진이 추구해야 할 바에 대해 명확한 비전이 있었다. 설득력 있고, 기사 분류가 확실하며, 명쾌해야 한다는 것이었다. 잡지 전반에 사용되는 언어는 창간인의 정통 교육에 뿌리를 두면서도, 감각적인 표현법을 사용했다. 마이클 킨슬리 기자는 이렇게 썼다.

"루스의 편지와 기타 문서를 모두 검토한 최초의 전기 작가 브클리는 〈타임〉지가 처음부터 요즘 우리가 '수집' 또는 (좀 더 거창하게는) '큐레이션'이라고 부르는 작업을 지향했다는 사실을 확인했다. (중략)

루스의 사업은 바쁜 사람이 알아야 할 모든 뉴스를 매주 한 번에 읽을 만한 분량으로 압축해 주는 서비스였다. 루스의 표현대로, 이 잡지는 '교양이 부족한 상류층, 바쁜 사업가, 지친 사교계 인사들이 최소한 일주일에 한 번이라도 저녁식사 대화를 준비하도록 도와주는 서비스'였다. 다른 사람의 지적 재산권에 대해서는 별로 신경 쓰지 않았다."

고객의 수요를 파악하고, 시작하라!

월리스와 루스가 최초의 문서 수집가였다면, 존 윌슨은 최초의 동영상 수집가였다. 미국 전역에 TV가 1만 대도 되지 않던 시절인 1945년에 윌슨과 그의 아내 마거릿은 펜실베이니아 마하노이Maha-noy에서 작은 GE사 가전제품 매장을 열었다. 1947년에는 TV수상기 세트를 팔기 시작했다. 그러나 마하노이는 사방이 펜실베이니아 광산으로 둘러싸인 분지여서 방송 전파가 잘 잡히지 않았다. 존 윌슨이 주민에게 TV를 시연하기 위해 인근 뉴보스턴산 전신주에 안테나를 하나 설치했지만, 막상 마을 주민들이 TV를 구입해서 보기 시작하자 도움이 되지 않았다. 겨우 세 개뿐인 필라델피아 공중파 방송 신호가 마하노이의 거실까지 도달하기란 쉽지 않았던 것이다.

1948년 6월에 윌슨은 기존에는 산에 설치했던 안테나를 매장과 그 중간 길목에 있는 여러 고객의 집까지 연결했다. 이것이 바로 공동 시청 안테나 TV, 즉 케이블 TV의 시초였다. 그는 가입자에게 설치비 100달러와 월간 수신요금 2달러를 거두었다.

1952년에는 1만 4,000명의 가입자가 70개의 신생 케이블 회사에서 서비스를 받았다. 케이블이 방방곡곡 연결되면서 윌슨은 인근 지역 방송국 전파를 전달하는 데 그치지 않고, 애틀랜타에 있는 테드 터너의 슈퍼스테이션[14] WTBS과 같은 타지 방송국 전파까지 수집하기 시작했다. 이로써 지역의 난시청 문제가 해결되었을 뿐 아니라 현재 방송국에서 전송하지 않는 프로그램까지 방영 가능한

---

14) 통신 위성을 통해 전국의 케이블 시스템에 프로그램을 제공하는 독립 TV 방송국이다.

방대한 네트워크로 발전했다. 수집과 큐레이션에서 제작으로까지 진화해 간 것이다.

이처럼 새로운 콘텐츠 큐레이션 업계를 개척해온 기업에게는 자랑스러운 전통이 있다. 〈리더스 다이제스트〉와 〈타임〉, 후에 컴캐스트Comcast와 케이블비전Cablevision으로 성장한 케이블 기업은 모두 고객의 수요를 파악했을 때 즉시 시작했다는 점이다.

월리스와 루스는 스스로 시청자에게 가치를 제공하면 콘텐츠 제작사가 알아서 동참할 것이고, 시청자층을 확보하지 못하면 어차피 사업이 망할 테니 정보 출처 따위는 신경 쓸 일이 없다고 생각했다. 이들도 역시 기업가 정신에 입각한 초창기 큐레이터였다.

이제 타임머신을 타고 약 50년 후인 오늘날로 돌아와보자. 만약 월리스나 루스, 윌슨이 오늘날 사업을 시작한다면 어떠한 사업을 벌였을까? 과거에는 콘텐츠가 귀했기 때문에 유통과 재구성이 핵심이었다. 하지만 오늘날은 어디에서나 콘텐츠가 배포된다. 대부분의 지역과 사람들에게 웹이 보급되어 있고, 와이파이WiFi를 통해 원하는 시점에 원하는 장소에서 자유로운 기기 접속도 가능해졌다.

오늘날의 문제는 콘텐츠가 너무나 넘쳐난다는 점이다. 정확히 말하자면, 데이터가 인간과 관리 시스템을 압도해 버릴 만큼 많다는 뜻이다. 그러므로 오늘날의 루스라면, 〈타임〉이라는 큐레이트된 잡지 하나를 만들기보다는 정치, 과학, 기업, 여행, 사건 사고 등의 분야에 대해 수집하고 큐레이트하는 총체적인 브랜드 웹사이트를 만들었을 것이다. 이제는 웹의 영향력이 막대하고 정보가 넘쳐나는 시대를 틈타 새로운 편집 관련 사업 기회를 모색하는 열정적인 콘텐츠 사업가들이 바로 혁신가이다.

요리의 모든 것, 스트리밍고메

미국의 에이미 윌슨은 열정과 큐레이션으로 새롭고 흥미로운 콘텐츠 조합을 만들어냈다. 그녀는 늘 식재료를 사다가 무언가 만들어내기를 좋아하는 전직 고등학교 물리 선생님이었다. 그녀의 요리 솜씨는 어머니에게서 물려받았다고 한다.

"샌프란시스코의 한 학교에서 일하면서 요리에 관한 것이면 무엇이든 관심을 가졌죠. 둘째 아이가 생긴 뒤부터 집에서 일했는데 마침내 기회가 왔다고 생각했어요. 저는 웹2.0 기술과 관련된 일을 하고 싶었는데, 곧바로 음식과도 연관되어야 한다고 생각했죠."

윌슨은 이내 '요리에 관한 모든 것'에 대한 열정을 바탕으로 자신이 직접 블로그와 큐레이션 프로젝트를 만들면 되겠다고 생각했다. 윌슨은 이렇게 설명한다.

"1년 전 음식에 관심 있는 사람들을 위해 동영상 공유 사이트를 만들자고 결심했어요. 저는 다른 곳보다 이용하기 쉬운 사이트를 만들고 싶었거든요. 원하는 동영상을 쉽게 찾을 수 있고 좋아하는 동영상을 쉽게 공유할 수 있는 사이트죠."

그 결과가 스트리밍고메닷컴StreamingGourmet.com이라는 음식 전문 소셜 네트워킹 동영상 관리 사이트였다. 윌슨은 웹에서 2,000개가 넘는 수준 높은 동영상을 직접 뽑아서 찾아보기 쉬운 카테고리로 분류했다. 회원들은 자신의 동영상을 업로드할 수 있었는데, 스트리밍고메가 많은 방문자를 거느린 페이스북이나 트위터 같은 다른 소셜 네트워킹 사이트에 동시에 올려서 홍보하는 경우가 많았다. 윌슨은 웹상의 모든 동영상 요리법과 재미있는 음식 · 와인 동영상을 함께 제공하는 것이 목표라고 말한다. 원한다면 원스톱 쇼핑도 가능하게끔 할 계획이다.

이 사이트는 이제 막 시작 단계지만 윌슨은 발명가나 탐험가 못지않은 열정으로 큐레이션 작업을 떠맡았다. 윌슨은 자기의 임무를 깨달았다. 그것은 음식을 만드는 일도, 음식 관련 동영상을 만드는 일도 아니었다. 바로 음식 동영상을 찾아내어 분류하고 공유하는 일이었다.

스트리밍고메는 아직 수익성이 없지만, 그것은 중요한 문제가 아니다. 윌슨은 자신에게 쏟아지는 엄청난 관심을 즐기고 있고, 요리 웹사이트의 선구자로서 유료 고객을 끌어모으고 있다.

"제게 도움을 청하는 사람들이 늘고 있어요. 요즘도 요리책과 동영상 웹사이트 제작에 관심 있는 한 유명인사와 상담 중입니다. 제 사이트를 큐레이트하면서 신뢰를 얻지 못했다면 꿈도 못 꾸었을 일이죠."

에이미 윌슨은 정말 트렌드를 주도하는 것일까? 아니면 그저 동료 요리사를 위해 동영상을 수집하는 취미생활을 즐기는 것일까? 한 가지 분명한 사실은 <u>최근 전 세계 미디어 거물들이 재능있고 열정적인 콘텐츠 큐레이터에게 인수되거나 추월당하는 사례가 늘고 있다는 사실이다.</u>

윌슨은 자신의 음식에 대한 열정을 활용했지만, 이와 달리 앞으로 뜰 트렌드를 감지해서 새로운 분야의 리더가 되는 큐레이터도 있다. 폴 우드의 이야기를 들어보자.

연예인닷컴의 시초? 수전보일닷컴

폴 우드는 동영상 사이트를 구축하는 것이 취미인 런던의 한 건설 노동자다.

2009년 어느 토요일 밤, 우드는 문득 '브리튼스 갓 탤런트Britain's Got Talent' 15)에서 수전 보일이라는 무명 가수의 노래가 방송되면 인기를 끌겠다는 느낌이 들었다. 그녀의 오디션을 본 적이 있었기 때문에 모험을 한번 해 보기로 결심했다. 우드는 수전보일닷컴Su-

---

15) 재능 있는 아마추어를 대상으로 꿈을 이루게 도와주는 영국의 TV 오디션 프로그램이다.

san-Boyle.com이라는 URL(웹페이지 주소)을 구입해서 일요일 밤에 방송이 나가자마자 수전 보일의 온라인 팬사이트를 개설했다.

이때만 해도 우드는 수전 보일이 그렇게 많은 사람에게 깊고도 강렬한 울림을 주리라고는 예상하지 못했다. 하지만 그날 수전 보일은 무대를 완전히 압도했고, 엄청난 성공을 거두었다.

덕분에 수전보일닷컴은 순식간에 유명 사이트가 되었다. 특히 격려의 댓글과 열정이 가득한 기분 좋은 사이트였다.

그림4. 수전보일닷컴
출처 : https://www.susan-boyle.com/

방송이 나간 지 4일 만에 이 사이트의 일간 페이지뷰는 100만 건에 달했고, 지금은 정회원만도 4만 2,000명이 넘는다.

〈월스트리트저널〉은 이 사이트가 방송 화면과 시청자들이 추천한 동영상, 전 세계 수전 보일 팬들이 온종일 업데이트하는 실시간

트위터 등을 독특하게 조합함으로써 전 세계 수전 보일 팬들에게 최고의 사이트로 자리 잡았다고 평가했다.

서로 일면식도 없는 수백만 명의 사람들이 가상의 공간으로 일제히 몰려들어 함께 그 순간을 공유하고 감정의 배출구를 찾는 플래시몹16) 방식의 커뮤니티가 형성된 셈이다.

이런 일을 보고도 누가 기술의 발전으로 인간이 상호 교류에 무관심해진다고 말할 수 있을까? 수전보일닷컴이 생겨난 것은 우드의 큐레이션 작업 덕분이었다. 그는 사실 동영상 한 편 제작한 적이 없다. 단지 서로가 만든 동영상을 공유하고 링크하며 감상할 공간을 찾던 팬들에게 장소를 하나 제공했을 뿐이다.

그럼 사업적 측면에서 보면 어떨까? 우드는 처음부터 짭짤한 광고 수익을 올렸다. 그리고 사이트를 개설한 지 1년 후에 이 사이트를 팬들에게 팔아서 '꽤 재미를 보았다'고 말했다. 행복한 결실을 맺은 큐레이션 프로젝트 사례라 할 수 있다.

---

16) 불특정 다수가 인터넷이나 이메일, 휴대전화를 통해 정해진 시간, 장소에 집결한 뒤 지시서에 따라 특정 행동을 하고 순식간에 사라지는 행위. 플래시크라우드(Flashcrowd, 갑자기 접속자가 폭주하는 현상)와 스마트몹(Smartmob, 동일 생각을 가지고 행동하는 집단)의 합성어다.

하이브리드 사업 모델, 큐레이션

그렇다면 큐레이션이란 오로지 벤처 기업과 신참 기업가의 전유물일까? 미디어 컨설턴트이자 컬럼비아대학교 교수인 에이버 시브는 대형 미디어 기업도 큐레이션 방식을 도입하기 시작했다고 말한다. 그런 트렌드를 주도하는 기업이 어딘지 알고나면 그리 놀랍지 않을 것이다. 시브의 말을 들어보자.

"제 고객인 테이스트 오브 홈이 좋은 예예요. 테이스트 오브 홈은 〈리더스 다이제스트〉의 한 부서인데, 인터넷 시대 이전에 이미 독자들의 요리법을 응모받았던 잡지죠. UGC[17] 기업의 원조라는 점에서 매우 흥미롭습니다. 덕분에 음식과 요리법에 대한 모든 내용을 담을 수 있었죠."

〈리더스 다이제스트〉는 처음부터 수집과 큐레이션에 상당히 주력해왔던 만큼 다음 단계로 UGC를 택한 것은 정해진 수순이었다. 〈리더스 다이제스트〉는 테이스트 오브 홈을 인수하면서 UGC 사업에 본격적으로 뛰어들었다. 일단 독자가 보내온 요리법으로 성공적인 잡지를 만든 뒤 사업 모델을 웹으로 전환했다.

이 사이트의 큐레이션 모델에서 핵심은 동영상이다. 시브는 다시

---

17) 사용자 생성 콘텐츠 UCC와 같은 개념이지만, 미국에서는 '창작'의 뉘앙스가 더 강한 'UGC'를 사용하며, 이 책에서는 저자의 의도를 존중해서 UGC로 표기한다.

말한다.

"이 사이트에는 자체 제작한 동영상과 다른 웹사이트에서 퍼온 동영상이 있는데, 이런 자료를 적극 활용해요. 독자나 사이트 이용자들이 동영상 평가에 참여하기도 하고요. 광고주들은 이런 시스템을 좋아합니다. 결국 인쇄 출판물이 있고, 적극적으로 참여하는 독자와 사이트 이용자가 있으며, 출판물과 웹사이트가 적절히 연계되고, 큐레이션의 특성까지 있는 일종의 결합된 하이브리드 모델이니 정말로 성공적인 사업 모델이라 할 수 있죠."

그러므로 혹시 콘텐츠 수집과 큐레이트만으로는 돈을 벌 수 없다고 말하는 사람을 보면, 월리스의 〈리더스 다이제스트〉나 수전보일 닷컴의 이야기를 해주자. 그로서는 처음 듣는 이야기일 가능성이 높지만, 분명히 큰돈을 번 사람들이 있다.

드윗 월리스는 당시 잡지가 담고 있는 콘텐츠의 양이 너무 많아서 바쁜 독자가 다 읽기는 버겁다는 점에 착안하여 〈리더스 다이제스트〉를 창간했다. 헨리 루스가 창간한 〈타임〉 역시 초창기에는 이 책에서 말하는 큐레이션이 적용되었음을 쉽게 알 수 있다.

미국 최초의 케이블 TV 설립자인 존 윌슨 역시 오늘날로 치면 동영상 큐레이터였다. 그는 시청자의 요구를 파악했고, 전국 각지의 방송을 수집해서 이를 큐레이션한 뒤 시청자에게 내보냈다.

이 밖에 요리 전문 사이트인 '스트리밍고메닷컴'이나 가수 수전 보일의 팬 사이트 등도 대중의 수요를 간파하여 그에 맞춘 큐레이트로서 큰돈을 벌었다.

위의 사례는 모두 큐레이션으로 큰 성공을 거둔 과거와 현재의 좋은 사례다.

03

〈허핑턴 포스트〉와
링크
경제의 출현

"사람들은 단지 정보를 소비할 뿐 아니라 참여하고 싶어 하죠.
이러한 욕구를 파악하는 데 저널리즘의 미래가 있어요."

보수 세력은 언제나 원칙에 위배된다고 진보를 비난하는 반면, 변화를 주도하는 진보 세력은 언제나 진보라는 명목 하에 모든 원칙이 깨질 수 있다고 주장한다. "길을 비켜라. 여기 '미래'가 간다"가 진보 세력이 즐겨 쓰는 선언문이다. 물론 틀린 말은 아니지만 그렇다고 해서 변혁에 수반되는 고통이 조금이라도 줄거나 일자리를 빼앗긴 사람들의 분노가 가라앉지는 않는다.

마차에서 자동차로 넘어가던 시대에 살던 마부라면 아무래도 헨리 포드와 최첨단 '모델T' 자동차에 열광할 수는 없는 노릇이다.

나의 경우 그렇게 모든 것이 바뀌는 순간은 뜻밖의 장소인 모나

그림5. 아리아나 허핑턴(Ariana Huffington)
출처 : https://www.huffpost.com

코에서 아리아나 허핑턴과 우연히 이야기를 나누게 되었을 때 찾아
왔다.

<허핑턴 포스트>는 무엇이 다른가?

아리아나 허핑턴은 보수주의 학자에서 부유하고 보수적인 사업
가의 아내로, 저술가로, 캘리포니아 주지사 선거의 민주당 후보 등
으로 변신을 거듭해왔다. 그러나 그녀가 퍼블리싱의 미래를 그토록

정확히 예측했다는 사실에 비하면 이러한 변신도 그다지 놀랍지는 않다.

모나코에서 허핑턴을 만나기 전인 2008년, 나는 허핑턴을 처음 보았다. 그녀는 뉴욕 요트클럽의 미디어룸 연단에서 링크 경제Linked Economy에 대한 복음을 전파하고 있었다. 퍼블리싱에 대한 그녀의 견해는 단순했다. 이제 제작자든 퍼블리셔든 누구나 링크가 필요하고, 개인 블로거든 〈뉴욕타임즈〉든 우리에게 트래픽(인터넷 소통량)을 제공해 주는 모든 사이트가 바로 핵심 파트너라는 논지였다. 그녀는 〈허핑턴 포스트Huffington Post〉가 무료 콘텐츠 제작자에게 좋은 파트너가 될 것이라고 장담했다. 당시 그녀의 말을 이해한 사람은 아무도 없었을 것이라고 나는 확신한다. 그러나 〈허핑턴 포스트〉는 이제 좌파 민주당 사이트에서 미디어, 기술, 스포츠, 코미디, 식품, 환경 등의 주제를 아우르는 컬렉션 사이트로 변신했다.

2009년 6월~2010년 6월의 〈뉴욕타임즈〉 웹사이트의 순방문자수18)는 200만 명 증가에 그쳤지만, 〈허핑턴 포스트〉의 순방문자수는 두 배 가까이 증가했다. 또 2009년 9월~2010년 6월까지 양 사이트의 방문자수 차이는 1,200만 명 이상에서 단 600만 명으로 좁혀졌다. 만약 양 사이트의 성장세가 이대로 유지된다면, 2011년 하반기에는 〈허핑턴 포스트〉가 〈뉴욕타임즈〉의 순방문자수를 앞지를

---

18) 일정 기간 동안 어느 웹사이트를 한 번 이상 방문한 사람들 중 고유의 ID값이 있는 사람 수를 계산한 수치다.

기세다.

대체 허핑턴은 무슨 요술을 부린 것일까?

우선 〈허핑턴 포스트〉는 한 가지 종류의 콘텐츠가 아니다. 전혀 다른 세 가지 콘텐츠가 섞여 마치 하나처럼 매끈하게 게시될 뿐이다. 세 가지 콘텐츠 자료 중 하나는 기자와 편집자로 구성된 핵심팀으로부터 나온다. 이 팀은 정치, 미디어, 과학기술 같은 전문 영역을 다룬다. 기사와 블로그 게시글의 60퍼센트는 직접 작성하고, 나머지 40퍼센트는 다른 곳에서 퍼 온다.

보통 기사는 사실 위주로 객관적인 반면, 블로그 글은 비교적 의견 비중이 높고 이전 글에서 다루었던 사실을 정정하거나 업데이트하는 경우도 많다. 그러므로 허핑턴은 웹상에서 링크와 자료를 주고받는 입장이라고 주장할 만하다.

이러한 큐레이션 조합을 통해 〈허핑턴 포스트〉는 일부나마 독점 콘텐츠와 속보 전달력을 갖추게 되었고, 콘텐츠를 도용만 한다는 비난에서 빠져나올 수 있었다. 허핑턴에게는 당연히 지지자도 많지만, 새로운 분야의 개척자에게 늘 그렇듯이 비판 세력도 너무나 많은 편이다.

두 번째 콘텐츠 정보원은 〈허핑턴 포스트〉 블로거 집단이다. 이들은 과학기술, 정치, 언론, 예술계의 명망 있는 인사들로 구성된다. 이처럼 이름 있는 저자, 유명인, 일회성으로 기고하는 명사들의 조합은 상당히 매력적이다. 허핑턴은 헨리 키신저 같은 사람들이 기명 논평 기사를 팩스로 쉽게 보낼 수 있도록 엄청난 노력을 기울였다. 실제로 〈허핑턴 포스트〉는 기기 사용에 미숙한 필자들을 위해 기사를 팩스로 받아서 블로그에 입력하는 작업을 한다. 디지털 미숙련자를 위한 현대판 필경사인 셈이다. 그 외의 필자들은 아이디와 패스워드를 통해 직접 접속해서 작성·게시하도록 한다.

이 덕분에 검증된 정보원으로부터 외부의 편집을 거치지 않은 많은 글이 올라온다. 요컨대 〈허핑턴 포스트〉에서 호스팅 서비스19)와 브랜드를 제공하는 DIY 퍼블리싱이라고 할 수 있다. 〈허핑턴 포스트〉 직원들은 네트워크에 가입하는 블로거를 큐레이트할 뿐, 일단 가입한 후에 자발적으로 올리는 내용에 대해서는 검토, 편집, 사실 확인 등을 공격적으로 수행하지 않는다.

그리고 마지막 콘텐츠 정보원은 〈허핑턴 포스트〉 편집자들이다. 이들은 웹을 샅샅이 뒤지고 다니면서 시사적이거나 참신하거나 또는 신랄하면서도 조리가 있거나 약간 야한 콘텐츠를 찾아내서 그 이미지와 짧은 인용문을 화려하게 꾸며진 페이지에 모아놓는다. 모든 데이터는 워드프레스WordPress로 구축된 웹 기반 블로그 플랫폼으로 피드된다. 그런 다음 편집자들이 모든 링크, 페이지, 포스트를 지켜보면서 독자들의 링크 클릭이 달라지는 양상을 확인해 가며 헤드라인, 페이지 구성, 이미지 등을 이리저리 바꾼다.

---

19) 하나 이상의 웹사이트를 위해 파일들의 저장 공간을 제공하고 관리해 주는 서비스다.

실시간으로 수행되는 이 작업은 독자들이 마우스 클릭으로 표현하는 관심도에 따라 시시각각 변화하는 퍼블리싱의 놀라운 모습을 보여준다. 이는 마치 〈뉴욕타임즈〉가 각 기사별로 독자의 관심도를 실시간으로 파악하고 편집을 변화시켜 계속 신선한 읽을 거리를 제공함으로써 독자를 사이트에 붙들어 놓는다는 의미와도 같다. 여기까지는 긍정적인 측면이다.

반면 부정적인 시각에서는 기술을 이용해 클릭수를 올릴 만한 헤드라인을 만드는 것은 퍼블리싱이 아니라 포퓰리즘이라고 주장한다. 여배우의 '수영복 차림' 같은 헤드라인이 르완다 관련 기사보다 언제나 클릭수가 높을 것이 분명하기 때문이다. 그러나 클릭수는 거짓말을 하지 않는다. 독자들은 분명 〈허핑턴 포스트〉에서 접하는 내용을 좋아한다.

또 하나 짚고 넘어가야 할 점은, 정치적 목적의 링크 수집 사이트를 고안해낸 사람이 허핑턴이 아니라는 사실이다. 그것은 지난 2000년 미국 대통령 선거에서 고작 한 페이지 남짓한 링크 목록과 거창한 헤드라인 하나로 어마어마한 방문자를 끌어 모았던 〈드러지 리포트Drudge Report〉의 매트 드러지에게 돌아가야 한다. 지금도 이 사이트는 여전하다. 매일같이 엄청난 방문자수를 기록하고 있다. 〈드러지 리포트〉는 〈허핑턴 포스트〉보다 규모도 작고, 직원수도 적다. 〈허핑턴 포스트〉는 사이트 규모에 비해 직원수가 꽤 많은 편인데, 벤처캐피털 투자도 많이 받았기 때문에 투자자들이 동요하기 전에 빨리 이익을 내야 한다는 압박에 시달리고 있다.

허핑턴은 수집과 큐레이션의 대표적 옹호자로서 여전히 이 새로운 트렌드를 알리고 지키는 데 많은 시간을 들인다. 그러나 2년이면 인터넷 업계에서는 매우 긴 시간이다. 요트 클럽에서 예의상 박수를 받은 지 24개월 만에 허핑턴은 초청제로 운영되는 모나코 미디어 포럼에서 미디어계의 총아로 당당히 세계 무대에 섰다. 여기에서 허핑턴은 독일계 미디어 재벌인 액셀 스프링어Axel Springer의 CEO 마티아스 되프너와 대면하게 되었다. 그는 프리미엄 콘텐츠와 유료화 장벽의 강경한 주창자답게 허핑턴의 돈 잃기 모험을 비웃으며 손사래를 쳤다. 그러나 이미 미디어 거물을 상대하는 방법을 터득한 허핑턴은 다 안다는 듯이 웃으며 말했다.

"계속 유료화로 밀고 나가세요. 저는 계속 무료로 운영할 테니, 내년에 다시 이 자리에 모여 누구의 사업이 잘나가는지 확인해 보시죠."

허핑턴이 그렇게 말할 무렵 〈허핑턴 포스트〉의 월간 순방문자수가 840만 명을 넘어섰다. 반면 액셀 스프링어의 주력 사업인 신문은 확실히 전성기가 지난 듯 보였다.

2009년에 〈타임〉이 '웹의 새로운 예언자'라고 명명했던 허핑턴은 지금 자신이 하는 일이 세상을 바꾸고 있고, 일부 변화는 이른바 올드미디어에 부정적인 영향을 미칠 것이라는 사실을 명확히 인식하고 있다. 그녀는 이렇게 설명한다.

"우리는 분명히 티핑 포인트[20]로 향하는 전환점에 서 있어요. 앞으로 더욱 흥미진진한 미래가 펼쳐지겠죠. 이럴 때 저널리즘을 구제하는 일과 신문을 구제하는 일은 엄연히 구분되어야 해요. 콘텐츠 주변에 벽으로 둘러싸인 정원을 만들어놓고 입장료를 부과하는 게 가능했던 인터넷 이전 시절로 돌아갈 수 있다는 생각은 한마디로 터무니없어요. 그러한 시도를 계속한다면 실패하고 말걸요."

이는 당연히 마티아스 되프너를 염두에 두고 하는 말이다. 그녀의 말을 계속 들어보자.

"오늘날의 경제는 벽으로 차단된 것이 아니라 링크로 연결되어 있어요. 독점 콘텐츠를 유료로 할 것이 아니라 광고나 소액결제 등을 통해 미디어 링크에서 수익을 낼 방법을 모색해야 하죠. 이런 환경에서 좋은 저널리즘은 살아남아 계속 성장하겠지만, 신문은 나라별로 극소수를 제외하면 대부분 사라질 거예요. 대신 일반 대중이 중심이 된 우수한 시민 저널리즘이 더욱 늘어 나겠죠."

결국 허핑턴을 비롯한 모든 정보 수집기와 큐레이터의 관건은 법적으로 도용의 선을 넘지 않고 콘텐츠 링크와 공유가 허용되는 범위가 어디까지인가의 문제다.

변호사이자 메디에이트닷컴Mediaite.com의 웹 퍼블리셔인 댄 에이브람스는 이렇게 설명한다.

---

20) 작은 변화들이 어느 정도 기간을 두고 쌓여, 이제 작은 변화가 하나만 더 일어나도 갑자기 큰 영향을 초래할 수 있는 상태가 된 단계다.

"링크를 걸 때는 '공정한 사용Fair use'의 기본 원칙에 따라, 다른 매체에서 두 단락 이상을 인용하지 않고 링크를 걸어둬요. 그러면 원본 사이트에도 놀랄 만큼의 트래픽이 발생하죠. 결코 일방통행이 아니에요."

허핑턴도 여기에 맞장구를 친다.

"〈허핑턴 포스트〉 트래픽의 절반은 링크와 검색에서 발생합니다. 신문사의 과제는 이러한 링크에서 수익 모델을 찾아내는 일이죠."

되프너는 목마른 사람이 무료 맥주와 유료 맥주 중 하나를 고를 수 있을 때, 품질이 둘 다 비슷하다면 당연히 무료 맥주를 마실 것이라고 말했다. 본인은 더 좋은 맥주를 만들어서 유료로 팔고 싶은데, 허핑턴이 그 맥주를 무료로 나누어주고 있다는 뜻이다. 그런데 되프너는 한 가지 핵심을 놓치고 있다. 〈허핑턴 포스트〉는 그의 콘텐츠가 없어도 그만이라는 사실이다. 허핑턴의 선반에 기꺼이 맥주를 채워 넣겠다는 양조업자들이 줄을 서 있기 때문이다. 되프너는 자신의 콘텐츠가 특별하다고 믿지만, 허핑턴은 일반적인 데이터와 별다르지 않다고 본다.

허핑턴은 링크 경제가 미디어 업계에 초래한 변화의 급물살을 회피하려 하지 않는다. 타조처럼 모래에 머리를 처박아보았자 귀에 모래나 들어갈 뿐 달라질 것이 없기 때문이다.

"올드미디어가 무작정 뉴스 수집기를 무너뜨리려고만 해서는 안 돼요. 그러면 설사 성공하더라도 기존에 수집기를 통해 발생하던 엄청난 트래픽이 사라지면서 결국 같이 망할 뿐이에요."

콘텐츠 제작자, 즉 콘텐츠를 만들고 수익 모델을 구축하느라 많은 시간을 바친 사람 입장에서는 큐레이션이 힘든 작업을 피해가는 교묘한 수법으로 보일 수도 있다. 따라서 양측의 충돌은 결국 '큐레이션이 돈을 절약하는 수법일까? 아니면 가치를 추가하는 작업일까?'라는 문제로 귀결된다.

원로 퍼블리셔의 고뇌

가트너 그룹Gartner Group의 연구 부사장 앨런 웨이너는 이렇게 말한다.

"큐레이션은 적은 자원으로 많은 일을 할 수 있다는 점에서 경제적이고 모든 미디어 산업에 통용되어 왔습니다. 만약 편집자의 역량을 줄이고 싶다면, 큐레이션 도구를 제공해야 할 겁니다. 큐레이션이란 기존 콘텐츠에 뭔가를 더 추가하는 일이에요. 적은 자원으로 더 많은 일을 하려는 올드미디어 기업이 늘어날수록 정보의 품질을 저하시키지 않고도 효율성을 높일 수 있는 퍼블리싱 도구가 점점 중요해질 것입니다."

가트너 그룹의 창립자인 기드온 가트너가 여러 해 전에 회사를 떠나 지금은 큐레이션의 힘과 중요성을 설파하는 일에 열심이라는 사실을 알면 웨이너의 주장이 더욱 예언적으로 들릴 것이다.

내가 가트너를 만나러 그의 집을 찾아갔을 때, 문득 한 가지 생각이 떠올랐다. 가트너는 미래 트렌드에 대해 예리한 조언을 많이 해왔다는 사실이다.

가트너는 물론 그의 고객도 그 조언의 덕을 많이 보았다. 이제 가트너 그룹은 매각되었지만 그의 감각은 여전히 날카로웠다. 신규 트렌드와 시장의 변화에 대한 열렬한 관심도 예전 못지않았다. 대화를 시작한 지 단 몇 분 만에, 가트너는 웹에서 적합한 정보를 제때에 찾으려다 실패했던 경험을 이야기한다.

"앞으로 큐레이션 없는 데이터와 정보란 상상할 수가 없어요."

그러면서 자신이 개발했던 큐레이션 도구인 스크랩으로 가득찬 파일 캐비닛을 가리켰다. 하지만 그것도 금방 쓸모가 없어졌다고 힘없이 말했다. 지금은 너무나 많은 데이터가 너무나 빠르게, 너무나 걸러지지 않은 상태로 난무하는 상황이기 때문이다.

올해 가트너는 75세의 고령이지만 여전히 큐레이션 앞에서 불타오르는 의욕을 보이고 있다.

틈새시장을 노린 큐레이션

가트너와 허핑턴이 예상치 못했던 조합이라면, 수집 기업가로 변신한 주류 미디어의 앵커 댄 에이브람스는 또 어떠할까?

그는 1992년에 콜롬비아대학교 로스쿨을 졸업하고 바로 NBC 방송의 수석 법률기자로 발탁된 뒤 탄탄한 출세가도를 달려온 방송계의 스타였다.

에이브람스는 〈허핑턴 포스트〉가 정치 외적인 영역까지 확장하는 것을 보면서, 오로지 언론 보도에만 집중하는 웹사이트에 대한 틈새시장이 있겠다고 생각했다. 그는 개인투자자나 벤처캐피털에서 투자를 받는 대신 자신의 주머니를 털어 메디에이트닷컴^{Mediaite.com}을 설립하고, 미디어 업계의 콘텐츠를 수집해서 논평하고 큐레이트하기 시작했다. 그의 말을 들어보자.

"우리는 최대한 어림잡아 1년 만에 월간 100만 명이 찾는 사이트로 성장하길 바랐어요. 다른 웹사이트를 살펴본 결과 미디어 뉴스의 틈새시장이 대략 50만 명 규모라고 생각했거든요. 그러나 실제 1년 후 순방문자수는 140만 명에 이르렀습니다."

이러한 성장세에 힘입어 메디에이트는 미국 광고업계의 관심을 끌게 되었고, 마침내 광고 의뢰가 들어오기 시작했다. 그의 동료인 홀에 따르면 편집과 관련된 실무적인 의사결정은 전적으로 그의 책임이라고 한다. 그러나 두 사람이 뉴스 큐레이션 영역을 개척하고 사업을 영위해 나가는 데 에이브람스의 법률과 저널리즘에 대한 예리한 안목이 결정적인 것은 분명 사실이다.

홀은 앞으로 일어날 일에 대해서 확신을 가지고 이렇게 말한다. "어떤 사이트는 제 역할만 잘하면 이용자와 광고 수익은 저절로 따라 온다고 믿습니다. 거기에 특정한 시각을 부여해서 이용자를 늘려주는 게 우리의 역할이고요. 개인적인 바람이라면 우리의 취향, 감수성, 큐레이트 능력이 곧 우리의 가치라고 인정해 주는 사람이 많아졌으면 좋겠습니다."

그러나 홀은 큐레이션에 관한 원칙과 기준이 계속 변하고 있기 때문에 정립되기 힘들다는 현실도 인정한다.

"우리는 CNN, MSNBC, 폭스 뉴스와 꾸준히 접촉하면서 우호적인 협력 관계를 유지하기 위해 최선을 다하고 있습니다. 세상이 워낙 급변하고 있으니 아무리 우리 방문자수가 늘더라도 만일을 대비해서 콘텐츠 제작자와 불편한 관계를 맺지 않는 게 상책이겠죠."

루퍼트 머독에게 찍힌 사람들

홀과 에이브람스는 큐레이션 업계에서 좋은 이미지를 유지하기 위해 노력하고 있지만, 이 업계 사람들이 다 그렇지는 않다. 저술

그림6. 마이클 울프(Michael Wolff) (출처 : https://www.forbes.com)
그는 2018년 도널드 트럼프 대통령의 백악관 뒷 이야기인 fire and fury(화염과 분노)를 썼다.
출처 : https://www.forbes.com/sites/hayleycuccinello/2018/12/11/worlds-highest-paid-authors-2018-michael-wolff/#62f4980c2517

가이자 블로거인 마이클 울프Michael Wolff는 자신을 먹여 살리는 업계를 비판해 가면서 경력을 쌓아왔다. 초창기 뉴미디어 업계의 거물이 된 울프는 본래 울프 뉴미디어Wolff New Media라는 초기 시디롬 CD-ROM 회사를 세웠다가 망한 닷컴 버블[21])의 희생자였다.

그러나 상처를 딛고 다시 시작하는 대신, 울프는 인터넷 회사를 설립할 때 피해야 할 일에 대해 매뉴얼 성격의 책을 쓰기 시작했다. 그 책이 바로 〈사이버 신대륙을 향한 무한 질주〉이다. 이 책을 통해

---

21) 인터넷 관련 업계가 성장하면서 해당 산업의 주식 가격이 급속히 상승했던 1995년~2000년의 거품 경제 현상이다.

울프는 아웃사이더라는 이미지와 젊은 층의 지지를 얻었다. 그래서 〈뉴욕매거진New York Magazine〉에 정기적으로 뉴욕 미디어계 인물들을 비판하는 칼럼을 쓰기 시작했고, 당시 업계 내에서 초청하기에 가장 영광스럽고도 두려운 게스트가 되었다.

그 후에 〈뉴욕매거진〉이 매각될 위기에 처하자 몇몇 동업자와 함께 그 회사를 인수하고자 했으나 거래가 성사되지 않자 바로 연재를 그만두었다. 울프는 신랄한 재치 덕분에 〈베니티 페어Vanity Fair〉에서 다시 일자리를 얻었지만, 언젠가 내게 털어놓기로는 과연 자신의 글이나 그 잡지를 읽는 사람이 있기나 한지 자신 없어 했다.

그는 오피니언 리더 집단에서 도태될 위기에 처해 있었다. 잠시나마 루퍼트 머독의 진실을 폭로한 책으로 다시 헤드라인을 오르내렸지만, 덕분에 머독이 소유한 〈뉴욕포스트〉로부터 내부적으로 '평생의 적'으로 낙인찍히기도 했다.

그래서 울프는 새로운 웹사이트를 개설했다. '뉴서Newser'라는 이름의 이 사이트는 〈허핑턴 포스트〉의 짝퉁이었다. 그는 초강력 수집기를 만들어서 주류 미디어를 더 이상 읽을 가치가 없는 무용지물로 만들고 비판자들에게 일격을 가할 작정이었다.

울프는 〈뉴욕타임즈〉를 요약하여 기사화하는 자신의 독창적인 작업에 대해 이렇게 설명한다.

"〈뉴욕타임즈〉 기사들은 너무 길어요. 그래서 우리 편집팀은 기사별로 1,200단어씩 뽑아내서 일체의 정보 손실 없이 65~110단어로 줄여요. 이런 작업은 필수적입니다. 온라인에서는 같은 시간 동안 오프라인에서 흡수하던 정보보다 훨씬 많은 양을 소화해야 하니까요. 〈뉴욕타임즈〉뿐만이 아니에요. 뉴욕의 모든 신문은 위기에 처해 있어요. 많은 신문이 파산했고, 또 많은 신문이 조만간 파산할 겁니다. 줄이고 또 줄이는 방법 외에는 다른 성공 모델을 찾기가 정말 어려워졌죠. 설사 다른 방법이 있더라도 잠깐 숨 돌릴 시간을 벌어줄 뿐, 결국에는 추월당하고 말 겁니다."

여기에서 울프가 미디어 업계 거물에 대한 거칠고 도발적인 글을 쓰면서 경력을 쌓아왔다는 사실을 상기할 필요가 있다. 그러나 그 점을 감안하더라도 〈뉴욕타임즈〉에 대한 그의 공격은 유독 가차없이 느껴진다. 울프는 이렇게 말한다.

"우리는 그동안 줄곧 뒤따라오던 신기술이 이제 명백히 앞질러 가기 시작한 시점에 살고 있어요. 〈뉴욕타임즈〉는 양쪽 세계에 한 발씩 걸친 상태를 유지해 왔죠. 하지만 지금으로 봐서는 어느 한쪽도 제대로 하지 못하고 있습니다. 아마 그 신문의 미래 성장과 발전 가능성에 대해 낙관할 만한 근거를 찾기는 상당히 어려울 겁니다."

자신이 속한 업계를 철저히 공격하겠다는 울프의 의지는 자신이 링크를 걸었던 콘텐츠 사이트까지 확장되어 큐레이션에 대한 최초의 논쟁을 불러일으켰다. 울프는 샤론 왁스먼이 만드는 더랩The Wrap이란 사이트에 링크를 걸었다가 링크를 걸지 말라는 요청을 받았다. 그러자 울프는 이렇게 대답했다.

"웃기지 마라."

허핑턴 같은 사람이 큐레이션을 상호관계로 보고, 링크를 거절당하면 링크를 걸지 않는다는 입장인 반면, 울프는 뉴서의 작업이 가치를 추가하는 일이므로 더랩 같은 사이트의 게시글을 얼마든지 인용, 복사, 참조할 권리가 있다고 믿는다. 왁스먼은 여기에 반발한다.

"분명히 모든 수집에는 출처가 정확히 명시되고 링크가 포함되어야 합니다. 그것은 기본적인 예의예요. 그리고 온라인상에서 대부분의 사람이 이미 그러고 있고요."

왁스먼의 주장은 결코 링크를 걸거나 요약하기 전에 허가를 받으라는 소리가 아니다. 그러기에는 웹이 너무 분산되고 파편화되어 있다. 다만 제작자가 '링크를 걸지 말라'고 요청할 수 있기를 바랄 뿐이다.

"뉴서는 한 번도 우리 자료의 사용에 대해 문의해온 적이 없어요. 우리는 그들에게 자료 사용을 중단하든지 신디케이션 계약에 서명하라고 요구했죠. 적어도 자신들이 명시해 놓은 정책은 따라야 하니까요. 하지만 뉴서는 그조차 일관성 있게 지키지 않고 있습니다. 우리 자료를 자신이 원하는 대로 마음껏 사용하겠다고 주장하고 있으니 말이죠."

사실 울프가 왁스먼에게 보인 반응은 앞으로 벌어질 사태의 시작에 불과할지도 모른다. 그는 다른 기업에도 만약 뉴서가 무언가 잘못하고 있다고 생각한다면 얼마든지 고소하라고 큰소리치고 있다. 한판 붙어보자는 소리다.

현재로서는 울프가 옳다고 보아야 한다. 소송을 제기할 근거가 없기 때문이다. 수집과 큐레이션은 '공정한 사용'이라는 애매모호한 영역에 머물러 있음으로써 저널리스트들에게 광범위한 안전지대를 보장한다. 큐레이션은 상당한 재량권을 누리고 있는 셈이다.

그러나 허핑턴은 현재 올드미디어와 뉴미디어 업계가 점점 서로를 닮은 하이브리드 모델로 변하고 있다고 생각한다. 〈뉴욕타임스〉는 여러 가지 온라인 사업을 벌이는 반면 〈허핑턴 포스트〉는 점점 기자를 많이 고용하는 식이다.

오늘날 〈허핑턴 포스트〉에는 마음대로 글을 올릴 수 있는 블로거가 6,000명에 달한다. 〈뉴욕타임스〉나 〈워싱턴포스트〉가 대가 없이 글을 기고하는 기명 논평란을 마련했듯이, 〈허핑턴 포스트〉는 편집자가 게시할 글을 미리 정해놓은 사이트의 기반 구조가 된다. 허핑턴은 참여하고 진화하는 미디어 기업은 살아남을 수 있다고 본다는 측면에서 분명히 낙관적이다.

반면 울프는 올드미디어가 앞으로 성공하는 데 필요한 새로운 사고방식, 비용 구조, 편집 기술 등에 적응하지 못해서 언젠가는 멸종할 수밖에 없다고 본다. 허핑턴이 개척한 하이브리드 모델로 옮겨가는 올드미디어가 점차 늘어나면서 독자, 기고자, 수익 측면에서 〈허핑턴 포스트〉의 성장은 오늘날 허핑턴의 링크 경제가 우세하다는 현실을 방증하는 것으로 보인다.

〈허핑턴 포스트〉의 또 다른 비밀 병기

〈허핑턴 포스트〉의 또 다른 비밀 병기는 사용자가 댓글 형태로 기고하는 콘텐츠다. 〈허핑턴 포스트〉는 초창기 블로그에서 흔히 볼 수 있었던 거친 댓글 문화를 지양하고 처음부터 댓글 관리에 많은 투자를 했다. 하루 종일 댓글만 검토하면서 이를 승인하고 삭제하는 정규직 직원이 20명쯤 있는데 이들의 인간 큐레이션 덕분에 친절하고도 예의 바른 댓글 교환이 가능해졌다. 그 결과 2010년 6월에는 자그마치 310만 개의 댓글이 올라왔다. 허핑턴은 이렇게 설명한다.

"자기 표현은 새로운 오락거리입니다. 사람들은 단지 정보를 소비할 뿐 아니라 참여하고 싶어 하죠. 이러한 욕구를 파악하는 데 저널리즘의 미래가 있어요."

허핑턴은 여러 가지 측면에서 큐레이션의 상징적인 대표주자다. 그녀는 개성 있고 독특한 시각을 선별하기 위해서 자사의 블로거를 큐레이트한다. 적은 수의 기자로 최대한의 영향력을 발휘하기 위해서 기자들을 큐레이트한다. 도발적인 사진을 고르거나 효과적으로 트래픽을 유발하는 헤드라인을 테스트하기 위해 링크된 이야기를 큐레이트한다. 이용자로 하여금 매너를 지키게 하고 논쟁을 이끌어내기 위해 댓글을 큐레이트한다. 전반적으로 다양한 출처의 콘텐츠를 발굴, 조합, 관리하여 분야별로 잘 다듬어진 컬렉션을 만들기 위해 〈허핑턴 포스트〉가 기울이는 노력은 효과를 발휘하고 있다. 분명히 독자들이 좋아할 만한 내용을 만들어내는 것이다.

큐레이션은 뉴스에서 커뮤니티, 전자상거래와 심지어 브랜드 영역에 이르기까지 최고의 미디어 제작자, 기업가, 사상가들이 적극 권장하는 새로운 문화 전달 방식이다. 기존의 콘텐츠 제작자들은 사업을 최대한 빨리 키우고 콘텐츠의 요새를 구축해서 새로운 디지털 업계의 리더로 부상하기 위해서 점차 콘텐츠 큐레이터로 변모해가고 있다.

결국 콘텐츠의 미래는 컴퓨터 대 인간의 싸움이다. 허핑턴은 인간이 주목할 만한 가치가 있기 때문에 인간을 지지한다고 말한다.

"인간의 편집을 대체할 수 있는 방법은 없어요, 우리의 분명한 입장은 자신의 열정을 추구하는 편집자에게 모든 것을 맡겨야 한다는 것입니다."

허핑턴, 울프, 에이브람스, 이들은 모두 똑똑하고 진지한 사람들이다. 그리고 앞으로 뉴스가 진화해 갈 방향에 대해서는 의견이 다르지만 저널리즘의 미래에서 큐레이션이 핵심이란 점만은 모두 동의한다. 저술가, 편집자, 퍼블리셔, 독자들 모두 이 사실을 무시하면 상당한 손해를 각오해야 할 것이다.

큐레이션의 새 지평을 보여주고 있는 〈허핑턴 포스트〉의 순방문자수는 2011년 하반기에 〈뉴욕타임즈〉 사이트를 앞지를 것으로 예측된다. 〈허핑턴 포스트〉는 60퍼센트의 기사는 직접 작성하는 방법으로 콘텐츠 도용이라는 논란에서 빠져나올 수 있었다.

〈허핑턴 포스트〉가 정치 외적인 면까지 확장하는 데 비해 메디에이트닷컴은 오로지 언론 보도에만 집중해서 큐레이트하는 사이트다. 불과 1년 만에 순방문자수가 140만 명에 이르는 등 급성장함으로써 광고 유치에 성공했다. 가히 '링크 경제'라고 할 수 있다.

전통적인 미디어와 큐레이션 기반의 뉴미디어가 빚는 갈등의 핵심은 도용과 인용의 범위가 어디까지인가 하는 점이다. 아직 미국에서는 '공정한 사용'이란 포괄적인 기준만 있을 뿐 명확한 기준이 없는 상태다. 허핑턴은 이에 대해서 두 미디어가 서로 닮아가는 하이브리드 형태를 띠고 있다고 말한다.

큐레이션이 등장하고 성장하는 과정에서 여러 가지 논란이 일어나고 있지만 결국 미래의 저널리즘에서 큐레이션이라는 거대한 흐름을 거스를 수 없다.

04

큐레이션,
고객의
목소리를 듣다

소비자들은 서로 연결되자
미디어를 능가하는 목소리를 내기 시작했다.
이는 말 그대로 충격적인 계시였다.

 오랫동안 일방통행식의 광고를 통해 메시지를 주입시켰던 기업
도 이제는 자사 상품에 대한 소비자의 의견이 공개적으로, 대규모
의 통제 불가능한 방식으로 교환된다는 사실을 깨닫고 있다. 이제
기업도 큐레이트된 콘텐츠를 수용해야 할 뿐 아니라, 소비자의 심
기를 건드려 불만과 분노를 초래하지 않도록 주의해야 한다.

 기업이 더 이상 메시지를 통제할 수 없는 세계에서는 불만을 느
끼는 고객이 한 명만 있어도 전체 소비자가 거대한 안티 세력으로
바뀔 수 있다. 이러한 종류의 부정적인 소비자 참여는 마케팅 담당

자에게는 당황스런 일로서, 일종의 역전된 매스미디어라고 부를 만하다.

열정에는 힘이 있지만, 그 열정이 반드시 긍정적이라는 보장은 없다. 특정 기업 때문에 크게 화가 났던 경험을 블로그를 통해 알리려는 소비자들이 이미 하나의 사회 현상으로 떠오르고 있다.

델 컴퓨터의 악몽

〈타임〉 칼럼니스트인 제프 자비스는 지난 2005년 웹이 막 소비자 권력 기반으로 떠오르기 시작할 때, 델Dell에서 노트북을 구매했다.

당시 자비스는 구글 검색에서 어떤 기업명이든 뒤에 '짜증나'라는 단어를 붙여 검색하면 순식간에 그 브랜드나 기업에 대한 소비자의 불만과 문제점이 죽 뜬다는 사실을 알고 있었다. 그래서 자비스는 '델 컴퓨터는 엉터리. 델 정말 짜증나Dell lies. Dell sucks'라는 제목의 블로그 글을 썼다. 장난삼아 한 일이 아니었다.

그 결과 어떻게 되었을까? 수집·큐레이트된 소비자 권력을 이해하려는 브랜드 마케팅 담당자라면 반드시 읽어볼 필요가 있다.

다음은 자비스가 올린 게시글 전문이다.

2005년 6월 21일, 델 컴퓨터는 엉터리, 델 정말 짜증나

나는 델에서 노트북을 샀다. 4년간 방문 서비스를 신청했기 때문에 값이 비쌌다. 그런데 이 기계는 정말 문제가 많다. 열도 많이 나고, 네트워크도 걸핏하면 에러고 CPU도 과부하가 걸리는 등 완전 불량품이다.

하지만 진짜 짜증나는 것은 우리 집에 온 컴퓨터 기사로부터 부품이 없으니 아예 회사로 보내는 편이 낫다는 소리를 들었기 때문이다. 그러면 나는 7~10일간은 노트북을 쓸 수도 없고, 게다가 이런 헛소리를 듣는 시간까지 날려야 한다. 나는 컴퓨터를 사면서 방문 서비스를 받으려고 돈도 많이 냈는데, 결국 이렇게 약속을 안 지키는 델 때문에 2주나 되는 시간을 허비하게 된 것이다.

'델 정말 짜증난다Dell sucks', '델은 거짓말을 한다Dell lies,' 구글에 이 말을 입력하고 결과를 음미해 보시라.

흥미롭게도 이 글은 당연히 저널리즘도, 문학 작품도, 논리 정연한 주장도 아니다. 그냥 불평불만이다. 짧고 쉽다. 누구든지 쓸 수 있는 글이다. 하지만 자비스의 블로그 버즈머신닷컴Buzzmachine. com에는 상당한 트래픽과 영향력이 있었기 때문에 이 글도 주목을 받게 되었다.

우선 이 글은 델에 불만이 있던 다른 소비자들의 눈길을 끌었다. 또 델이 이 문제를 어떻게 처리하는지 궁금했던 기자들도 관심을 보였다.

그림7. 제프 자비스 그리고 버즈머신닷컴(Jeff Jarvis and Buzzmachine.com)
출처 : https://buzzmachine.com/

결국 이 글은 온라인에서 변화하고 있던 소비자 권력과 발언권에 대한 델의 이해 수준을 시험하게 된 셈이었다.

그 후로 2005년 8월까지 자비스는 수많은 후속글을 게시했다.

2005년 7월 1일, 델의 악몽 : 판매자 위험 부담

소비자가 위험을 감수해야 하던 시대는 끝났다. 이제 판매자가 조심해야 할 시대가 오고 있다. 이른바 판매자 위험 부담의 시대다.

기업은 더 이상 계속해서 조잡한 물건을 팔거나 서비스를 제공하거나 소비자의 요구와 우려를 무시하면서 버틸 수 없다.

나는 델을 시험했고 그들은 실패했다. 델의 고객 서비스 체계는 엉망진창이었고 고객을 알아보지 못했다. 고치려는 노력조차 보여주지 않았다.

물론 몇 시간씩 전화기를 붙들고 앉아서 사이코처럼 겁을 줄 수도 있었다. 하지만 나는 여기에 내 경험담을 쓰기로 결심했다. 나처럼 열받은 델 소비자들의 동감과 집단행동을 이끌어내기로 결심했다. 델이 우리가 하는 소리를 듣고 있는지 확인하기로 결심했다.

끝내, 그들은 듣지 않는다.

델의 언론 담당자들은 정말 중요한 언론을 모른다. 바로 자사 고객이 작성한 언론이다. 이 글은 이미 구글에서 델 짜증나라는 검색어로 5위에 올라 있다. 나는 델에게 기회를 주었지만, 그들은 놓치고 말았다.

그래서 나는 델의 언론 담당 부서에 이메일을 보내 이 블로그를 읽어보라고 말했다. 커닝 쪽지까지 쥐어준 셈이다. 그런데도 그들은 읽지 않았다. 이 얼마나 멍청한 일인가!

자비스는 노트북을 수리하고, 웹 퍼블리셔로 떠오르고 있는 소비자의 파워를 델에게 가르치려는 자신의 시도를 계속해서 상세히 적어나갔다. 결국에는 델이 말 그대로 자신을 모셔다가 블로그와 고객의 목소리에 대해서 한수 가르침을 받아야 한다고까지 주장했다.

이 '델의 악몽' 사건이 중요한 이유는 이때가 웹 퍼블리셔로서 소비자가 주목받기 시작한 초창기였고, 자비스가 브랜드를 망가뜨리려는 진짜 성난 소비자와는 달리 진심으로 학계가 이야기하는 '가르침의 순간Teachable Moment'을 실천하고자 했기 때문이다. 그러나 부정적인 소비자 감정이 모이고 증폭될 수 있다는 자비스의 경고 사격은 무시된 듯했다. 결국 자비스는 애플 컴퓨터를 샀고, 델의 마케팅 담당자들은 계속 소비자를 무시하며 화를 자초했다.

그후 2년도 채 되지 않아서 자비스의 이러한 블로그 글은 소비자를 단합시키는 강력한 구호가 되어, 일개 소비자가 아닌 전체 소비자의 불만과 분노를 표시하는 장으로 발전했다.

소비자들은 서로 연결되자 미디어를 능가하는 목소리를 내기 시작했다. 이는 말 그대로 충격적인 계시였다.

단결된 소비자의 힘, 컴캐스트머스트다이 사례

2007년 10월 4일 목요일, 소비자들이 수동적인 입장에서 참여적인 입장으로 돌아서는 결정적 계기가 된 사건이 터졌다. 미국 공영라디오방송NPR의 유명 기자이자 잡지 칼럼니스트였던 밥 가필드는 컴캐스트머스트다이닷컴ComcastMustDie.com이라는 이름의 블로그를 개설했다. 이 블로그의 첫 번째 글은 다음과 같다.

나는 사실 컴캐스트와 같이 거대하고 실수투성이에 탐욕스럽고, 거만하기까지 한 괴물 기업이 파멸하는 것을 바라지는 않는다. 단지 그들이 방식을 바꾸기를 간절히 바랄 뿐이다. 이 사이트는 여러분이 불만을 토로하고(부디, 예의 바르게) 컴캐스트가 주목하게 되는 계기를 만들고자 한다.

축하한다. 여러분은 더 이상 부당한 대우를 받고 그저 한번 화내는 데 그치는 고객이 아니다. 또 바라건대 온라인상의 깡패도 아니다. 여러분은 소비자의 권리를 주장하며 독과점 기업의 횡포에 맞서 싸우는 혁명가이다. 여러분의 힘은 막강하다. 그 힘을 현명하게 사용하라.

또 다른 글에서 가필드는 컴캐스트가 저지른 잘못이자 소비자들이 혁명을 일으킨 이유를 설명했다.

당신들(컴캐스트)은 그동안 너무 오만하게 행동해 왔다. 그러나 상황은 변하고 있다. 또 당신들도 더 큰 권력에 순응해야 한다. 바로 소비자의 권력이다.

가필드는 컴캐스트에 다음과 같은 세 가지 항목을 요구했다.

1. 업무의 각 단계마다 자문, 브레인스토밍, 비판, 조언하는 상임 소비자 패널을 고용하라.
2. 다양한 고객의 의견을 경청하기 위해 웹사이트를 운영하라.
3. 가장 중요한 항목으로, 이런 활동을 당신들이 어려움 속에서도 의연히 대처하고 있다는 식의 대외 홍보용으로 이용하지 마라.

가필드의 글은 역시 불만을 느꼈던 다른 컴캐스트 고객의 눈에 띄면서 폭발력을 얻었다. '짜증나'라는 말도 검색 엔진의 미끼로 훌륭했지만, '컴캐스트는 죽어야 한다(컴캐스트머스트다이)' 역시 매우 효과적이었다. 유튜브에서 검색해 보면, 컴캐스트머스트다이에 대한 입소문이 나게 했던 홍보용 동영상을 볼 수 있다.

가필드는 사이트 개설 두 달 만에 1,000개의 댓글이 등록되고 1만 명이 방문했다고 어림잡는다. 가필드는 이렇게 설명한다.

"세계는 소비자들이 더 이상 기업 활동의 수동적인 희생양에 머무르지 않는 방향으로 변해 왔습니다. 이제 소비자는 이해당사자예요. 사태의 진행 상황에 대한 발언권과 해명을 요구할 뿐 아니라 스스로 실력을 행사할 힘도 가지고 있죠."

2009년 9월 7일에 가필드는 컴캐스트머스트다이 사이트에 다음의 글을 올리면서 승리를 선언했다.

컴캐스트머스트다이닷컴은 이제 한 단계 진화했다. 마침내 컴캐스트에 승리를 선포하게 된 것이다. 컴캐스트는 거대하고 탐욕스럽고 실수투성이에 귀까지 막고 있던 기업 괴물이었지만, 2년도 안 되어 마침내 빛을 발견하고, 비로소 귀를 열기 시작했다. 고맙다. 그리고 축하한다.

컴캐스트는 처음에는 소비자 의견을 무시하고 그 다음에는 공격했지만 마침내 불만까지 포함해서 경청하기 시작했다. 이로써 컴캐스트의 소셜미디어팀은 제 역할을 찾았다. 그리고 서비스를 개선하기 위해서 트위터를 비롯한 웹 모니터링을 시작했다.

고객에게 귀를 기울여라! 리스노믹스

컴캐스트 사건에서 가필드가 〈애드버타이징 에이지Advertising Age〉의 광고 칼럼니스트로 오랫동안 일한 광고 전문가란 사실은 아이러니하다. 2009년 전 세계 소셜미디어의 발상지인 텍사스 오스틴 SXSW 인터넷 컨퍼런스에서 만났을 때, 그는 새로운 소비자 혁명의 힘에 대해 한 번도 의심해 본 적이 없다고 말했다. 오히려 그 반대였다.

"지금까지 기업은 메시지를 통제할 수 있었어요. 정교한 메시지를 만들어 우리가 보는 TV로 전송할 수 있었죠. 그러나 이제는 스스로의 메시지를 완전히 제어할 수 없다는 사실을 두려워하고 있어요. 물론 주변에서 들리는 소문도 마찬가지죠."

통제력을 상실하고 나자, 광고주는 수집과 재구성 외에는 달리 할 일이 없어졌다.

"기업은 큐레이션 그 이상을 원해요. 하지만 큐레이션이 그들이 기대할 수 있는 최선이죠."

그러나 다행히 처방전이 있다. 바로 '리스노믹스Listenomics'22)이
다.

가필드에 따르면, 리스노믹스란 지금까지 상명하달식 지시에 익
숙했던 마케팅 담당자, 미디어, 모든 기관과 기업이 입을 다물고 다
양한 고객의 이야기를 새겨듣는 기술을 터득할 때 비로소 가능하
다. 결국 진정한 이해당사자는 서비스를 받는 쪽인데, 이들이 이제
야 온라인상의 발언권을 얻으면서 커뮤니티의 일원으로 참여하고
협력하게 된 것이다.

가필드의 리스노믹스는 델보다는 컴캐스트에 더 가깝다고 할 수
있다. 델은 자비스의 노력에도 불구하고 소비자 불만 처리 방식을
거의 바꾸지 않은 반면, 컴캐스트는 가필드와 컴캐스트머스트다이
사이트의 소비자를 기반으로 변화하는 데 성공했다.

펩시, 소셜미디어로 부활하다

자비스와 가필드가 첫 문을 열어젖힌 뒤 몇 년이 지나자 일부 브
랜드 마케팅 담당자들은 소비자들이 좋든 나쁘든 간에 구매 경험
과 제품의 문제점을 수집하고 큐레이트한다는 사실을 깨달았다. 트

---

22) Listen과 Economics의 합성어이다.

그림8. 듀모크라시(DEWmocracy)
출처 : https://www.coynepr.com/brand/mountain-dew/

위터의 유행에 편승해서 다양한 브랜드 행사를 벌이고 있는 기업은 많지만 아마 브랜드 기획과 마케팅 활동에 가장 적극적으로 고객의 참여를 유도해온 기업은 펩시일 것이다.

펩시는 가필드가 공공연히 외치는 변화를 진지하게 귀담아들었다. 펩시의 디지털·소셜미디어 책임자인 보닌 바우는 이렇게 설명한다.

"할 말이 있는 사람에게 발언권을 주고 그 말을 경청하면, 사람들을 고무시키고 아이디어를 얻을 수 있습니다."

콜라 회사에서 하는 말로는 들리지 않지만, 펩시는 실제 보조금을 탈 사람을 대중이 투표로 결정하는 크라우드소싱 프로그램에 2,000만 달러 이상을 기부함으로써 말을 실제 행동으로 옮기고 있다. 또 매월 건강, 예술과 문화, 음식과 주거, 지구, 이웃, 교육 등 6개 분야에서 우승하는 아이디어에 최대 130만 달러의 상금을 수여할 계획이라고 한다. 이는 새롭게 등장한 소비자 세대의 말을 기꺼이 경청하겠다는 메시지를 전달하기 위한 캠페인이다. 펩시의 최고마케팅책임자CMO인 프랭크 쿠퍼는 자사의 소셜미디어 전략을 이렇게 설명한다.

"우리는 대기업으로 군림하기보다 문화의 촉매제 역할을 하고 싶습니다."

쿠퍼는 이런 노력이 '기존의 대중 마케팅을 위해 구축된 모든 시스템에 반한다'는 사실을 인정한다. 펩시의 마운틴듀Mountain Dew 브랜드는 핵심 고객을 브랜드 기획이나 듀모크라시DEWmocracy 23)같은 행사에 초대함으로써 그들에게 다가가고 있다.

듀모크라시는 마운틴듀의 새로운 세 가지 맛 중 실제 출시할 제품을 팬들이 직접 투표로 선정하는 캠페인이다. 본 행사를 개최할 지역과 장소, 활동 프로그램 등 대부분의 사항을 팬들이 직접 결정한다. 또 팬들은 친구를 불러모아 좋아하는 맛에 투표하거나 온라인에 사진과 동영상을 올리는 등 콘텐츠 제작에 참여하기도 한다.

---

23) Dew와 Democracy의 합성어다.

이렇게 해서 얻은 결과에 대해서는 논란의 여지가 없다. 펩시는 총 6만 개의 맛 샘플을 배포하고, 10만 명의 소비자를 만나며, 총 150만 건 이상의 노출수를 기록하기 때문이다.

쿠퍼는 듀모크라시 캠페인이 '소비자에게 제품 혁신의 주도권을 넘겨주면 어떨까?'라는 '단순한 질문에서 시작했다'고 말한다. 펩시는 그 생각을 그대로 실행에 옮겼고, 그 결과 마운틴듀 볼티지Mountain Dew Voltage가 탄생했다. 쿠퍼는 이 제품이 '펩시 음료 사상 가장 성공적으로 출시된 제품 중 하나'라고 평가한다.

그러나 펩시가 단지 소비자의 콘텐츠에만 초점을 둔 것은 아니다. 쿠퍼는 이렇게 말한다.

"펩시 리프레시 프로젝트Pepsi Refresh Project는 지역 사회나 실제 사회적 네트워크에 가치를 더하고자 노력합니다. 우리는 소비자가 세상을 더 좋게 바꿀 만한 아이디어를 개발하고 전파하는 일에 앞장서고 싶어 한다는 사실을 깨달았습니다."

처음에는 온라인 소비자 의견에 관심을 보이지 않던 기업도 이러한 변화를 인정하기 시작했다. 자비스에 따르면, 델도 이러한 메시지를 수용했고 몇 년 뒤에는 델의 CEO 마이클 델이 직접 이런 말을 했다고 한다.

"어떠한 회사도 더 이상 세 사람만 중요하다는 생각으로는 살아남을 수 없다."

여기서 세 사람이란 전지전능한 최고경영자, 최고마케팅책임자,

최고운영책임자이다. 세상은 이제 이들의 시대에서 크라우드소싱된 제안, 평가, 부정적 반응이 중시되는 시대로 바뀌고 있다.

큐레이션은 곧 고객과의 대화다

이처럼 매스미디어에서 소비자가 주도하는 대화로의 변화가 현실에서는 어떠한 영향을 미치게 될까? 우선 소비자가 기업에 참여하는 방법이 바뀔 것이다. 더 이상 소비자는 기존에 상대하던 기업의 '사든지 말든지 '식의 태도를 참을 필요가 없다. 대신 "싫어, 그런 태도를 바꿔 버리고 브랜드를 우리가 장악하겠어"라고 말할 수 있다. 소비자 의견을 확대 재생산하는 도구는 점차 강력해지고 있다. 게다가 이전까지 자기 목소리를 내지 않던 소비자의 단결된 커뮤니티를 촉구하는 소비자 전도사 역할에 새로운 사업 기회도 있다. 그러므로 수집 · 큐레이트할 주제, 브랜드, 방식을 선택할 때 소비자의 힘을 이용할 방법을 연구해 보자.

유람선 여행 상품을 예로 들어보자. 어떤 여행 상품이 좋을까? 바가지는 아닐까? 서비스에 불만을 느낀 여행객이 많을까? 이러한 소비자의 질문에는 오직 상품 후기, 소비자 별점 같은 인간의 큐레이션만이 잡음을 걸러내고 여행자에게 적절한 주의를 줄 수 있다. 그러면 금방 큐레이트된 데이터를 찾는 여행자들에게 신뢰받고 긍정적인 영향을 미치는 사이트가 된다.

이번에는 큐레이트된 인간 데이터를 우리 이웃에 적용해 보자.

아마 동네 식당이나 미용실, 약국 등에 대한 사실 그대로의 평가가 될 것이다. 지금은 누가 우리 동네에서 여러 가게에 대한 평판을 수집해서 큐레이트하고 있을까? 분명히 누군가는 하고 있을 것이다. 이때 브랜드나 인물을 큐레이트하기 위해 따로 허가를 받을 필요가 없다는 사실이 중요하다. 오히려 허가를 받지 않아야만 설사 브랜드가 소비자의 마음에 안 드는 행동을 하더라도 소신 있게 진실을 밝히고 열렬한 지지 의사를 보낼 수 있으므로 진짜 신뢰할 만한 사이트나 커뮤니티가 될 수 있다.

크라우드 소싱된 데이터는 분명히 사람들에게 권력을 부여하고 앤드루 블라우가 말하는 '거대한 메가폰'이 되어 소비자의 발언권을 강화하지만, 큐레이션이 없는 크라우드 소싱 콘텐츠는 진지한 의견을 쫓아내고 가장 크고 과격한 목소리만 증폭시키는 경향이 있다. 그 결과 예의, 정확성, 배려 깊은 대화 등을 이루는 데 실패한다. 그러나 인간 편집자 기능, 즉 수집된 콘텐츠와 커뮤니티의 참여를 재구성하는 큐레이션 관점이 추가되면 진정한 성과를 얻을 수 있다.

큐레이트된 소비자 의견이 강력해질수록 소비자에게 소비자 반응을 필터링하는 별도의 큐레이트 감시 기구가 없는 브랜드나 서비스, 기업 등은 사라질 가능성도 있다. 브랜드별로 불평불만을 수집하는 사이트도 분명히 늘어나겠지만, 대부분의 소비자가 궁극적으로 지향하는 바는 아닐 것이다. 대신 큐레이션을 통해 솔직한 피드백과 소비자의 해결책을 제시하는 합리적이고 균형 잡힌 커뮤니티가 영향력 있는 주체로 새롭게 등장할 것이다.

결국 큐레이션은 소비자와 소통하는 미래의 수단이다.

요약

큐레이션의 파급력은 신문이나 잡지 같은 업종에 그치지 않는다. 지금까지 기업은 일방통행식으로 소비자에게 자신의 메시지를 전달해 왔지만 이제는 큐레이트된 콘텐츠를 수용해야 할 뿐 아니라 소비자의 불만과 분노를 불러일으키지 않도록 주의해야 한다. 이제 소비자는 수동적인 존재가 아니라 온라인상에서 발언권을 얻은 커뮤니티의 한 구성원으로서 참여하고 협력해야 하는 존재로 떠올랐다. 델 컴퓨터의 고객 서비스에 대한 제프 자비스의 블로그나 컴캐스트에 대한 가필드의 블로그 활동이 그에 관한 좋은 사례다.

가필드는 지금까지 기업이 익숙했던 상명하달식 메시지를 버리고 고객의 이야기를 새겨듣는 '리스노믹스'를 제안했다. 현재는 많은 기업에서 온라인상의 소비자 의견에 관심을 가지게 됨에 따라 소비자와 기업 간의 균형 잡힌 커뮤니티가 생겨나고 있다. 결국 큐레이션이란 소비자와 소통하는 미래의 수단이다.

05

새로운
큐레이션 계층,
부와 권력을 누리다

폭발적인 데이터 증가로 인해 지금까지의
검색 알고리즘과 검색 방법은 완전히 무용지물이 될 것이다.

독자들에게 한 가지 고백하겠다. 나는 콘텐츠 절도범이다. 신문을 훔쳤다는 말이다.

도둑질은 내가 아홉 살인 때부터 시작되었다. 그때 나는 어렸지만 항상 사업가가 되고 싶었다. 그러던 어느 날 온갖 가치 있는 정보가 신문 속에 다 들어 있다는 사실을 처음 알게 되었다. 신문은 황금 같은 가치가 있었지만 그 사실은 나만 아는 것 같았다.

내가 살던 지역 거리에는 펴보지도 않은 새 신문들이 재활용품 트럭을 기다리며 도로변 곳곳에 무더기로 쌓여 있었다. 신문은 하루살이지만 하루쯤 지난 신문이라면 그 가치가 완전히 사라질 리는 없다. 어린 마음에 나는 그 신문을 싸게 팔면 분명히 누군가 살 사람이 있을 것 같았다.

그래서 나는 '어제 신문사' 사장이 될 꿈을 안고 수레를 끌며 사업을 시작했다. 나는 집집마다 다니면서 어제 신문을 사라고 소리쳤다. 신문팔이는 쉽지 않았다. 한 번 본 흔적이 있는 신문을 판다는 점도 문제의 소지가 있었다. 그러나 분명히 몇 부 팔기는 했다. 덕분에 날짜가 지난 신문에도 가치가 있다는 사실을 확인했다.

중고 신문팔이 노릇은 오래가지 못했다. 곧 수석을 파는 일에 빠진데다가 그 뒤에는 동네 생일 파티나 클럽에 마술 공연을 하러 다녔기 때문이다.

그런데 얼마 전에 다시 그 중고 신문 사업이 떠올랐다. 뉴스 배포에 대한 유·무료 논쟁 때문이었다.

문득 몇 가지 의문이 들었다. 도로변에 버려진 신문을 다시 판매할 때 나는 뉴스를 훔쳤던 것일까? 그 신문사 사주는 내게 재판매권을 허가할 권리가 있었을까? 만약 내가 하루 지난 그 신문을 팔고 있다는 사실을 알았다면 뭐라고 했을까?

분명히 나는 그 신문사 덕분에 이익을 얻었다. 당시에는 신문 한 부가 하나의 상품이었다. 하지만 오늘날의 뉴스는 디지털이다. 빛의 속도로 움직이면서 내 컴퓨터로 순식간에 전송된다.

내가 만약 지금 온라인에서 중고 뉴스를 판다면 어떨까? 뉴스를 수집하고 정리해서 재판매하는 서비스라면, 〈허핑턴 포스트〉와 비숫하지 않을까? 만약 오늘날 사업을 벌인다면, 좀 더 많은 가치를 더했을 것이다. 다양한 출처에서 뉴스를 선별했을 것이고, 그날의 링크에 대한 나의 의견을 필터링하고 분류해서 큐레이트했을 것이다. 또 결국에는 내가 가공한 뉴스에 대해 이용료를 청구했을 것이다.

루퍼트 머독은 그것을 도용이라고 부를 것이다. 그리고 나는 모든 사람이 보라고 길거리에 내놓은 뉴스를 모아서 새로운 고객에게 전달하는 일은 자유 언론, 뉴스 수집, 배포 등의 민주주의에 참여하는 방법이라고 주장했을 것이다.

아홉 살 때의 중고 신문 사업은 생각하면 할수록 나도, 내 이웃도 옳았다는 생각이 든다. 나는 약간 시일이 지난 뉴스 서비스를 아주 싼값에 제공함으로써 가치를 추가하고자 노력했다. 반면 내 이웃은 몇몇 느긋한 사람을 제외하면 신문 가격이 비싸다고 생각했다. 그래서 굳이 내가 파는 신문을 볼 이유가 없었다.

요컨대 내 사업은 시대를 너무 앞서갔던 것이다.

무료 콘텐츠의 달콤한 유혹

오늘날은 정보에 대해 의미를 부여하고 체계화하는 작업이 더 많이 필요하다.

내가 미디어계의 거물 루퍼트 머독의 미디어 제국인 뉴스 코퍼레이션에서 콘텐츠 큐레이션의 기원과 역사적 교훈을 찾았다고 하면 의아해할 독자가 있을 것이다. 하지만 그럴 만한 이유가 있다.

나는 〈월스트리트저널〉의 편집실을 찾아가서 내가 제일 좋아하는 미디어 경영자 중 한 사람인 존 밀러를 만났다. 그는 뉴스 코퍼레이션의 디지털미디어 담당 CEO로, 한때 유행했던 마이스페이스 MySpace와 같은 디지털 사업을 관리하고 있다. 나는 머독과 구글 간의 언쟁이나, 머독이 유료화 장벽을 세우고 온라인 무료 콘텐츠라는 개념 자체에 의문을 제기하면서 전면화된 유·무료 논쟁에 대해 이야기하려고 찾아간 것이 아니었다. 미디어 업계에서 밀러는 큐레이션 생태계의 산 역사이기 때문에, 그의 식견을 듣고 싶었다.

그러나 그 전에 대체 그는 어떠한 시행착오 끝에 AOL과 마이스페이스를 만들어낼 수 있었을까?

밀러는 1980년에 하버드를 졸업하고 미국연방통신위원회FCC에서 케이블 TV의 영향력을 예측하는 연구원으로 일을 시작했다. 그러다가 미래의 가능성을 보고 당시 걸음마 수준이던 케이블 TV 업계에 뛰어들었다.

밀러는 처음에는 광고를 만들었다. 그 후에는 지역 방송국으로 옮겨서 프로그램 제작을 맡았다. 1987년에는 NBA엔터테인먼트의 프로그램 부책임자가 되어, NBA의 멋진 경기를 연출하며 경력을 쌓았다. 그 당시에는 TV 생중계가 드물었고, 녹화조차 하지 않는

그림9. "The Dream Team" NBA 아카이브(기록보관소)
출처 : https://www.nba.com

경기가 태반이었다. 밀러는 이러한 관행을 바꾸어 모든 경기를 녹
화하도록 지시했다. 이것이 오늘날 그토록 귀중한 자료로 평가받는
NBA 아카이브(기록보관소)의 시초다.

NBA가 보유한 자료는 단순한 경기 실황이 아니라 미디어 자산
이다. 케이블 스포츠 채널이 하나 둘씩 등장하던 시절, 마이클 조
던, 래리 버드, 하킴 올라주원, 매직 존슨 등 전설적인 선수들의 데
뷔 초기 영상을 기록한 것이다!

밀러는 이렇게 말한다. "라이브러리와 아카이브 같은 기본 자산
을 갖추고 나니까 비로소 미디어 기업이라는 자각이 들었어요. 아
카이브는 영화 라이브러리와 비슷하지만, 경기와 선수에 대한 영상
이란 점에서 달랐죠. 가장 중요한 질문은 경기처럼 수집된 콘텐츠
와 동작처럼 분해된 콘텐츠 중 어느 쪽이 더 가치 있는가의 문제였

어요. 동작은 하이라이트 영상과 이야기가 되었죠. 경기는 그 자체로 완성된 상품이었습니다. 미디어 업계 용어로 말하자면 영화 예고편과 하이라이트 대 영화의 대결과도 같아요. 어느 쪽이 더 중요하고, 어떻게 해야 양쪽이 조화를 이룰까요?"

결론은 둘 다 중요하다는 것이었다. 수익 창출의 측면에서 필름 라이브러리의 장점은 같은 자료를 다양한 시장에 동시에 판매할 수 있다는 것이다. NBA의 연간 TV 중계권 가치는 2008년 한 해 동안 무려 4억 달러 이상으로 추정되었다.

그 후에 밀러는 비아콤Viacom과 배리 딜러Barry Diller의 스튜디오 USA를 거쳐서 AOL 구조조정이라는 달갑지 않은 일을 맡았다. 2005년의 일이었다.

밀러는 전혀 새로운 관점에서 새로운 AOL을 창조해 내야 했다. 그는 적은 비용으로 대량의 콘텐츠를 생성할 수 있는 모델을 찾다가 맨 처음에 눈에 든 것은 과학기술 블로그인 엔가젯Engadget이었다. 그는 여기서 저가의 콘텐츠를 큐레이트하는 기술과 편집 사업 모델을 동시에 찾을 수 있었다. 그리고 임원진의 반대에도 회사 인수에 나섰다.

"저는 엔가젯의 칼라카니스를 만나서, 당신네 회사를 둘러봐야겠다고 말했어요. 그동안 수많은 인터넷 기업을 인수하면서 보통은 회사에 찾아가서 분위기도 파악하고, 여기저기 찔러도 보고, 사무실에서 벌어지는 일들을 지켜보았거든요."

그런데 밀러에게 놀랄 만한 일이 벌어졌다. 칼라카니스가 사무실이 없다고 말한 것이다.

"칼라카니스는 컴퓨터만 있으면 모든 블로거를 만날 수 있다고 하더군요. 그들이 언제 어디서 무얼 하는지, 또 누가 글을 올리고 얼마나 많은 답변을 받고 있는지 화면상으로 모두 확인할 수 있다고요. 그 순간 머릿속에 번갯불이 번쩍하는 듯했어요."

과거에 밀러가 케이블 TV의 등장으로 엄청난 콘텐츠 수요가 발생할 것을 예측했다면, 오늘날의 콘텐츠 범람은 또 어떠한 수요를 유발할 것인지도 알 수 있을까? 밀러는 모든 휴대전화, 태블릿, 소셜 네트워크가 데이터, 피드, 디그Digg[24] 등 각종 콘텐츠의 생성을 촉진하고 자동화까지 함으로써, 향후 5년 동안 콘텐츠 양이 폭발적으로 증가할 것으로 예상한다. 그렇게 되면 필터링은 옵션이 아니라 필수 기능으로 바뀌게 된다는 것이다.

"MTV는 네트워크[25] 사업을 어느 정도 세분화했고, 케이블은 NBC처럼 어린이, 여성, 성인, 심야, 뉴스 프로그램 등 모든 분야를 24시간 방송하던 네트워크 사업에서 각 부분을 떼어내어 각각 별개의 방송사로 만들었습니다. 각 방송사가 하나의 거대하고 광범위한

---

[24] 사용자들이 기사를 올려 좋은 기사를 서로 평가하고 공유하는 집단 지성을 이용한 뉴스 추천 서비스이다.

[25] 미국 전역에 산재한 자주 방송국과 가맹국에 프로그램을 공급하는 방송 회사로, 미국에서 10개 이상의 주에 25개 이상의 가맹 TV를 대상으로 주당 15시간 이상의 정기 프로그램을 제공하는 회사이다. 미국의 전통 3대 네트워크로는 ABC, CBS, NBC가 있다.

chapter 05 새로운 큐레이션 계층, 부와 권력을 누리다

개념으로 자리 잡았죠. 하지만 이때만 해도 각 방송 프로그램은 여전히 거대한 조각이었지만, 그 후로 TV와 인터넷의 대역폭이 확대되면서 그 조각이 점차 세분화되기 시작했어요. 이제 뉴스는 하나의 거대한 개념이 아니라 무수히 많은 개념으로 나눠지죠. 이러한 세분화 추세가 점점 심화되리란 점도 충분히 예측 가능합니다."

어바웃닷컴의 모든 것

웹 콘텐츠 큐레이션의 원조격인 지금의 어바웃닷컴About.com 사이트를 만든 사람은 스콧 쿠르닛이다.

1954년생인 그는 TV의 힘을 몸소 체험했다. 그러나 대부분의 사람이 TV를 일방향 미디어로 생각할 때, 쿠르닛은 재빨리 지역 방송국에서 큐브Qube라는 이름의 실험적 사업의 책임자로 자리를 옮겼다. 큐브는 당시 워너 케이블Warner Cable이라는 회사에서 추진한 최초의 쌍방향 TV 시범 사업이었다. 이 사업은 얼마 뒤 중단되었지만 젊은 쿠르닛은 큐브에서 얻은 교훈을 잊지 않았다. 일반 대중은 선택권을 가지고 싶어 하는데, 이를 정확히 표현하면 큐레이트된 선택권이라는 것이다. 선택 대상이 분명하고, 또 데이터와 정보가 이해하기 쉬우면서도 쌍방향이기를 바라는 것이다.

쿠르닛은 특정 집단을 겨냥한 쌍방향 미디어의 매력에 푹 빠졌다. 그러나 1983년에는 그런 방송이 존재하지 않았다. 결국 쿠르닛은 '쌍방향 TV'라는 성배를 찾아서 먼 길을 떠났다.

1994년에 38세의 쿠르닛은 앞으로 웹이 세상을 바꿀 것이라 판단하고 웹 사업에 뛰어들었다. 그리고 인간 큐레이션 웹 서비스인 마이닝 컴퍼니Mining Company를 설립했다. 이곳은 야후 같은 대형 포털 사이트와는 무척 달랐다. 쿠르닛에게는 이때부터 이미 큐레이션이 주된 관심사였다.

쿠르닛은 재택근무가 가능한 분권화된 조직 구조를 만들었다. 그의 계획은 더 낮은 비용으로 더 훌륭한 인재를 고용하여, 폭넓은 주제를 다루는 것이었다. 마이닝 컴퍼니 출범 당시 주요 경쟁사였던 룩스마트Look Smart에는 100명의 직원이 있었지만 그는 비효율적이라는 이유로 그런 모델을 좋아하지 않았다.

"저는 애초부터 큐레이터의 열정을 활용할 계획이었어요. 물론 처음에는 모든 주제를 다룰 생각이었지만, 보석 같은 주제를 발굴하고 다듬어서 제공하기로 했죠. 그래서 회사 이름을 마이닝 컴퍼니, 즉 광산 회사로 정한 겁니다."

웹이 일정한 틀을 갖추어가면서 초기 선두 그룹이 형성되고 있을 때, 쿠르닛은 어바웃닷컴의 전신이 된 사이트를 고안했다. 이 사이트의 사업 모델은 애초부터 단순했다. 분산된 인력 구조 하에서 개인별로 가능한 만큼 일을 처리한다는 개념이었다. 단, 개인 간의 알력 다툼이나 마찰을 방지하기 위해서 주제별로 열정적인 큐레이터를 한 사람씩 지정하는 것이 이 모델의 핵심이다.

그림10. 어바웃닷컴 초창기 모습
출처 : https://www.searchenginepeople.com/blog/about-redesign-goes-largely-unnoticed.html
(지금은 https://www.dotdash.com/ 로 바뀌었다!)

예를 들어 마취 관련 사이트를 이끌어가는 가이드는 마취과 의사였다. 이렇게 해서 어바웃닷컴은 열정과 전문 지식을 동시에 확보할 수 있었다. 쿠르닛과 직원들은 가이드를 선발했다. 다시 말해 큐레이터를 큐레이트한 것이다. 그러나 일단 선정된 가이드에게는 해당 분야 콘텐츠 관리에 관한 전권을 부여했다. 이를 블로그가 생겨나기 이전의 블로그라고 표현해도 절반은 맞는 소리다.

이러한 형식은 큐레이터나 회사에 모두 유리하게 작용했다. 회사는 큐레이터를 정규직 직원으로 고용할 필요가 없었으므로 인건비 부담이 줄었고, 큐레이터는 직접 제작한 콘텐츠에 주인 의식을 느낄 수도 있고 보수도 꽤 좋은 편이었다.

업계는 인터넷과 함께 부침을 거듭했다. 2000~2001년 닷컴 버블이 터졌을 때 어바웃닷컴은 직원을 600명에서 100명으로 줄이고 가이드도 750명 중 300명을 내보냈다고 말한다. 그리고 2001년의 혹한기가 지난 뒤 가이드는 다시 800여 명으로 복귀했다.

쿠르닛은 마이닝 컴퍼니에서 어바웃닷컴으로 전환했을 때 회사 전략상 작지만 결정적인 변화가 있었다고 설명한다.

"개업 첫날, 이제 막 시작한 상태라 기사가 없어서 미국 정부의 도량형 데이터를 게시했습니다. 그런데 트래픽이 올라가는 걸 보면서 도량형 페이지를 직접 제작해서 이 트래픽을 전부 끌어와야겠다고 생각했죠."

다시 말해 어바웃닷컴은 사람들이 일반적인 인터넷 설문조사 보다 자신과 연관성이 있는 정보를 더 중시한다는 사실을 깨닫고, 거기에 맞추어 콘텐츠를 조정해 왔다.

쿠르닛이 엄수하는 한 가지 원칙은 모든 페이지가 동일한 모양, 느낌, 색깔이어야 한다는 점이다.

"원칙을 정하려면 자신이 CEO이자 제작자여야 해요. 빨간색과 세 가지 음영의 회색 사용, 보라색 금지, 파란색 금지, 녹색 금지가 원칙입니다. 빨간색과 세 가지 회색을 사용하는 것은 검색 엔진에

떴을 때 잠재의식에라도 기사 내용을 남기기 위해서죠. 두 번째로 전체 사이트에서 일관된 도구를 사용해서 변경 사항이 생기면 일괄적으로 적용할 수 있어야 합니다. 그래야 사이트 이용자도 일관된 경험을 할 수 있죠. 복잡한 자료 사이트와 씨름하다가 퇴근해도 아내에게 얼른 임신 사이트를 찾아주고 사용법도 금방 파악할 수 있어야 합니다.”

새로운 시장과 전문가의 탄생

밀러와 쿠르닛처럼 TV방송계에서 경력을 쌓아왔지만 이미 미래를 내다보았던 사람들에게 큐레이션은 일시적인 유행어나 트렌드가 아니었다. 바로 콘텐츠의 미래였다. 밀러는 말한다.

“저는 큐레이션이 필수적이라고 믿습니다. 잡지나 신문 같은 전통적 매체부터 테크크런치TechCrunch의 마이클 애링턴 같은 블로거까지 두루 적용되는 방식이니까요. 소셜 네트워크에서는 친구나 소셜 그래프를 큐레이션할 겁니다. 또 콘텐츠 양이 계속 늘어나서 광고가 지탱 가능한 수준을 넘어서게 되면 광고주도 큐레이션이 필요해지겠죠. 결국 전문가들이 살아남을 것이고, 전문성이 강할수록 더욱 유리해질 겁니다.”

쿠르닛의 의견도 이와 일맥상통한다.

"대중이 특정한 개인보다 효율적이란 점은 의심의 여지가 없습니다. 그래서 주제별로 한 사람씩 총 750명의 가이드를 지정해 놓은 어바웃닷컴이 더욱 흥미롭죠. 저는 어바웃닷컴이 썩 잘해 나가고 있고, 매우 좋은 아이디어라고 생각합니다."

다시 밀러가 말한다.

"전문가가 승리합니다. 전문가는 고객을 알고, 고객과 접속할 방법도 알죠. 보통은 작은 규모로 시작해서 한 분야에만 집중하는 편인데, 그게 바로 성공의 열쇠입니다."

'콘텐츠 큐레이터 선언문Manifesto for The Content Curator'을 만든 로힛 바르가바는 머지않아 온라인 콘텐츠가 72시간마다 두 배로 증가할 것이라고 선언했다. 이토록 폭발적인 데이터 증가로 인해 지금까지의 검색 알고리즘과 검색 방법은 완전히 무용지물이 될 것이다. 콘텐츠 소비자들은 더 이상 텍스트 링크나 불확실한 추천에 만족하지 않고, 타당하고 의미 있는 콘텐츠를 요구하면서 늘 부족하다고 느낄 것이다. 따라서 콘텐츠 큐레이터라는 새로운 직업에 대한 수요가 증가하게 된다. 큐레이터들은 처음에는 취미생활로 시작하더라도 점점 큐레이션을 통해 제공하는 가치가 커지면서 관심을 끌게 되고, 이러한 관심은 곧 금전적 가치로 전환될 것이다. 이미 페이스북의 트래픽이 구글의 트래픽을 넘어서는 등 이러한 트렌드가 나타나고 있다. 페이스북 이용자는 이미 친구나 가족과 공유할 링크, 사진, 미디어를 찾아내는 커뮤니티 큐레이터다. 머지않아 이

러한 시민 큐레이터들이 온라인 콘텐츠를 검증하고 정화하는 데 중
추적인 역할을 할 것이다.

　이러한 변화는 결국 인간을 통해 필터링된 새로운 웹을 구축하는
동시에 이전과는 완전히 다른 어엿한 직업으로서의 큐레이터가 등
장하는 데 큰 기여를 할 것이다.

요약

큐레이션은 기존의 콘텐츠에 새로운 가치를 덧붙여서 새로운 가치를 만들어내는 작업이다. 존 밀러는 미국 프로농구 NBA의 경기를 녹화해서 이를 하나의 미디어 자산으로 만들었다. NBA 녹화 장면은 일종의 '지나간 뉴스'지만 엄청난 수익을 안겨주었다. 이후 AOL 구조조정을 맡은 밀러는 적은 비용으로도 대량의 자료를 생성할 수 있는 모델로서 과학기술 블로그인 '엔가젯'을 인수했다. 그는 현재 폭발적으로 증가하고 있는 콘텐츠로 인해 큐레이션이 꼭 필요하다는 인식을 가지고 있다.

어바웃닷컴을 설립한 스콧 쿠르닛은 특정 집단을 겨냥한 쌍방향 미디어의 매력에 빠져서 인간 큐레이션 서비스 회사인 마이닝 컴퍼니를 설립했다. 초기에는 광범위한 주제를 모두 다루었지만, 이후에는 주제 항목수를 줄이고 해당 분야의 전문 큐레이터를 양성해서 전권을 맡기는 방식으로 조직 구조를 재편해 성공을 거두고 있다.

2

큐레이션의
도약과 저항

Curation

01 벼랑 끝에 서게 된 잡지와 출판

소비자 입장에서는 매우 민감한 문제이기도 하다.
자기도 모르는 사이에 기본적으로 특정 취향에 중독되기 때문이다.

미국 언론·잡지계 먹이사슬에서 맨 꼭대기를 차지하고 있는 콘데나스트Condé Nast 1)의 화려한 잡지들은 절정의 차별성을 자랑한다. 이 잡지들은 스타일을 창조하고 각 분야에서 중요 협의 사항의 룰을 이끈다. 여태까지 이 콘데나스트는 주로 독점 기획하고 의뢰한 내용만을 다루어왔다. 그러나 이곳에서도 큐레이션은 점점 유용한 도구가 되어가고 있다.

미디어 재벌을 다룬 책인 〈거물의 저주: 세계를 선도하는 미디

---

1) 미국에 본사를 둔 다국적 출판 기업이다.

어 기업의 문제는 무엇인가The Curse of the Mogul: What's Wrong with the World's Leading Media Companies〉를 쓴 아바 시브는 잡지의 미래를 큐레이션에서 발견할 수 있다고 말한다. 시브는 잡지 출판의 핵심을 독자 기고와 큐레이션으로 보는 〈리더스 다이제스트〉의 컨설턴트이기도 하다. 시브는 이렇게 말한다.

"사실 수집은 주변에서 오랫동안 이뤄져온 일입니다. 전략 개념으론 '배포'에 어느 정도 포함되어 있기도 하고요. 〈거물의 저주〉에서는 기업 입장에서 세 가지 미디어 경험이 있다고 설명합니다. 하나는 콘텐츠를 작성하여 직접 저자가 되는 겁니다. 예를 들어 블룸버그라면 콘텐츠가 곧 주가나 채권 가격이 되겠죠.

둘째로 수집의 방식이 있는데, 이는 각종 정보를 수집하고 상품화Packaging해서 실제로 다른 사람에게 전달하는 일이죠. 이때 기업은 중개자 역할을 맡게 됩니다. 이를테면, 기존의 대형 음반사와 비슷한 역할이죠. 음반사들은 음악가를 발굴하고, 그들이 만든 음악을 음반으로 제작·출시해서 최종 유통 채널인 소매업자에게 전달합니다. 이런 역할은 언제나 있어 왔는데 수익성이 가장 높은 부분이었죠. 그러니 수집과 제품화란 진정으로 우리를 각인시키고 고객들에게 다가갈 수 있는 역할을 합니다."

시브는 잡지사들이 항상 어느 정도는 큐레이터 역할을 해왔지만, 품질을 유지하면서 비용을 낮추는 것이 늘 관건이었다고 말한다. 출판이 매우 수익성이 높던 시절에는 콘텐츠를 제작하는 편이 비용상으로 더 효과적이었다. 그러나 지금은 그렇지 않다. 시브는 동영상이 출판업자들에게 새로운 기회와 도전을 동시에 제공한다고 말한다.

"저는 예나 지금이나 출판업계에 몸담고 있지만, 동영상이야말로 인터넷의 미래라고 생각합니다. 유튜브는 이미 전 세계에서 두 번째로 큰 검색 엔진이죠. 이건 젊은 세대가 세상을 동영상 중심으로 본다는 의미거든요. 모든 미디어 기업은 이 시점에 동영상 사업에 반드시 참여해야 합니다."

시브에게 자동화된 콘텐츠 수집과 인간 큐레이션의 차이는 한 마디로 신뢰다. 독자는 인간 편집자는 믿지만 알고리즘은 믿지 않는다. 그리고 그러한 독자의 믿음은 관심과 참여, 충성도로 이어진다.

"사실 신뢰라는 말도 너무 거창해요. 독자들은 그저 '여기가 좋고 또 편하니까'라고 말할 뿐이죠."

따라서 모든 것은 결국 판단력과 큐레이션이란 개념의 문제로 귀결된다. 그러나 소비자 입장에서는 매우 민감한 문제이기도 하다. 자기도 모르는 사이에 기본적으로 특정 취향에 중독되기 때문이다. 쉬운 예로, 어떤 영화 비평가의 글을 읽고, 그에게 매번 공감한다면 결국 항상 그 비평가를 찾게 될 것이다. 자신의 취향과 그 비평가의 취향이 같다는 사실을 알기 때문이다.

<뉴욕매거진>, 큐레이션을 통해 얻은 영예

큐레이션에 이런저런 형식으로 관여하고 있는 잡지사는 많지만 <뉴욕매거진> 사이트(NYmag.com)는 가장 성공적인 큐레이션 사례일 것이다.

뉴욕매거진뿐만 아니라 벌처Vulture, 메뉴페이지MenuPages, 그루브 스트릿Grub Street 등 급성장하는 블로그와 웹사이트 컬렉션을 운영하는 NY 미디어NY Media의 대표자인 마이클 실버맨은 이렇게 말한다.

"잡지란 특정 고객층에게 매력적인 콘텐츠를 흥미롭게 모아놓는다는 개념이므로 디지털 사업으로 전환하기에 적합하다고 생각해왔죠."

<뉴욕매거진>은 오랫동안 뉴요커에게 필수적인 리스트 섹션으로 명성을 얻었다. 그러나 흥미롭게도 이 잡지는 그냥 리스트를 늘어놓기만 한 것이 아니라 큐레이션을 하고 있었다.

"저는 큐레이션 방식이 좋다고 생각합니다. 필요한 것은 뉴욕의 모든 레스토랑 목록이 아니라 데이터베이스에 포함시킬 가치가 있는 레스토랑 목록이죠. 작은 잡지사에서 전부 직접 취재하기에는 기사거리가 너무 많아서 불가피하게 자체 취재와 수집을 병행하게 되었어요. 편집자의 일에는 언제나 큐레이션의 요소가 포함되어 있

그림11. 뉴욕매거진(NYmag.com)
출처 : http://nymag.com/

었죠."

〈뉴욕매거진〉은 실버맨을 영입하자마자 목표로 하는 콘텐츠의 범위와 깊이를 확장하는 데 중점을 두면서 본격적으로 큐레이션 사업에 뛰어들게 되었다.

지난 2년간 극적으로 성장한 부문은 동영상 큐레이션으로 〈뉴욕매거진〉은 엔터테인먼트와 패션, 예술, 정치에 이르기까지 영역을 확장했다.

〈뉴욕매거진〉에서 직접 만드는 동영상보다 분량이 매우 적다. 또 편집자는 다른 곳에 있는 동영상을 방문자에게 간단한 코멘트를 달아서 소개해 주기도 한다. 그러므로 직접 만든 동영상과 수집한 동영상을 함께 묶어서 통합 컬렉션을 만든다고 표현해야 정확할 것이다.

그 결과 〈뉴욕매거진〉은 눈부신 성장을 기록했다. 웹사이트 매출은 2007년 이래 두 배로 늘었고, 디지털 매출은 2009년에 70퍼센트나 증가해서 지금은 전체 수입의 35퍼센트에 이르는 비중을 차지하고 있다. 메뉴페이지 앱은 앱스토어 다운로드 수가 16만 건을 넘었다. 그리고 가장 중요한 점은 사이트 방문자 중 75퍼센트가 뉴욕이 아닌 다른 곳에서 찾아온다는 점이다. 뉴욕매거진은 이제 '뉴욕 전용' 사이트라고 말하기 힘들다. 명실상부한 글로벌 브랜드가 되었고, 지금도 계속 성장하고 있다. 〈뉴욕매거진〉은 2010년 미국 잡지 편집자협회가 수여하는 전미잡지National Magazine Awards 중 '최고의 디지털 출간물'이라는 명예를 얻었다.

저널리스트, 큐레이션에 열광하다

제프 자비스는 〈엔터테인먼트 위클리Entertainment Weekly〉의 창립자이고 〈뉴욕 데일리 뉴스New York Daily News〉의 일요판 편집장이자 부발행인이다. 자비스는 약 10년 전에 주류 미디어에서 탈출해서 지금은 전에 근무했던 기업에 서비스를 판매하는 미디어 수집기이자 큐레이션 플랫폼인 데이라이프Daylife의 설립자 겸 투자자로 있다. 그는 자신의 블로그에서 이렇게 썼다.

"큐레이터의 죽음, 큐레이터여, 영원하길!"(중략)

어떤 면에서 저널리스트들은 지금까지 정보를 수집하고 선별하고 이야기에 컨텍스트를 덧붙이면서 큐레이션을 해왔다. 그러나 이제는 그 작업을 훨씬 큰 공간, 즉 인터넷에서 해내야 한다.

"온라인에서 정보가 넘쳐난다는 소리를 자주 듣게 된다. 나는 문제가 있으면 거기서 기회를 찾아보라고 조언하고 싶다. 그 많은 정보(또는 그 정보를 수집하는 사람)를 최대한 큐레이트할 필요가 있다. 뉴스를 자동으로 수집하는 도구는(내가 파트너로 있는 데이라이프를 포함해서) 얼마든지 있다. 그러나 큐레이션은 그보다 한 단계 더 나아가 인간이 선별하는 일이다. 가치를 추가하는 것이다."

출판계 전반에 걸쳐 광고 수입 감소와 제작비 증가, 아이패드 같은 신종 플랫폼의 출현은 1917년에 창간된 〈포브스Forbes〉 같은 유서 깊은 잡지조차 출판 사조를 수용하지 않을 수 없도록 만들고 있다.

〈포브스〉의 최고제작책임자 루이스 드보르킨은 출판 모델을 '재설계'하고 있다고 말한다. 그는 인터넷 투자 전문지인 〈데일리 파이낸스Daily Finance〉와의 인터뷰에서 이렇게 말했다.

"목표는 콘텐츠 제작자와 독자, 마케팅 담당자 사이의 장벽을 허무는 것입니다. 이 작업을 투명하고 합법적으로만 해낼 수 있다면, 그게 바로 자유 언론의 미래라고 생각합니다."

평생 저널리스트로 일한 드보르킨은 AOL에서 퇴직한 후, 트루/슬랜트True/Slant라는 블로그 네트워크에서 사업가의 길을 걷기로 결심했다. 그러나 미처 손도 뻗치기 전에 기회는 사라져버렸다. 〈포브스〉가 경영진까지 포함해서 그 회사를 인수한 후에, 드보르킨에게 웹사이트와 디지털 출판 모델을 검토하는 최고위직을 제시한 것이다.

다시 드보르킨의 설명을 들어보자.

"한쪽은 비용도 낮고 품질도 낮습니다. 다른 한쪽은 비용도 높고 품질도 높은데, 워낙 완고해서 스스로 변할 수가 없습니다. 우리가 필요한 것은 높은 품질과 효율성이에요. 확장 가능한 콘텐츠 제작 능력이 필요합니다."

그러나 모든 사람이 큐레이션을 수용한 잡지를 지지한다고 생각하기는 이르다. 잡지가 큐레이션을 수용함으로써 생기는 부작용도 있다.

전직 잡지 기자인 폴 카는 이렇게 지적한다.

"큐레이션은 박물관이나 백과사전, 여행 가이드, 전문가들이 하는 일이었지만 불행히도 최근 몇 달 만에 의미가 변해 버렸습니다. 남들이 공들여 작업한 내용을 무성의하게 잘라 붙이고 인용하면서 그것을 콘텐츠라 부르더군요. 전문 지식이 결여된 큐레이션은 그저 스크랩북일 뿐이죠."

폴 카는 사기라거나 저질 큐레이션이라고 판단하는 행위에 대해서도 거침없이 말한다. 자신이 볼 때는 그저 무료 노동 또는 착취라는 것이다.

"보상을 받는 사람은 아무도 없을 겁니다. 그저 트래픽이 늘어나면 나중에 대가가 있을 거라는 말만 믿고 무료로 큐레이트해줄 사람을 찾기 위해서 사이트에서 퍼뜨린 유언비어일 뿐이죠. 뉴서Newser는 완전히 엉망이라, 그걸 만든 마이클 울프에게 완전히 실망했어요. 전에는 그를 좋아했죠. 콘텐츠에 신경을 썼으니까요. 허핑턴도 훌륭했지만, 지금은 트래픽과 검색 엔진 최적화에 목을 매면서 페이지를 온통 슬라이드쇼와 섹스 테이프와 허섭스레기로 가득 채우고 있어요."

공평성을 기하기 위해 잡지계에서 가장 신망 있고 저명한 사람은 이러한 콘텐츠 제작 대 수집의 논쟁을 전반적으로 어떻게 보고 있는지 살펴보자.

〈패스트 컴퍼니〉는 1995년에 앨런 웨버와 빌 테일러가 창간한 잡지다. 이 잡지는 미국 역사상 가장 성장이 빠른 데다 가장 성공적인 비즈니스 월간지로서, 전미잡지상을 두 번이나 받았다. 웨버와 테일러는 1999년에 미국 광고 전문 잡지 〈애드 위크AdWeek〉의 '올해의 편집인'으로도 선정되었다. 그러니 웨버는 이쪽 바닥을 꿰뚫고 있다고 해도 과언이 아니다. 웨버의 말을 들어보자.

"웹의 가장 큰 적은 웹 그 자체예요. 웹에는 너무나 많은 자료가 있어서 거의 편집이 안 되어 있는 상태죠. 그래서 사람들은 웹에 필요한 작업을 편집이라고 부르는 대신 '큐레이션'이란 멋진 용어를 고안해낸 거죠.

제가 젊었을 때는 편집자를 존중하지 않았어요. 부차적인 이등급 존재라고 생각했죠. 하지만 지금은 전 세계가 필요로 하는 존재가 되었어요. 중요한 것은 '잡지'가 아니라 '잡지화'예요. 웹에서 이용 가능한 각종 음악과 동영상 링크, 멋진 디자인이 함께 하는 즐거운 독서 체험 말입니다. 차별화가 가능해지면 독자들은 멋진 디자인에 매료될 것이고, 그런 디자인 덕분에 웹은 독자, 저자, 미술 감독, 광고주, 퍼블리셔 모두를 위해 더욱 즐거운 공간이 되겠죠."

한편, 과학기술 블로거이자 기자인 로버트 스코블은 뉴스 수집과 보도에도 그 기저에는 항상 큐레이션과 유사한 성격이 있었다고 말한다. 그리고 자신도 항상 큐레이터였다고 주장한다. 스코블은 사실 신문에 게재할 기사를 정하는 것도 요즘 시대의 리트윗과 유사한 일종의 큐레이션이라고 지적한다.

"예전에 O.J. 심슨이 무죄 판결을 받았을 때, 〈뉴욕타임즈〉나 지역 신문 등에서 대략 1시간 만에 650건의 기사가 나오는 상황에서 다음날 신문에 넣을 기사를 정해야 했던 적이 있습니다. 그때 우리는 뉴스의 추이를 지켜보면서, 최대한 다양한 시각에서 사건을 파악한 후에, 최고의 기사를 선정하든지 아니면 5개의 기사를 뽑고 내용을 합쳐서 직접 기사를 써보려고 했었죠. 그게 바로 큐레이션이에요."

그리고 그는 약간 흥분해서 말을 이었다.

"아직 큐레이션은 걸음마 단계에 머물러 있어요. 지금은 매우 조잡하고 원시적이지만, 뭔가 괜찮은 내용이 나타나면 사람들이 몰려들기 시작하여 결국 모두가 보고 따라 하게 되겠죠."

웨버의 요지는 명확하다. 독특하고 기억에 남을 만한 콘텐츠는 어떤 공식에 따라 만들어지는 것이 아니다. 행복한 우연이 가미되어야 한다. 늘 그렇듯이 출판사들이 큐레이션을 이해하고자 노력하면서 미래의 콘텐츠 수익 모델을 찾으려는 일부 선구자와 수많은 추종자가 생겨날 것이다.

저널리즘의 미래에 대한 예측

왕년에 위세를 떨치던 언론사로서는 중앙집권적 권력을 빼앗기고 있다는 사실이 대단히 못마땅한 듯하다. 어떻게 역사학 학위도 없는 사람이 감히 좋아하는 것을 골라주거나 저널리즘 학위도 없는 사람이 지식을 공유하려 드는가! 가당치도 않을 것이다.

예를 들어 수공예품 판매 사이트인 엣시에서 지역 미술·공예품 시장의 중개인을 없애버리는 방식에 대해서는 별로 말이 없으면서 왜 유독 큐레이트와 관련된 저널리즘의 미래에 대해서는 그토록 절망적인 반응을 보이는지 궁금하다면 그 답은 간단하다. 스스로 과학기술의 희생양이라고 생각하는 저널리스트들이 투덜거리기 좋아하는 언론 매체를 장악하고 있기 때문이다.

뉴욕대학교에서 상호작용 통신 프로그램ITP, Interactive Telecommunications Program 강의를 하고 있는 클레이 셔키 교수는 이러한 말 많은 모든 변화를 살펴보기에 아주 좋은 위치에 있다.

그는 스스로 하루 종일 아무것도 배울 필요가 없는 세대와 시간을 보내고 있다고 말한다. 그들은 가판대에서 신문 사는 법, 여행사에서 비행기 표 사는 법, 서점에서 책 사는 법을 배운 적이 없다. 셔키 교수가 볼 때, 지금 막 사회 생활을 시작하는 젊은이들에게는 분명히 미래가 밝다. 그러나 지금 중간관리자처럼 중간에 낀 세대라면 그리 평탄치 않은 길을 걷게 될 것이다. 셔키 교수는 이렇게 말한다.

"정말 중요한 투쟁은 5년만 더 버틴다면 무사히 손 털고 빠져 나갈 수 있다는 고정관념에 사로잡힌 60대와 '이 체제가 35년간 지속될 리는 없는데, 윗세대가 5년만 변화를 늦춘다면 내 기회는 사라지고 말 거야'라고 생각하는 30대 사이에서 벌어져요."

셔키 교수는 스스로 뉴스 중독자라고 고백하는데, 이는 마치 주류 사회에 속해 있다는 말로 들린다. 온 세상이 매일 24시간 내내 정보에 치여 살면서 정보 과부하를 푸념하는 뉴스 중독자로 가득차 있기 때문이다.

그림12. 클레이 셔키(Clay Shirky) 교수
출처 : https://www.ted.com/speakers/clay_shirky

"과거에는 뉴스에 끝이 있었어요. 9시 뉴스를 1시간 정도 보고 나면 뉴스는 그날로 끝이었죠. 그럼 그 다음날에나 뉴스가 나왔어요. 지금은 맘만 먹으면 언제든지 끝도 없이 뉴스를 들을 수 있기 때문에, 사실상 뉴스의 끝을 우리 스스로가 정해야 해요. 이제 뉴스는 결코 우리에게 끝났다는 말을 하지 않죠."

뉴스 양이 압도적으로 늘어난 이유 중 하나는 콘텐츠 제작자 수가 많아졌기 때문이다. 셔키 교수는 이제 '개개인이 곧 언론 매체'라고 말한다.

"우리는 이제 누구나 공개적으로 의견을 내놓을 수 있게 되었어요. 제가 미디어가 포화된 상태에 살고 있는 똑똑한 20대 학생에게 강의하면서 가장 애먹는 부분 중 하나는, 오후 6시 반이 되면 주위에서 볼 수 있는 매체라곤 백인이 영어로 읽어주던 뉴스뿐이었던 때가 있었다는 사실을 이해시키는 일이었어요. 저는 그런 환경에서 자라났죠. 그때는 우리 같은 일반인이 공개적으로 할 이야기가 있어도 알릴 방법이 없었죠."

그러면 이제 무엇을 해야 할까? 뉴스는 끝나는 법이 없고, 뉴스 양은 점점 늘어나며, 뉴스 매체도 폭발적으로 증가하고 있다. 셔키 교수는 필터가 될 만한 것을 찾으라고 말한다.

"사람들은 웹이 혼란스럽다고 느끼지만 서점은 그렇게 보지 않죠. 필터는 우리가 관심 없는 99퍼센트를 무시할 수 있게 해줍니다. 지금까지는 사용 가능한 콘텐츠 양이 콘텐츠의 경제성에 따라 통제가 되는 시대였기 때문에 필터가 별로 힘을 못 썼습니다. 책이나 잡지를 한 권 찍어내려면 돈이 많이 들었죠. 1분짜리 동영상 하나 만드는 데도 돈이 많이 들고요. 하지만 블로그에 글을 올리거나 팟캐스트Podcast를 만드는 데는 큰돈이 안 들거든요."

그래서 사람들은 이제 자신의 세계관에 맞게 정보를 걸러내고 자료를 재구성해 주는 사이트를 찾느라 여념이 없다. 셔키 교수는 모든 사람이 콘텐츠 제작자가 되어 공동의 정보 생태계에 목소리, 사실, 평가, 의견, 데이터를 보태기 시작하면 효과적인 필터, 즉 잡음 속에서 신호를 구분해 주는 목소리를 찾는 일은 필수가 될 것이라고 말한다.

셔키 교수는 미래의 향방을 제시할 만큼 지적이고, 주변의 경험에 따라 자신의 논지를 수정해 갈 만큼 기민하다. 한편으로는 과거에 대한 자신의 지식이 미래에 대한 비전을 가리고 있다는 사실을 인정할 만큼 솔직하기도 하다. 그는 더욱 명확한 그림을 그리기 위해 학생들의 도움을 받고 있다. 그러면서 우리는 새로운 물결이 이르기 전 과도기 단계에서 과거의 것이 불타고 있는 광경을 목격하는 꼴이라고 말한다.

"우리는 새로운 세계가 모습을 드러낼 때까지 수많은 기존 체계가 무너지고 불타 없어지는 모습을 지켜봐야 할 겁니다."

단언하건대, 앞으로 새로운 큐레이션 모델을 도입하는 출판계에서 싸우다가 장렬히 전사하는 기업들이 더욱 늘어날 것이다.

셔키 교수의 학생들은 잉크와 종이에 대한 어떠한 낭만적 기억도 '기록의 신문Paper of Record'2)에 대한 특별한 인상도 없지만 분명히 부모 세대는 기억하고 있다. 그러니까 올드미디어가 저항 한번 하지 않고 사라져갈 것으로 기대하지는 말자.

---

2) 아무리 경쟁이 치열해도 확인되지 않은 기사는 절대로 보도하지 않는 객관적인 보도 방침으로 유명한 〈뉴욕타임즈〉 등의 권위지를 가리킨다.

요약

미국 언론·잡지계에서 이미 큐레이션을 적용하고 있는 매체는 많다. 미국 잡지계의 큰손인 콘데나스트사도 마찬가지다. 또한 〈뉴욕매거진〉의 인기 섹션인 업체 리스트는 그냥 단순히 정보를 늘어놓는 것이 아니라 큐레이션을 거친 것이다.

제프 자비스는 저널리스트가 정보를 수집하고 선별하는 과정에서 이미 큐레이션을 해왔지만 이제는 인터넷상으로도 확대를 해야 한다고 지적한다. 〈포브스〉 역시 큐레이션을 염두에 두고 출판 모델을 '재설계' 한다고 한다. 그러나 이러한 움직임에 대해 폴카는 최근의 큐레이션에는 전문성이 결여되었다고 비판한다. 이에 대해서 앨런 웨버는 웹에 떠도는 정보가 너무나 많기 때문에 큐레이션은 필수적인 작업이며, 큐레이션을 통해 웹이 더욱 즐거운 공간이 될 수 있다고 반박한다.

한편 뉴욕대학교의 클레이 셔키 교수는 끝없이 뉴스가 생산되고 누구든지 뉴스를 생산할 수 있는 시대에는 큐레이션이 필수 도구가 될 수밖에 없다고 지적한다. 또한 큐레이션은 단순한 필터를 넘어서서 우리의 삶에서도 적용된다고 주장한다.

Chapter

02

큐레이션,
인간을
지향하다

프로그래머와 큐레이터로서 인간의 역할이
사라지는 일은 일어나지 않을 거예요.
컴퓨터가 절대로 따라올 수 없는 부분이 있으니까요.

우리는 역사적으로 흥미로운 시대에 살고 있다. 기술의 발전으로
콘텐츠 제작은 쉽고 빨라졌으나 그만큼 부작용도 늘고 있다. 또 기
계나 기술으로 퍼블리셔가 될 수 있다고 믿는 사람과, 기계에는 인
간의 손길이 필요하다는 사람 사이에 뚜렷한 경계가 생겨나고 있
다. 가히 기계 대 인간의 전쟁이라 할 이 대결 구도는 날로 흥미를
더해가고 있다.

기계와 인간의 대결

콘텐츠 제작이 폭발적으로 증가하는 데는 분명히 이유가 있다. 이제 콘텐츠 제작 도구는 어디에서나 구할 수 있다. 학생, 주부, 기자 할 것 없이 누구나 카메라가 부착된 휴대용 기기나 녹음기, 키보드 따위를 들고 다닌다. 콘텐츠 제작자가 많아지면서 새로운 솔루션과 콘텐츠 플랫폼에 대한 수요도 늘어났다. 이러한 추세에 힘입어서 수많은 미디어 기업이 대중이 제작한 콘텐츠를 발굴, 편집, 퍼블리싱하여 새로운 대규모 브랜드 사업을 시작하겠다고 덤벼들고 있다.

문제는 한마디로 이렇게 요약할 수 있다. 과연 구글 뉴스가 〈뉴욕타임즈〉를 대체할 수 있을까?

만약 알고리즘이 우리의 관심사나 프로필을 잘 알고 있다면, 과거에 뉴스라 불리던 모든 데이터를 찾아서 가독성이 높은 형식으로 재구성해서 나만을 위한 신문을 만들어줄 수도 있다. 그렇게 된다면 앞으로는 매일 아침 나를 위한, 나에 대한 신문을 받아보게 될지도 모르겠다.

저널리즘의 역할은 무엇인가?

우선 기계의 측면부터 살펴보자. 현재 가장 이슈가 되는 기계는 디맨드미디어Demand Media로, 이른바 콘텐츠 농장 중에서도 단연 독보적이고, 일설에 따르면 악질적인 곳이다. 이 '악질적Evil'이란 표현은 뉴욕대학교 저널리즘 교수인 제이 로젠이 맨 처음 사용했다. 그는 최근 '악질'에서 '독종Demonic'으로 표현을 바꾸면서 비난의 수위를 낮추었다. 그의 말을 직접 들어보자.

"독종은 지독히 목적의식이 뚜렷하고 성실하며 숙련된 사람을 뜻합니다. 디맨드미디어는 웹에서 실시간으로 수요를 예측해서 실제 수요로 '만들어내고', 매일 그토록 엄청난 분량의 자료를 만들어낸다는 의미에서 독종이라고 할 수 있죠."

그렇다면 디맨드미디어는 정확히 무슨 일을 할까? 한마디로 구글 인사이트 정보처럼 구글에서 공개적으로 사용 가능한 검색 자료를 읽고 나서 프리랜서 작가들에게 작성할 과제를 제안한 후, 작성된 글에 대해 기본 원고료를 지급한다. 이렇게만 보면 별로 문제가 없다. 또 이 회사의 CEO인 리처드 로젠블래트도 '저널리즘'을 지향할 의사가 없다고 수차례 밝힌 바 있다. 그런데도 왜 사람들은 디맨드미디어의 사업 모델을 그렇게 못마땅해하는 것일까?

그림13. 구글 뉴스
출처 : https://news.google.com

로젠블래트는 디지털 기술 전문 사이트 '올 씽즈 디지털All Things Digital'의 카라 스위셔와의 인터뷰에서 이렇게 말했다.

"우리의 사업 모델과 실제 하는 일에 대해 잘못 알려진 정보가 너무 많았어요. 우리 회사와 임직원들은 우리의 원칙을 공개하는 편이 좋겠다고 생각했죠. 우리는 무조건 존경받던 전통적인 저널리즘과는 너무나 다르기 때문에 사람들에게 그 점을 납득시킬 필요가 있었죠."

그러고 나서는 이렇게 되물었다.

"대체 쫓겨난 수천 명의 작가들을 위해서 본인이 주제를 고르게 하고 그에 관해 글을 쓰게 한 게 뭐가 나쁩니까? 우리는 새롭고 혁신적인 콘텐츠 제작 방법을 찾기 위해 노력할 뿐입니다."

디맨드미디어의 문제는 작가들이 쓸 주제를 결정하는 '편집장'이 바로 알고리즘이라는 데 있다. 예를 들어 '달걀 프라이 만드는 법'을 검색하는 사람이 늘면 그 주제를 쓰는 식이다. 그렇게 완성된 글에는 구글의 색인과 링크가 달리고, 한쪽 옆에는 구글 광고가 붙을 것이다. 그런데 당연한 소리지만 가난, 전쟁, 세계 기아와 같은 어려운 주제를 검색하는 사람은 많지 않다.

요컨대 디맨드미디어는 웹이 앞으로 새로운 목소리, 세분화된 틈새시장, 더 많은 지식과 분석 등에 힘을 싣겠다고 약속하는 시대에, 대뜸 최대 대중의 최대 수요라는 기치를 걸고 나온 셈이다. 개개인의 이용자나 퍼블리셔의 관심사가 아닌 구글 이용자들의 수집된 요구를 반영하는 미디어라고 할 수도 있다.

과학기술 블로거이자 동영상 제작자로 유명한 로버트 스코블은 디맨드미디어의 사업 모델이 분명 잘못되었다고 주장한다. 스코블은 공장에서 하루 종일 단순한 작업을 반복하듯이 편집을 하는 것은 재능 있는 창작자가 오래 할 일은 아니라는 것이다.

"웬만큼 돈을 벌려면 10분마다 하나씩 게시글을 작성해야 하죠. 글 하나당 2달러씩 받으니까요. 그런 기사 나부랭이를 작성하면서 시간을 보내서는 안 됩니다. 그렇게 해서는 나중에 기반으로 삼을 만한 브랜드가 구축되지 않습니다. 질이 아니라 양으로 승부하는 방식은 회사 입장에서는 이득을 보겠지만, 일을 해주는 사람에게는 별로 보상이 없죠."

콘텐츠 옹호자들은 디맨드미디어의 사업 모델에는 오로지 사람들이 재미있어할 만한 콘텐츠를 만들겠다는 금전적 동기밖에 없기 때문에 위험하다고 지적한다. 검색은 이제 단순한 정보 발견보다는 정보 생성 쪽을 지향하고 있다. 그렇기 때문에 이제 검색의 시대는 끝났고 구제 불능이며, 조만간 인간과 컴퓨터가 협업하는 방식으로 대체될 것이라고 주장하는 것이다. AOL의 CEO인 팀 암스트롱도 AOL을 전화 서비스 기업에서 세계 최고의 콘텐츠 기업으로 재구축하는 과정에서 인간과 컴퓨터의 협업을 가장 중요한 비전으로 전면에 내세운 바 있다.

구글의 베테랑이자 카리스마가 있는 리더인 암스트롱은 이러한 비전을 달성하기 위해서 AOL 플랫폼에 맞는 다양한 콘텐츠 제작, 수집, 큐레이트 방식을 모색하도록 강력히 밀어붙였다. AOL의 수장이 된 지 몇 주 만에 암스트롱은 회사의 핵심 사업 하나를 맡기기 위해 〈뉴욕타임즈〉의 유명한 과학기술 전문 기자인 사울 한셀을 영입했다. 한셀은 〈뉴욕타임즈〉에서 20년 넘게 일했지만, 미래를 만드는 일에 동참할 수 있다는 생각에 AOL의 제안을 뿌리치기 힘들었다고 말한다.

그는 새로운 업무에 대해 블로그에서 이렇게 말했다.

"AOL이 나를 흥분시키는 이유는 AOL이 한 가지 콘텐츠 제작 방식에만 전념하지 않기 때문이다. AOL은 전임 저널리스트, 신디케이트된 콘텐츠, 블로거, 프리랜서, 전체 웹 커뮤니티의 자료, 흥미로운 자료를 찾는 갖가지 자동화된 방식 등을 보유하고 있다. 우리의 과제는 이러한 모든 소스에서 모은 정보를 적절히 혼합해서 가장 흥미롭고 정확하며 매력적인 페이지를 만들어내는 것이고, 인터넷 미디어의 수익으로 감당할 수 있는 비용 범위 내에서 이 일을 해내는 것이다. 우리는 대량의 일을 끝없이 반복하는 기계와 우리 인간을 모두 최대한 활용해야 한다. 저널리즘의 역할은 예나 지금이나 결국 잡음 속에서 신호를 찾아내는 일이고, 여기에는 인간과 기계가 둘 다 필요하다."

그럼 AOL은 뉴스 편집 경쟁에서 구글을 이기려는 심산일까? 한셀은 그 이상이라고 말한다.

"구글 뉴스는 특정 주제에 대해 어느 정도 연관성이 있는 정보를 몽땅 제공할 겁니다. 그래서는 정작 원하는 답이 무엇인지 알 수가 없어요. 요약도 안 되고, 인간의 언어로 번역도 안 되죠. 그렇기 때문에 우리 같은 사업이 필요합니다. 저널리즘의 핵심은 언제나 잡음 속에서 신호를 구별해 내는 것이었어요. 저는 어디든 달려가서 온갖 지루한 이야기를 듣고, 사람들이 2~5분 동안 들어볼 가치가 있는 내용을 뽑아냅니다. 이것은 판단의 문제이자 가장 중요한 부분을 선택하는 문제입니다."

그럼 비용의 문제는 어떨까? 일부 프리랜서 작가들은 웹에서 기본 생계비도 벌 수 없다고 불평한다. 한셀은 이렇게 대답한다.

"그건 제 문제이긴 하지만, 제가 초래한 문제는 아니에요. 관례적인 방식이죠."

그러나 한셀은 이 문제를 해결하기 위해 노력 중이다. 그의 해결책은 작업을 1건이 아니라 10건씩 묶어서 맡기는 방식이다. 프리랜서 작가가 시간이 지날수록 작업 속도가 붙어 작업량이 늘어나면 낮은 보수 문제가 개선되지 않을까 하는 바람을 가지고 있다.

큐레이션을 지향하는 인간

우리는 마치 로봇 대 인간이라는 전통적인 대결 구도를 목격하고 있는 듯하다. 웹로그의 공동 설립자인 브라이언 앨비는 이렇게 말한다.

"사람들은 항상 태그 클라우드Tag Cloud에 온갖 잡다한 소리를 채워 잔뜩 부풀려놓은 기업에 대해 물어봅니다. 그러면 저는 '나라면 그런 사이트를 이용하지 않겠다'라고 대답하죠. 그런 사이트를 찾아가 둘러보다 보면, 아, 이건 로봇이 만든 사이트야. 어디선가 쇠붙이 냄새가 나잖아 하면서 뒤로가기 버튼을 눌러서 빠져나오게 되죠."

그러면 사이트에서 알고리즘이나 콘텐츠 로봇 같은 쇠붙이 냄새 대신 인간의 냄새를 풍기려면 대체 어떻게 해야 할까? 앨비는 큐레이션이 답이라고 말한다.

그렇다면 인간의 냄새라는 것은 정확히 무엇일까? 일종의 마술일까? 아니면 수치화로 표현 가능한 요소일까? 취향이나 판단 또는 뜻밖의 발견 같은 것일까? 로버트 스코블은 이에 대해 인간만의 고유성이라고 말한다.

"알고리즘은 대량의 자료를 수집하는 데 유용합니다. 어떤 글이나 동영상을 몇 명이나 보는지 계속 지켜보면서 숫자, 링크, 클릭 수, 리트윗 수 등을 계산하기에 적합하죠. 여기에서 인간은 경쟁이 안 됩니다. 대신 인간의 뇌는 패턴을 인식할 수 있죠. 우리는 길 건너 나무를 보고 바로 그게 나무란 걸 알 수 있어요. 그러나 컴퓨터는 몇 시간 동안 나무 이미지를 보고 상당한 처리 시간을 거쳐야만 그게 나무란 걸 인식합니다. 그때 이미 우리는 그게 소나무이고 말라 죽어가고 있다는 사실까지 파악해 내죠."

스코블은 또한 인간이 정서적 패턴을 인식하고 예외적인 콘텐츠나 유머까지 만들 수 있다고 말한다. 컴퓨터가 그런 미묘한 일까지 할 수 있도록 프로그래밍하기란 불가능하다. 미묘함은 변칙적이면서도 흥미로울 때 발생하는 것이다. 스코블은 이렇게 설명한다.

"만약 미묘한 내용을 인위적으로 만들도록 프로그래밍하면 말도 안 되는 잡음만 양산해 낼 거예요. 그래서 저는 인간과 기계를 결합하는 것이 최고의 새로운 시스템이라고 생각합니다."

앨비가 수집·큐레이션 기술의 미래를 만드느라 분주한 동안, 대형 미디어는 상상도 못했을 콘텐츠 큐레이션 사업을 벌이느라 비지

땀을 흘렸던 비주류 매체도 있다.

제이슨 허천은 한때 혁신적이었던 소셜 네트워크 마이스페이스의 CEO를 16개월간 지내다가 그만두고 지금은 다음 사업을 준비 중이다. 그는 전에도 여러 번 그랬다. 허천은 항상 거대 미디어에서 어느 정도 거리를 두고, 창의력과 비전을 바탕으로 한 단계씩 앞으로 나아가는 창업가에 가까웠다. 그래서 확실한 거처를 정하지 않고 미디어 업계 1위의 직장을 뛰쳐나오는 일도 그에게는 대수롭지 않아 보였다. 설사 대수롭다 해도 내색할 그가 아니다.

허천의 이야기는 컴퓨터광이었던 고등학생 시절부터 시작된다. 그는 아타리Atari 3)의 게임기를 가지고 놀았고, 프로그래밍 언어인 베이직Basic으로 해킹을 했다. 15살 때는 음악과 과학기술이 애초부터 결합된 하나의 실체로 다가왔다. 뉴욕대학교 재학 시절에는 워너브라더스 레코드에서 인턴으로 일했고, 인터넷이 떠오르기 시작하면서, 나중에 아티스트 디렉트가 된 얼티메이트 밴드리스트Ultimate Band List, ubl.com에 흥미를 느끼게 되었다. 이 사이트는 60만 명이 넘는 아티스트와 콘서트, 음반, 기타 음악 관련 정보가 있는 데이터베이스였다.

그는 인터넷을 검색해서 음악 관련 헤드라인을 수집하고 분류하기 위해 펄Perl 스크립트를 사용하여 일부 사이트를 해킹했다.

---

3) 미국의 노런 부시넬이 1972년에 창업한 세계 최초의 비디오 게임 회사다.

그때는 아직 RSS가 나오기 전이었다. 허천은 자신이 직접 코딩하여 수집기 사이트를 구축했다. 당시에는 이런 수집 작업을 스크래핑Scraping이라고 불렀다. 그 후에 락온TVRockOnTV라는 사이트를 인수한 다음 개발자를 고용했다. 당시 그의 계획은 모든 TV 시간표에서 음악과 관련된 프로그램을 모두 찾아내서 목록으로 작성하는 일이었다.

허천의 음악 사업이 성장하자 업계의 유력업체들이 눈독을 들였다. 오래지 않아 MTV 임원이 허천을 찾아와 문을 두드렸다. 그는 사이트를 운영하는 대규모 편집팀도 없고, 장소와 장비도 아파트와 컴퓨터 몇 대뿐이라는 사실에 놀라워했다. MTV는 허천의 회사를 인수했고, 허천은 28세까지 MTV에서 일하다가 사업가가 되기 위해 그곳을 떠났다. 허천은 이렇게 말한다.

"기계적인 알고리즘은 내가 왜 그 음악을 좋아해야 하는지를 설명하지 못했어요. 저는 어떤 음악가가 무엇에 영향을 받았고, 어떤 곡에서는 어떤 기타 연주 부분을 좋아하며 그게 다른 곡에 어떻게 영향을 미쳤는지를 알아야 했죠.

저는 알고리즘이 아니라 서로 좋아하는 음악가를 연결짓는 방법으로 큐레이트하고 각종 정보를 얻어왔으니, 그야말로 기계가 아닌 인간의 방식이었다고 말할 수 있겠군요. 그래서 전 디디Diddy라는 가수가 콜드플레이Coldplay라는 밴드를 제일 좋아한다고 말하는 기사를 찾아 읽었어요. 그러나 알고리즘은 디디를 힙합 가수 중 하나로만 취급하기 때문에 어떤 가수가 서로 좋아하고 서로 어떤 영향을 미쳤는지를 알려면 행간을 읽어내야 하죠.

저 역시 판도라Pandora와 아마존Amazon을 애용하고 이런 기술에 감탄하지만, 정작 제가 원하는 의미, 특히 제가 이해할 수 있는 의미는 얻지 못해요. 만약 어떤 음악이 코드 세 개로 진행되거나 목관악기 부분이 있어서 추천한다고 하면, 저는 이해가 안 됩니다. 그렇지만 제가 좋아할 만한 곡이라면서 헤드라인에 뭔가 적어주거나 소제목에서 뭔가 연관성을 지어준다면, 그게 바로 큐레이션이죠."

허천은 이제 창업가로 복귀해서 다음 사업을 구상 중이다. 그 사업은 분명 그가 맨 처음 했던 일, 바로 검색, 필터링, 추천 같은 콘텐츠 큐레이션일 것이다.

허천의 MTV 시절을 비롯한 과거의 모든 행보는 콘텐츠 큐레이션에 대한 그의 진정한 믿음을 보여준다. 그는 현재 미디어 리디파인드Media ReDEFined라는 영향력 있는 비즈니스 뉴스레터의 단독 큐레이터다. 5,000명의 구독자 명단은 퀸시Quincy, 루퍼트 등 미디어계 거물의 인명록이라고 해도 과언이 아니다. 허천은 이렇게 말한다.

"프로그래머와 큐레이터로서 인간의 역할이 사라지는 일은 일어나지 않을 거예요. 컴퓨터가 절대로 따라 올 수 없는 부분이 있으니까요. 그게 바로 인간의 요소, 인간만이 떠맡을 수 있는 부분이죠."

인간이 검색 로봇보다 우월한 이유

앨비와 허천, 스코블이 볼 때 인간과 기계 간의 소통을 위한 새로운 도구가 계속해서 나오고 있지만 제작된 콘텐츠의 양이 폭주함에 따라 주제와 패턴을 찾고 큐레이션을 통해 의미를 부여해야 할 인간에 대한 수요는 점점 늘어만 간다.

"큐레이션이란 세상에서 패턴을 발견하고 다른 사람에게 그걸 전달하는 것이라고 생각합니다."

스코블은 이렇게 말하면서, 자신이 CNN보다 45분 먼저 중국 지진 소식을 알렸던 이야기를 들려준다.

"어떻게 그럴 수 있었을까요? 전에 없던 패턴이 나타났고, 저는 그 패턴을 알아차렸기 때문에 트위터에서 다른 사람에게 말할 수 있었던 거죠."

그 패턴이란 진동이 느껴진다고 알리는 여러 트위터였다.

"트위터는 미국 지질조사국 웹사이트의 공지보다 5분 빨랐고, CNN과 〈뉴욕타임즈〉보도보다 45분 빨랐죠."

만약 스코블이 인간 수집기나 큐레이터라면, 앨비는 스코블 같은 사람이 더 효율적이고 효과적으로 작업할 수 있는 도구를 만드는 현대판 대장장이다. 그는 최첨단 수집 기술과 인간 중심의 블로그를 비롯한 큐레이션에 대한 자신의 지식을 총동원해서 크라우드 퓨전

Crowd Fusion이라는 새로운 기업을 설립했다. 앨비는 이렇게 말한다.

"크라우드 퓨전은 페이스북 커넥트Facebook Connect 4)에 링크를 걸거나 자료를 트위터로 보내고 트윗을 끌어올 수도 있어요. 이제 크라우드 퓨전의 경쟁자는 누구일까요? 바로 자사 사이트에 완벽하게 맞춤화된 사내 콘텐츠 관리 시스템이에요. 우리는 여러 명이 필요하던 작업을 한 사람이 해내도록 만들 수 있지만, 그래도 여전히 인간은 필요합니다. 우리가 말하는 큐레이션은 기술이 아니에요. 인간의 일이죠."

또 스코블은 이렇게 말한다.

"예를 들면 로봇은 중국 지진에 대한 모든 자료를 찾아주는 식으로 인간을 도울 수 있지만, 그 모든 내용을 살펴보고 그 안에서 새로운 패턴을 찾아 남에게 설명하는 것은 여전히 인간의 몫이죠. 왜냐구요? 컴퓨터는 아무리 시간이 지나도 그런 패턴을 보지 못할 테니까요."

그는 교육을 받고 보통의 경험이나 인맥 등이 있는 인간이라면 컴퓨터가 결코 찾을 수 없는 패턴을 볼 수 있다고 믿는다. 자료를 구성하고 평가하며 사진에 간단한 설명을 다는 능력만으로도 인간의 중요성은 점점 커지고 있다.

이제 결론은 나온 듯하다. 기계는 인간이 패턴을 발견하고 핵심

---

4) 페이스북의 내부 메뉴가 아닌, 페이스북과 외부 응용 프로그램을 연결해 주는 어플리케이션 도구다.

큐레이션

그림14. 로버트 스코블(Robert Scoble)
출처 : https://slate.com/technology/2017/10/robert−scobles−blog−post−is−everything−you−
shouldnt−do−when−publicly−accused−of−sexual−assault.html

요소를 찾아서 기계를 위한 패턴을 만들어내야만 패턴을 이해할 수
있다. 당연히 새로운 패턴은 인간이란 필터를 거쳐야만 평가될 수
있다. 콘텐츠 농장은 이미 알려진 수요를 충족하는 콘텐츠만 제작
하기 때문에 문제가 있다. 그러나 도구와 재능, 인터넷의 파급력 등
을 활용해서 큐레이션과 콘텐츠 제작을 동시에 겸하게 되면 큐레이
션 작업에 드는 노력과 해당 주제에 대한 깊은 지식이나 열정 사이
에서 균형을 유지할 수 있다. 인간이 로봇보다 우월한 이유는 인간
을 인간답게 만들어주는 인간 본연의 특성 때문이다.

기술의 발전으로 콘텐츠 제작은 쉬워졌지만 그만큼 잡음도 늘고 있다. 기계가 인간을 대신해서 퍼블리셔가 될 수 있다고 믿는 사람, 인간을 대신할 수 있는 것은 없다고 믿는 사람 사이에 뚜렷한 경계가 생겨나고 있다.

디맨드미디어는 프리랜서 작가들이 쓸 주제를 결정하는 편집장이 바로 알고리즘이라는 기계다. 이러한 사업 모델은 프리랜서 작가들에게 돌아가는 보수가 적을 뿐만 아니라 사이트에서 쇠붙이 냄새가 난다는 비판을 받는다. 인간의 냄새가 나는 사이트를 만들려면 인간의 손을 거친 큐레이션이 필요하다. 기계적인 알고리즘은 대량의 정보를 수집하는 데는 유용하지만, 그 정보에 어떤 가치를 부여하는 것은 인간만이 할 수 있는 작업이다. 마이스페이스의 전 CEO인 제이슨 허천은 프로그래머와 인간의 역할이 사라지는 일은 없을 것이라고 단언한다.

결국 기계는 인간이 패턴을 찾아서 기계를 위한 패턴을 만들어내야만 패턴을 이해할 수 있을 뿐이다.

Chapter

03

콘텐츠 전략의
핵심

마구잡이로 뿌려대는 기업의
보도자료나 따분한 CEO 인터뷰, 마케팅 자료가
쓰레기에서 콘텐츠로 둔갑하고 있다.

한 번에 웹사이트 하나씩, 실제로 세상을 바꾸어 나가는 사람을 만나기란 매우 드문 일이다.

브레인 트래픽Brain Traffic 창업자이자 사장이며 《웹 컨텐츠 전략을 말하다》의 저자인 크리스티나 할버슨은 웹 디자인 커뮤니티에 상당히 급속한 변화를 불러일으킨 장본인이다.

콘텐츠, 만들어내는 것이 능사는 아니다

할버슨은 옆에 있던 여러 명의 웹 컨설턴트를 가리키면서, 내게 묻는다.

"우리 중에 누가 콘텐츠에 대해서, 예를 들면 '이 콘텐츠의 요점은 무엇인가?'와 같은 중요한 질문을 하고 있을까요? 아니 누가 신경이나 쓸까요? 누가 시간도 많이 걸리고 복잡하고 정신없는 콘텐츠 개발 과정에 대해 고민하고 있을까요? 일단 공개된 콘텐츠에 대해 대체 누가 새삼스레 방송을 막고 검색 엔진에서 끌어 내리면서 그 사용과 이동 과정을 감시하고 있을까요?"

할버슨은 웹에서 가장 중요하면서도 가장 관리가 안 되는 요소가 바로 콘텐츠라고 생각한다.

"다들 콘텐츠는 고객이나 사용자처럼 누군가 다른 사람의 문제라고 생각해서, 정작 우리처럼 웹사이트

그림15. 〈웹 컨텐츠 전략을 말하다, 크리스티나 할버슨(Kristina Halvorson)〉
2010.10.29. 에이콘 출판사 (원제 : Content Strategy for the Web)
출처 : http://www.yes24.com/Product/goods/4305623

를 만드는 사람은 그 문제를 신경 쓸 필요가 없다고 생각해요. 그러니 웹 콘텐츠가 대부분 쓰레기라는 사실이 우연일까요?"

그녀의 말은 직설적이긴 해도 백번 옳다. 웹사이트에서 콘텐츠는 먼저 기술 전문가가 플랫폼을 만들고, 디자이너가 전체적 윤곽을 만들며, 플래시 디자이너가 나머지 화려한 요소들을 채우고 난 후에 관리되는 것으로 생각되어왔다. 그래서 콘텐츠는 흔히 미리 세심하게 계획한 것이 아니라 나중에 덧붙인 것일 경우가 많았다. 이것이 바로 할버슨의 용어를 빌리자면 '쓰레기'인 셈이다. 마구잡이로 뿌려대는 기업의 보도자료나 따분한 CEO 인터뷰, 기업 저작물 관리 시스템CMS 에나 처박아둘 만한 마케팅 자료가 쓰레기에서 콘텐츠로 둔갑하고 있다.

그래서 할버슨은 새로운 원칙, 즉 콘텐츠 전략을 만들었다.

"콘텐츠 전략이란 유용하고 활용 가능한 콘텐츠의 제작, 공개, 관리를 기획한다. 콘텐츠 전략가는 어떤 콘텐츠를 공개할지에 앞서 우리가 왜 콘텐츠를 공개하고 있는지부터 정의하고 시작해야 한다. 콘텐츠 전략은 콘텐츠 전략가가 책임지는 핵심 결과물이기도 하다. 이러한 전략 개발이 기존 콘텐츠의 분석과 세부 감사보다 반드시 선행되어야 하는 데도, 프로젝트팀에서는 이처럼 중요한 과정을 대충 얼버무리거나 아예 건너뛰는 경우가 허다하다."

웹에 다양한 주제의 글쓰기를 좋아했던 할버슨은 웹 저술가를 자처하면서 점점 큰 프로젝트에 참여했지만, 문제는 점점 더 심각해질 뿐이었다. 으레 프로젝트 막판에 가서야 칠판을 가져다가 브레인스토밍을 하고, 그러면 회사의 고객이 각자 '콘텐츠'를 고만고만한 가상의 박스에 담아와 정보구조팀으로 넘겨버렸다. 그러면 그것이 사이트 여기저기에 적당한 자리를 차지하고 올라오는 식이었다. 사이트에 어떠한 콘텐츠가 올라와야 하고 어떠한 목적을 달성해야 하는지 등의 전략은 아무도 신경 쓰지 않았다.

2007년 레이철 로빙거는 '콘텐츠 전략 : 데이터의 철학'이라는 기사에서 아무도 콘텐츠 문제를 책임지지도 않고 신경도 쓰지 않아서 콘텐츠 제작 방법, 작업 과정, 관리 및 측정 방법, 콘텐츠의 판단 기준에 대해 썼다고 했다.

아무도 책임지지 않았다는 것은 분명하다. 콘텐츠에는 주관적인 판단이 개입하기 때문이다. 누가 홈페이지에 콘텐츠를 올리는가? CEO? 마케팅 부서? 홍보 부서? UGC나 각종 트위터, 사진, 심지어 웹에서 수집한 업계 자료는 어떨까? 쉽게 결정할 문제가 아니다. 할버슨은 말한다.

"사람들은 콘텐츠에 일종의 마술을 기대해요. 그저 막연히 '사용자들이 우리 사이트에 콘텐츠를 만들어 올리겠지' 혹은 '이미 마케팅 부서에서 만든 콘텐츠가 있으니까 온라인에 올리면 될 거야'라고 생각하죠. 사태의 심각성을 제대로 들여다보려 하지 않는다는 점에서 우리는 모두 스스로를 속이고 있을 뿐이에요."

결국 대부분 그렇듯이, 이것도 죄책감의 문제로 귀결된다.

"'아, 남들은 모두 이런 놀라운 콘텐츠를 정기적으로 만들어내는 법을 아는 데 나만 모르고 있군. 게다가 나는 시간도, 아이디어도 없어'라고 죄책감을 느끼게 돼요."

그러나 겁먹지 말자. 콘텐츠 전략은 더 많은 콘텐츠를 만들어내라는 의미가 아니다. 오히려 할버슨은 더 적게 만들어야 한다고 주장한다. 그녀의 논지는 컵케이크에 대한 비유로 설명하면 가장 쉽다. 할버슨은 콘텐츠가 컵케이크처럼 다양한 맛을 낸다고 설명한다. 컵케이크를 만들어 홍보하고 싶은데 글쓰기에 그다지 자신이 없는 제빵사라면, 아마 블로그는 최선의 방법이 아닐 것이다. 대신 디지털 카메라로 사진을 찍어 매일 온라인에 컵케이크를 하나씩 올리는 편이 더 쉬울 것이다. 할버슨은 콘텐츠가 자신의 브랜드나 사이트에 어울려야 한다고 말한다. 그 과정이 고통스러워서는 안 된다는 것이다.

노파심에서 말하는데, 사이트를 이제 겨우 시작하는 단계라면 할버슨 같은 콘텐츠 전략가는 필요 없을 것이다. 그러나 대형 사이트로서 마케팅 부서, 영업 부서, 연구소, CEO실, 홍보 부서, 협력업체 그리고 고객한테까지 콘텐츠를 받는 상황이라면 어떻게 해야 이 모든 자료를 방문객의 기대와 수요에 맞추어 우선 순위를 가리고 가공해서 제시할지 판단하기란 쉽지 않다. 이런 경우에는 할버슨의 표현에 따르자면 '콘텐츠 거버넌스'라는 작업이 필요하다.

이제 콘텐츠 전략도 브랜드화되어 가면서, 에린 스카임 같은 사람은 급변하는 웹 콘텐츠 세상에서 브랜드가 길을 잃지 않도록 지원하는 역할을 한다. 스카임은 이렇게 말한다.

"콘텐츠 전략가는 일종의 디지털 큐레이터입니다. 사이트가 개성을 갖추고 이용자와 접속해서 아이디어를 흡수하며 브랜드를 발전시킬 수 있도록 지원하죠. 사이트에 있는 모든 콘텐츠의 중심을 잡아주는 역할이에요."

스카임은 콘텐츠 전략가라면 가장 먼저 고객 사이트의 경쟁자가 누구인지 정리해야 한다고 말한다. 특히 고객의 경쟁사가 이 콘텐츠 영역 중 어디에 자리 잡고 있는지를 파악해야 한다. 다음 단계는 고객의 사이트와 상품이 앞으로 나아갈 방향에 대한 원대한 비전을 세우는 일이다. 이 부분이 확정되면 고객과는 다음의 두 가지 방법으로 작업을 진행할 수 있다.

1. 콘텐츠 자산이 평가되고 콘텐츠 계획이 수립되는 동안 콘텐츠 전략가가 개입하여 주도적인 편집장 역할을 수행한다. 그런 다음 고객이 정식 편집장을 고용하면 그에게 편집장의 역할과 전략을 인수인계한다.

2. 대안으로서, 만약 고객에게 편집팀이 있다면 그들에게 좋은 아이디어가 있을 수도 있다. 그러면 전략가는 편집 전략을 조직화하고 전개하기 위한 업무 흐름과 기본 양식을 만든다. 이 경우 콘텐츠 전략가의 역할은 도우미에 가깝다. 고객과 협의를 통해 우선 순위, 주력 분야, 고객의 목표와 사이트 재출시 후 6개월 내에 달성할 목표 등을 결정하는

역할을 수행한다.

스카임은 콘텐츠 전략가가 콘텐츠 제공과 퍼블리싱 관리 원칙을 수립함으로써 점차 디지털 큐레이터가 될 수 있다고 본다. 결국 사용자 생성에 대한 기준을 확립하게 되는 것이다.

"큐레이터로서 콘텐츠 전략가는 UGC와 편집자 콘텐츠 사이에 균형을 맞추어야 합니다. 이는 훌륭한 저술가나 아트 디렉터, 편집자가 만든 작품과 사용자가 만든 최고의 콘텐츠와 활동 사이의 균형을 의미하죠. 여기서 '최고'란 우리의 브랜드와 방향성에 가장 적합하고 유용한 콘텐츠를 의미하고요."

그렇다면 콘텐츠 전략가는 어떻게 사용자를 포함해서 큐레이션 조합을 만들 수 있을까? 첫 번째 방법은 고객 사이트의 분류 체계를 살펴보고, 기존 콘텐츠 범주에 따라 UGC를 구조화하는 것이다. 사용자가 고객 사이트에 올리는 글은 고객의 주제 범주와 연계되어야 한다. 왜일까? 그래야만 사용자 사이의 대화와 글을 올리는 구조가 만들어져서 사용자에게 참여 기회를 주는 동시에 방문객에게 일관된 경험을 제공할 수 있기 때문이다.

그러므로 결국 사용자가 제작한 자료는 콘텐츠를 다루는 입장에서 보면 다른 자료와 똑같은 퍼블리셔의 일종일 뿐 그 이상도 이하도 아니다. 스카임은 이렇게 말한다.

"사이트 이용자가 분 단위로 독특한 콘텐츠를 제공하고 목록을

그림16. UGC(user generated content)
출처 : https://www.newbreedmarketing.com/blog/how-b2b-marketers-leverage-user-generated-content

올리는 무급 프리랜서라고 생각하세요. 이렇게 하면 편집에 맞게 용도를 변경하거나 최소한의 재작업으로 더욱 좋은 콘텐츠를 얻을 수 있습니다."

UGC를 성공적으로 활용하려면 적절한 기본 구조를 제시하는 것이 중요하다.

"UGC는 여전히 편집자 콘텐츠와는 다른 방식으로 검토, 편집, 관리되어야 합니다. UGC는 완벽하다고 보기는 힘들지만, 분명히 뜻밖의 수확도 있어요. 디지털 큐레이터가 사전에 잘 짜인 기본 구조를 제공한다면 메타 데이터와 품질 기준에 부합하는 UGC를 얻을 수 있죠."

누구나 퍼블리셔인 세상

그렇다면 직업으로서 콘텐츠 전략가의 전망은 어떨까? 과연 〈포브스〉가 선정한 급성장 직업에 포함될 날이 올까? 가능성 있는 이야기다. 콘텐츠 전략가인 제프 맥킨타이어는 오늘날에는 누구나 퍼블리셔라고 말한다.

"웹사이트에 콘텐츠가 올라오면, 다들 그 콘텐츠가 우리의 회사와 브랜드를 반영한다고 생각하죠. 또 실시간 웹 세계에서 홈페이지를 일주일, 한 달, 1분기 내내 한 번도 업데이트하지 않는다면 문제가 있는 회사로 낙인찍히죠. 보통은 요즘 말로 맛이 간 상태로 간주돼요. 모두 우리가 기업 활동을 온라인에 반영하고, 특히 홈페이지에 반영할 것이라는 기대에서 비롯되죠."

이처럼 앞으로 콘텐츠에도 전략이 요구된다면 이제 누구의 원칙을 적용할 것인가의 문제가 제기된다. 이에 대해서는 아직 합의된 바가 없다. 할버슨은 콘텐츠 전략의 다양한 이해관계에 대해서도 설명을 한다.

"콘텐츠 전략에서 이야기하는 모든 것은 워낙 기업의 많은 기능을 건드립니다. IT, 마케팅, 홍보, 부문별 전문가, 콘텐츠 제작은 물론 웹 관련 부서, 외부 중개업체와의 관계, 심지어 법적 문제까지 건드리므로 결국 모든 사람을 참여시켜야 해요."

문제는 이 다양한 이해관계자 집단의 요구를 중재하는 것이다. 따라서 콘텐츠 관리 체계에는 중심이 되는 원칙이나 거버넌스가 있어야 한다. 이제 기업도 콘텐츠가 다양한 구성원이 공유하는 책임이자 집단 과제임을 깨닫기 시작했다.

"콘텐츠를 전략적으로 고민하면 할수록 얼마나 작업이 복잡해지는지를 깨닫게 돼요. 정말 효과적인 콘텐츠를 만들어낼 생각이라면 자원의 재배치와 거버넌스의 의미에 대해서 다시 정의를 내려야 해요."

이것만은 확실하다. 큐레이션은 분명히 콘텐츠 전략의 일부다. 어떤 고객에게는 핵심적인 요소이고, 다른 고객에게는 부차적인 문제일 뿐이다. 그러나 큐레이션 조합을 고민하여 적절하게 구성하는 것은 대형 브랜드든 벤처기업이든 간에 결정적으로 중요하다. 다시 빵집의 비유를 빌려오자면, 결국 문제는 반죽인 것이다.

콘텐츠 큐레이션이 왜 필요한가?

웹의 관건은 콘텐츠다. 어떠한 브랜드, 사이트, 커뮤니티든 간에 방문객과 콘텐츠 소비자를 고려하지 않는다면 현재 진행 중인 주요한 변화를 확실히 이해하지 못하고 있는 셈이다. 온라인상에서 콘텐츠의 양이 급속히 증가하면서 방문자들이 외치는 질문은 단 하나, 즉 '내가 믿을 수 있는 사이트인가?'뿐이다. 만약 '그렇다'는 답을 얻게 되면 방문자는 읽고 게시하고 구매하기 위해 다시 찾아올 것이다. 하지만 답이 '아니다'라면, 웹사이트 체크리스트의 맨 밑으로 떨어져, 정보를 제공할지는 몰라도 그다지 쓸모 있거나 정확하거나 참신하지 않은 사이트로 낙인찍히게 될 것이다.

할버슨, 맥킨타이어, 스카임 같은 콘텐츠 전략가는 내부적으로 콘텐츠 큐레이션에 대한 감각이 없던 기업이 그 중요성을 새삼 깨닫기 시작하면서 급속히 시장의 수요가 늘고 있다고 말한다.

할버슨이 경고하는 한 가지 주의 사항은, 콘텐츠 문제를 해결해준다는 소셜미디어의 허위 광고를 믿지 말라는 것이다. 그녀가 보기에 이는 소셜미디어 전문가들이 설파하고 있는, 위험할 정도로 단순화된 가치관이다. 물론 소비자들이 제작한 무료 콘텐츠도 가치는 있지만, 거기에만 의존해서 일정을 짜거나 정기적이고 일관된 자료가 올라오길 기대할 수는 없기 때문이다. 결국 소셜미디어의 콘텐츠는 대가를 받지 않는 자원자들이 작성하는 공짜 자료다. 이 사실만으로도 그들에게 무엇인가 기대하거나 신뢰할 수 없음은 자명해진다. 그들은 그저 스스로 원하는 일을 할 뿐이다. 할버슨은 이렇게 경고한다.

"일관되게 적용되는 수준의 거버넌스 없이, 사람들이 소셜미디어에서 마음대로 콘텐츠를 작성하게 풀어줘서는 안 돼요. 학자들은 이것이 기업의 과실이라고 주장하죠. '열정적인 직원을 발견하기 위해, 그들에게 블로그 활동을 시키자!'는 식이죠. 하지만 델에서 효과를 봤다고 해서 3M이나 제너럴 밀스General Mills 5)에서도 같은 효과를 보리라는 보장은 없어요."

할버슨은 UGC에 반대하는 것이 아니다. 다만 그들이 의사소통 목적을 충족하기 위해 전문가들이 작성한 콘텐츠를 대체할 것이라는 의견에 반대할 뿐이다.

이 문제에 정답이란 없다. 분명히 소셜미디어는 새로운 유행이다. 기존의 카피라이팅과 콘텐츠 제작 방식은 훌륭하지만 요즘의 소셜미디어에는 못 미친다. 할버슨은 기업들이 사이트를 소셜미디어 정보에 완전히 내맡겨 버린다면, 콘텐츠 관점에서 결정적인 실수가 될 것이라고 말한다.

"소셜미디어 지지자들이 '나를 따르라. 아니면 추월당한다'는 식의 태도를 보이는 데는 화가 납니다. 왜냐구요? 아무 생각 없이 기계적으로 따라 할 바에야 아예 시작하지 않는 편이 훨씬 나으니까요."

콘텐츠는 그저 웹사이트를 채울 목적으로 사용하는 것이 아니다. 콘텐츠는 우리 소비자가 얻게 될 발언권이고 메시지이며 의미다. 명확한 콘텐츠 정책과 질서정연한 거버넌스가 중심이 된 콘텐츠 큐레이션이라면 기업의 모든 지원을 거시적인 관점에서 활용한다는

---

5) 미국의 대표적인 식료품 제조회사이다.

의미가 된다. 우리의 정보 소스, 콘텐츠 조합, 커뮤니티는 모두 강력한 도구다. 콘텐츠 전략가는 이러한 세 가지 고리로 멋진 서커스를 만들어 가는 무대감독과도 같다.

콘텐츠는 만들어내기만 한다고 해서 능사가 아니다. 콘텐츠 전략가를 자처하는 할버슨은 콘텐츠에 신경을 쓰고 책임지는 사람이 아무도 없다고 개탄하면서 콘텐츠 전략을 제안한다. 즉 유용하고 활용 가능한 콘텐츠의 제작, 공개, 관리를 기획하는 일이다. 콘텐츠 소스가 다양하고 대량인 대형 사이트에서는 꼭 필요하다.

그렇다면 콘텐츠 전략을 어떻게 세울 것인가 하는 문제가 제기되지만 이에 관해서는 합의된 바가 없다. 할버슨은 콘텐츠 전략에서 광범위한 분야의 협력이 필요하다고 지적한다.

웹의 관건은 결국 콘텐츠다. 콘텐츠를 고려하지 않는다면 아무도 찾지 않는 사이트가 될 것이다. 할버슨은 일관된 '거버넌스' 없이 사람들이 마음대로 콘텐츠를 작성하게 해서는 안 된다고 말한다. 콘텐츠는 그저 웹사이트를 채우는 재료가 아니라 소비자가 얻게 될 발언권이자 메시지다. 따라서 명확한 콘텐츠 정책과 질서정연한 거버넌스가 중심이 된 콘텐츠 큐레이션이 필수다.

04

큐레이션,
스텝 바이 스텝

저널리스트도 아니면서 그 흉내를 내려고 하지 마세요.
순수하게 자기 자신이 되어
자신의 목소리로 글을 쓰세요.

　단순히 취미생활을 넘어서 브랜드와 사업 아이템이 될 수도 있는
큐레이션의 세계로 뛰어들어 큐레이터가 되어보자.
　큐레이터가 되어 수익을 얻고 사업을 키워가려면 우선 세 가지
기본 축을 알아야 한다. 바로 퍼블리싱과 광고, 신디케이션Syndica-
tion 6)이다. 이 밖의 것은 시간의 흐름에 따라 바뀔 수 있지만, 이 기
본 축은 이미 검증을 통해 정립된 상태다.

---

6) 제작자가 하나의 상품을 다수의 고객들에게 판매하고 제품을 구입한 고객들은 이 제품을
　 다른 제품이나 서비스와 결합, 가공하여 직접 유통하거나 전문 유통업체에게 재판매하여
　 부가가치를 생산하는 것이다.

어떻게 하면 호감이 가고 업데이트도 쉬우며 최신 소식에 밝은 사이트를 제작할 수 있을까? 또 방문자들이 사이트에 몰려오기 시작할 때 수익을 내려면 어떻게 해야 할까? 그리고 더 많은 사람이 사이트를 방문하고 입소문을 내도록 만들려면 어떻게 해야 할까? 쉬운 일은 아닐 것이다. 다행히도 큐레이션 사업을 시작하는 데 필요한 도구는 거의 무료다. 그러므로 원한다면 당장이라도 시작할 수 있다. 그러나 그러한 도구를 너무 고생하지 않고 제대로 사용하려면 먼저 세 가지 기본 축을 하나씩 살펴보는 것이 좋다.

출발! 퍼블리싱

당장 사이트를 개설하는 방법은 수없이 많다. 우선 어떤 느낌의 사이트를 지향할지 생각해야 한다. 시간을 들여서 자신이 좋아하는 사이트를 둘러보고 사업 모델을 생각해 보자. 그러한 사이트를 만들려면 어느 정도의 비용이 들고 또 얼마나 벌 수 있는지도 가늠해 보자. 예를 들어 〈뉴욕타임즈〉는 수많은 기자가 있고 대기업의 지원도 받는다. 따라서 자금력이 매우 풍부하지 않은 한 우리가 따를 만한 모델은 아니다.

주요 관심사가 큐레이션인 만큼 여기에서는 링크와 발췌본을 수집·재구성하는 사이트 위주로 생각해 보자. 테크밈Techmeme, 비즈니스인사이더Businessinsider, 고커Gawker 등은 링크 수집과 큐레이션, 일부 자체 보도, 브랜드 통합과 홍보를 위한 다양한 노력이 결합되어 이용자에게 제대로 된 큐레이션 결과를 제공할 것으로 기대되는 사이트다.

사이트의 종류를 크게 세 가지로 나누면 다음과 같다.

- 대형 미디어 : 〈USA투데이〉
- 큐레이션과 자체 제작 혼합형 : 〈뉴욕매거진〉의 엔터테인먼트 웹사이트인 벌처Vulture
- 순수 큐레이션 : 미디어 리디파인드Media reDEFined, 테크밈

여기에서는 큐레이션과 자체 제작 혼합형을 택했다고 가정해 보자. 우리의 목표는 진지한 바비큐 마니아에게 도움이 될 만한 정보를 제공해 주는 것이다. 시중에서 파는 바비큐 인스턴트식품을 다루는 것이 아니라 진정한 바비큐 마니아용 사이트를 만드는 것이다. 자, 그럼 이제 큐레이션을 시작해 보자.

1단계 : 플랫폼 선택

선택 가능한 플랫폼 종류가 굉장히 많다는 사실은 양날의 칼이

다. 블로그를 운영할 생각이라면 워드프레스, 무버블 타입Movable Type, 블로거닷컴Blogger.com 등 훌륭하고 탄탄한 플랫폼을 선택할 수 있다. 각기 장단점이 있지만 세 가지 중에서는 블로거닷컴이 아마 유연성이 가장 떨어질 것이다. 워드프레스와 무버블 타입은 무료 플러그인과 템플릿을 제공하는 대규모 커뮤니티가 이루어져 있고, 편집에 관한 고급 기술과 수요를 지원하는 프리랜서 디자이너들이 있다. 또 무버블 타입의 블로그 호스팅 버전인 타입패드닷컴TypePad. com을 이용하면, 전용 서버 구축비용을 들이지 않아도 된다.

이 책은 기술 서적이 아니므로 각 플랫폼의 상세한 내용까지는 다루지 않는다. 각 사이트를 비교한 결과는 구글에서 검색해 보면

그림17. 워드프레스닷컴
출처 : https://ko.wordpress.org/

자세한 정보를 얻을 수 있다.

또 요즘에는 텀블러닷컴Tumblr.com 처럼 급부상하는 마이크로 블로그[7] 플랫폼이 인기를 끌고 있다. 텀블러닷컴은 긴 글을 선호하는 필자에게는 맞지 않지만 짧은 콘텐츠, 즉 링크, 사진, 포스트 등을 많이 작성하는 사람에게는 적합하다.

하지만 이러한 매체는 시작하기는 매우 쉬워도, 나중에 본격적인 웹사이트로 발전시켜 나가기는 점점 어려워진다. 그러므로 이러한 소프트웨어 플랫폼 중 하나를 사용할 생각이라면 신중하게 생각해야 한다.

도움이 될 만한 방법이 하나 있다. 모양, 느낌, 기능 등이 정말로 마음에 드는 사이트가 있을 때는, 웹브라우저의 '소스보기 View Source' 메뉴를 통해 HTML 코드에서 '워드프레스' 등 몇 가지 플랫폼 명칭을 검색해 보면 정확한 플랫폼을 알 수 있다. 물론 해당 사이트의 플랫폼 종류를 대략이라도 예측할 수 있어야 사용 가능한 방법이다. 보통은 자신의 요구 사항을 가장 잘 반영하는 플랫폼을 찾는 것이 최선이다.

---

7) 한두 문장 정도의 짧은 메시지를 이용하여 여러 사람과 소통할 수 있는 블로그의 한 종류로, 미니블로그라고도 불린다.

2단계 : 정보 소스 확보

이제는 콘텐츠 큐레이터를 위한 시간이다. 여기서는 예를 들어 바비큐 대회 준비 사이트를 만들기로 한다고 하자. 가장 먼저 찾아갈 곳은 위키피디아 같은 사전이나 포털 사이트다. 물론 '바비큐'처럼 확실한 키워드는 알고 있지만, 적절한 콘텐츠를 수집하는데 도움이 될 만한 다른 단어도 잠깐 찾아보기 위해서다. 목표는 사이트 방문자를 늘려줄 콘텐츠를 제공할 만한 소스를 웹에서 찾아내는 일이다.

우리가 자료를 수집할 때 사용할 만한 키워드는 매우 다양하다. '바비큐'가 표준어지만 '바베큐'라고 하는 사람도 많다. '통구이'라고도 할 수 있다. 영어로는 'Barbecue'라고 하지만 캐나다에서는 'Broiling'이라고 한다. 이처럼 키워드는 중요하다.

가. 키워드 검색어 작성

다음으로는 콘텐츠와 사이트 광고를 찾을 때 사용할 검색어 목록을 만들어보자. 이러한 검색어는 웹상의 콘텐츠에 링크되고, 나중에 우리 사이트에도 링크·발췌될 키워드가 된다.

편의상 여기에서는 구글의 키워드 도구로 시작해 보자 (http://adwords.google.com/select/KeywordToolExternal). 이 사이트

에서 바비큐 등의 주제로 검색하면, 순식간에 검색빈도 기준 상위 100개의 키워드가 결과로 제시된다. 무료지만 중요한 자료임에 틀림없다. 만약 바비큐와 프라이드 치킨 중 어떤 주제의 사이트를 구축할지 고민 중이라면, 이 검색 도구를 통해서 바비큐가 더 인기 있는 검색어란 사실을 알 수 있다. 바비큐 사이트를 구축해야 방문자가 더 많아진다는 뜻이다.

다음은 구글에서 '바비큐'로 검색해 얻은 결과다.

바비큐 요리법, 가스 바비큐, 바비큐 레스토랑들, 바비큐 레스토랑, 바비큐 갈비, 바비큐 출장 요리, 바비큐 요리, 바비큐 그릴링, 바비큐 양념, 바비큐 쇠고기, 바비큐 그릴들, 숯불 바비큐, 바비큐 메뉴, 웨버Weber 바비큐, 야외 바비큐, 바비큐 도구들, 바비큐 팁, 바비큐 용품, 바비큐용 장작, 바비큐 립, 바비큐 럽, 그릴링, 스테인리스스틸 바비큐, 그릴 돼지고기 바비큐, 가스 바비큐 그릴, 바비큐 세트, 바비큐 구입, 바비큐 평가, 바비큐 구, 바비큐 평가들, 바비큐 장작, 바비큐 치킨 요리법, 바비큐 출장 요리사, 바비큐 돼지고기, 바비큐 포장, 바비큐 그릴, 바 비 큐, 바비큐 스테이크, 바비큐 로티세리[8], 바비큐 고기, 바비큐 마리네이트, 바비큐 요리, BBQ 요리법, 구운 바비큐, 바비큐 돼지고기 안심, 저렴한 바비큐, 바비큐 연어, 바비큐 옥수수, 바비큐 식사

---

8) 고기를 쇠꼬챙이에 끼워 돌려 가면서 굽는 기구다.

물론 자료량이 많긴 하지만 지레 겁먹지는 말자. 바비큐 분야에도 수많은 틈새시장과 키워드와 카테고리가 있음을 알 수 있다. 그만큼 우리가 할 일도 많다는 의미일 수 있으므로 이는 아주 좋은 소식이다.

이 모든 콘텐츠 카테고리가 너무나 복잡해서 이런 키워드를 분류하고 다시 일관된 콘텐츠로 바꾸는 방법을 찾아내는 사람도 있을 것이다. 그러나 검색어 목록은 이 혼잡한 데이터 속에서 우리가 사이트에 포함시키고 싶은 주제와 향후 수주할지도 모를 광고를 발견할 수 있기 때문에 중요하다.

당연히 모든 검색어가 편집용 카테고리가 되는 것이 아니다. 예를 들어 웨버는 바비큐 그릴 제조회사의 브랜드다. '웨버'라는 편집용 카테고리를 만들지는 않겠지만, 사이트에 이 회사의 광고를 유치하거나 후원 의사를 타진하기 위해 웨버의 광고대행사에 연락해볼 수는 있다.

인기 순으로 나열된 검색어 모음인 '태그 클라우드Tag Cloud'를 뒤지다 보면, '바비큐 왕'이란 문구가 튀어나오니, 이 말을 사이트 이름으로 붙이자.

'BBQ, Barbeque, Barbecue' 등 세 가지 키워드만 사용해도 자동 수집기가 알아서 키워드, 주제, 검색어 순으로 정리된 동영상 콘텐츠 모음을 보여준다. 그러나 가장 중요한 것은 우리가 직접 선택하고 만드는 동영상이다. 그러므로 컴퓨터 용량이 허락하는 한 우리가 좋아하는 바비큐 동영상을 공유해 보자.

링크: http://barbecuekings.magnify.net/

나. RSS 피드

다음에는 RSS 피드 검색을 시작해 보자. RSS^{Really Simple Syndica-}tion 9)란 특정 카테고리에서 콘텐츠를 찾으면 매번 검색하지 않아도 자동으로 우리에게 푸시해 주는 서비스다. RSS 리더에 키워드를 입력해 놓으면 RSS 피드를 받아볼 수 있다. 이러한 사이트도 수없이 많지만 여기에서는 역시 구글 리더를 사용해 보자.

링크: http://www.google.com/reader

링크: http://fastflip.googlelabs.com

링크: http://www.google.com/alerts

위의 세 링크에서는 RSS 피드를 찾아서 정리할 수도 있고(Reader), 잡지와 같은 페이지 형태로 볼 수도 있으며(Fast Flip), 구글에서 우리가 선택한 키워드가 포함된 새로운 콘텐츠를 자동으로 통지해 주는 이메일 알리미를 받아볼 수도 있다(Alerts). 각각의 항목이 유용한 큐

---

9) RSS는 온라인상에 콘텐츠를 배열하는 HTML과 이를 전송해 주는 이메일의 장점을 하나로 묶은 기술로 언론사 홈페이지나 블로그 등의 업데이트 정보를 한꺼번에 모아서 보내거나 받아볼 수 있는 서비스다.

레이션 도구다.

계속 사용하다 보면, 구글 뉴스 검색 결과 저장, RSS 리더 내에서의 링크, 플리커Flickr 10) 및 기타 콘텐츠 공유 사이트의 이미지 검색 등 상당히 고급 기능을 설치할 수도 있다. 그러면 정기적으로 새로운 콘텐츠 스트림을 받고 스캔해서 큐레이트된 우리 콘텐츠에 추가하게 된다. 이렇게 독자들을 위해 검색이나 분류 같은 힘든 작업을 대신하는 것이 바로 우리의 역할이다.

이 외에도 우리의 관심 분야에서 콘텐츠를 찾는 방법은 다양하다. 이용자들의 투표를 유도해서 인기 있는 콘텐츠를 알려주는 크라우드 소싱 소셜 추천 사이트도 수두룩하다. 또 디그와 레딧Reddit은 각종 링크에 대한 검색 기능을 제공한다. 예를 들어 디그에서 찾아낸 이야기 중에 한 온라인 게임 회사가 불만 있는 고객에게 보상용으로 바비큐 도구를 보낸 경우가 있다고 해 보자. 뜬금없이 들릴 수도 있겠지만, 분명히 바비큐 사이트에서는 관심을 가질 만하다.

다. 트위터

그리고 마지막으로 우리가 수집 작업에 추가할 수 있는 가장 신속하고 빠른 정보 소스는 트위터일 것이다. 알다시피 트위터는 친구나 직장 동료 등과 일상사를 비롯한 여러 가지 이야깃거리를 나

---

10) 2004년 2월부터 서비스하고 있는 온라인 사진 공유 커뮤니티 사이트로 웹 2.0의 대표적인 프로그램 중 하나로 꼽는다.

누는 곳이다. 그러나 여기서는 사이트에 추가할 링크와 이야기를 찾도록 도와주는 최고의 수집기라고 생각하자. 그래서 특정 키워드가 우리에게 수집되도록 트윗알람닷컴TweetAlarm.com 같은 트위터 알리미 검색 중 하나를 사용해 보자.

라. 인터넷 동영상

이제 매일 헤드라인을 읽고 내용을 요약하거나 사이트에 링크를 거는 약간의 작업만으로 우리에게 필요한 블로그, 뉴스, 트위터, 이미지를 얻게 되었다.

그렇다면 동영상 쪽은 어떨까? 티보Tivo 등의 여러 DVR이 있으므로, 파일로 녹화한 다음 다양한 도구를 이용해서 편집하는 방법도 있다. 하지만 그럴 경우 저작권 위반의 소지가 생긴다. 적법한 뉴스미디어가 아닌 한, 이른바 공정한 사용 원칙을 정의하기는 매우 어렵다. 아마 우리도 케이블 TV에서 바비큐 동영상을 스크랩해서 다시 포스팅한 행위에 대해서 해명하라는 추궁을 받게 될 것이다.

그러나 다행히도 그럴 필요가 없어졌다. 유튜브를 사용할 수 있겠지만, 거기에서 원하는 동영상을 뽑아내자면 손이 매우 많이 갈 것이다. 동영상을 자동으로 찾아서 삽입·관리해 주는 동영상 수집기도 많이 있다. 그중 매그니파이닷넷Magnify.net은 내가 2006년에 설립한 회사로, 실시간 동영상 큐레이션의 영역에서 새로운 길을 개척하고 있다. 만약 제작이든 수집이든 동영상 위주의 사이트를 만든다면 매그니파이닷넷이 분명히 멋진 무료 솔루션이 될 것이다.

텍스트와 달리 멀티미디어 수집에서는 동영상 분류 방법을 결정할 때 인간의 심미안이 요구된다. 동영상 큐레이터는 주제와 의미를 파악하고, 그 범주에 속하는 동영상을 찾아 정리해야 하기 때문이다.

결국 적합한 텍스트, 동영상, 이미지 등의 컬렉션을 수집·분류하는 것은 컴퓨터가 할 일이 아니다. 인간의 몫이다. 모든 정보 소스와 늘 사용하는 검색 방식을 자동으로 설정해 놓고 신뢰할 만한 정보 소스에서 RSS를 피드받아서 자동으로 사이트에 일부 콘텐츠를 채운다고 해도, 여전히 인간의 시간과 지식이 필요한 섬세한 작업이 많이 남아 있다. 그러므로 수집 및 큐레이트를 하는 특정 분야에 열정과 지식이 없다면 진심으로 바비큐 그릴을 사랑하는 누군가에게 밀려날 가능성이 높아진다. 그 사람에게는 진정으로 특별한 콘텐츠 조합을 만들어내는 비밀 소스가 있을 것이기 때문이다.

그러니 머리와 가슴을 모두 사용해서 큐레이션 주제를 고르도록 하자.

3단계 : 자체 콘텐츠 생성

콘텐츠를 수집한 정보 소스를 찾았다면 작업의 절반을 마친 셈이다. 큐레이션이란 정보의 조합, 즉 발굴하고 수집하고 제작한 콘텐츠를 독창적으로 배합해서 자신만의 독특한 컬렉션을 만들어내는 과정이기 때문이다.

우리가 직접 콘텐츠를 만들어도 좋고, 꼭 많이 만들지 않아도 된다. 만약 자신에게 카메라를 들이대는 것이 편하다면 왜 동영상을 찍지 않겠는가? 하지만 그럴 때도 뉴스 앵커를 흉내 낼 필요는 없다. 아니, 제발 그러지 말자. 반대로 그냥 자신이 되자. 바꾸지 말자. 우리 방문자들은 진정성 때문에 우리를 찾는 것이지 가식적이고 번드레한 상품 가치에 이끌려 찾아오는 것이 아니다. 만약 위아래가 붙은 작업복을 입고 바비큐 파티에 가는 사람이라면, 당당히 그렇게 입고 가서 고기를 굽자! 만약 카메라로 자신을 찍는 것이 영 어색하다면, 그 장소를 찍어서 지역 바비큐 경연대회를 보여주는 자료로 활용하는 방법도 있다.

사이트의 콘텐츠 제작은 출처에 따라 세 가지로 구분된다. 우리가 직접 만든 콘텐츠(텍스트와 동영상 모두), 사이트 방문자가 우리를 위해 만든 콘텐츠, 우리와 계약을 맺고 다른 사람이 만든 콘텐츠 등이다. 보통은 우리가 만든 콘텐츠가 전반적인 분위기를 좌우한다.

우리의 바비큐 사이트가 소박하길 바라는가, 아니면 전문적이길 바라는가? 또는 숯불을 좋아하는 미식가를 위한 사이트가 되길 바라는가? 우리 사이트의 분위기는 우리 자신에게서 비롯되고, 방문자가 만드는 콘텐츠는 우리의 초대 방식에 따라 달라진다.

만약 깔끔한 도움말이나 유용한 정보를 바란다면 방문자에게 몇 가지 예시를 제시해야 한다. 사이트에 정기적으로 기고할 사람을 찾고 있다면, 소수의 전문가를 정식으로 초빙해야 한다. 기고할 곳을 찾는 사람이 있는지 확인하려면 5~10명은 연락을 해 보아야 할 것이다.

이제 플랫폼과 수집할 콘텐츠를 찾고 사이트를 구축하고 트래픽을 유발하는 데 얼마나 손이 많이 가는지 알았으니 본인이 직접 사이트를 구축하지 않고 다른 사람의 사이트에 글을 올리는 사람이 많은 이유도 이해가 될 것이다.

광고업계의 최대 네트워킹 컨퍼런스인 어필리에이트 서밋Affiliate Summit을 운영하는 숀 콜린스는 콘텐츠에서 적절한 논조를 찾는 것이 중요하다고 말한다.

"저널리스트도 아니면서 그 흉내를 내려고 하지 마세요. 순수하게 자기 자신이 되어 자신의 목소리로 글을 쓰세요. 가끔은 블로그에 글을 쓸 소재를 찾기가 어려울 수도 있으니, 편집용 달력을 만들어 향후 일정에 따라 글의 주제를 미리 정해놓는 습관을 들이세요. 저는 나중에라도 블로그에 쓸 글감이 생각나면, 제 메일로 보내놓습니다.”

우리가 생각해 볼 수 있는 또 다른 방법은 콘테스트를 여는 것이다. 사이트에 콘텐츠를 올리는 경연대회를 열어서 참여자를 평가하고 시상도 하는 사이트는 상당한 트래픽이 발생하는 경우가 종종 있다. 수공예품 판매 사이트인 엣시Etsy는 방문자들이 TV 광고에 삽입할 동영상 콘테스트를 개최했다. 그 결과 30초짜리 짧은 광고가 250편 이상 접수되었고, 우승자는 상금을 받았다. 우승한 동영상은 깜짝 놀랄 만큼 대단했다.

미국 자전거 전문지 〈바이시클링Bicycling〉은 웹사이트 방문자에게 본인이 5,000달러짜리 자전거를 받아야 할 이유를 동영상으로 만들어 올리는 이벤트를 열었다. 수백 개의 콘텐츠가 응모되었고, 우승을 차지한 콘텐츠는 진심이 어려 있으면서 재미도 있고 감동도 주었다.

링크-엣시 http://etsy.magnify.net/
링크- 바이시클링htttp://video.bicycling.com/contests/win_
    any_bike_contest_2010/

큐레이션 사이트의 새로운 콘텐츠 소스로서 다양한 필자들과 계약을 맺고 각 사이트에 필요한 콘텐츠를 지속적으로 대량생산해 내는 이른바 콘텐츠 농장content Farms도 속속 등장하고 있다. 야후에는 어소시에이티드 콘텐츠Associated Content라는 콘텐츠 농장이 있고, 디맨드미디어Demand Media라는 곳도 있다. 기본적인 아이디어는 프리랜서 작가들에게 비교적 적은 대가를 지불하고 콘텐츠를 만들게 하되, 그들이 흥미를 느끼는 주제를 직접 골라 자신의 일정에 따라 작업하게 하는 방식이다.

이용자의 주문에 따라 인간을 활용할 필요가 생기자, 아마존은 메커니컬 터크Mechanical Turk라는 서비스를 시작했다. '메커니컬 터크'라는 이름은 1769년에 인간을 이겨서 유럽을 떠들썩하게 만들었던 터크라는 체스 로봇에서 유래했다. 그 비밀은 로봇 캐비닛 안쪽에 감쪽같이 숨어 있던 인간 체스 명인이었다. 한마디로 속임수였다.

오늘날 아마존의 메커니컬 터크는 여전히 인간은 할 수 있어도 기계는 할 수 없는 일이 많다는 전제를 기반으로 한다. 예를 들어 아마존은 제품 소개 페이지에 올라온 사진이 롤링 스톤즈의 사진이 맞는지 확인하려면 CD 표지 그림 파일을 일일이 확인해야 한다. 이때 컴퓨터는 어떤 사진이 롤링 스톤즈인지를 판단할 방법이 없다. 인간의 지능이 필요한 것이다.

메커니컬 터크는 사진이나 동영상 속의 인물 식별이나 중복 데이터 제거, 오디오 녹음의 자막 만들기, 데이터 세부 정보 조사 등의 역할을 한다. 전통적으로 이러한 일은 아르바이트를 고용해서 처리해 왔다. 그러나 이제는 메커니컬 터크 사이트에 일거리를 올리고 가격을 책정한 뒤 품질이 합당한 경우에만 비용을 지불하면 된다. 예를 들면 앞서 구글에서 찾았던 바비큐 관련 모든 키워드에 대해 기사 작성을 요청하면서, 상업적으로 사용 가능한 크리에이티브 커먼스CC, Creative Commons 라이선스가 있는 사진과 해당 주제에 대해서 500단어 분량으로 요약해 달라고 요구할 수도 있다. 기사당 20달러를 지불하므로 200달러만 내면 우리 바비큐 기사 10개를 얻을 수 있다.

이상 콘텐츠에 대하여 간단히 살펴보았지만 직접 제작, 응모, 큐레이트된 콘텐츠 소스를 잘 조합해서 활용하면 모든 분야의 필자를 고용하거나 현금을 쌓아놓고 있지 않더라도 사이트를 구축할 수 있다.

광고 수익을 올리는 방법

이제는 모든 준비가 끝났다. 우리는 수집 대상으로 훌륭한 소스 콘텐츠를 찾았고, 이 내용을 적절하게 분야별로 정리한 다음, 직접 제작한 고급 콘텐츠를 추가했다. 또 사진과 동영상을 응모해줄 방문객도 초대했다. 이제 수익을 창출할 준비는 모두 마쳤다.

우리 '바비큐왕' 웹사이트에서 기대할 수 있는 수익원은 네 종류가 있다. CPC, CPA, CPS 등 대표적인 제휴 마케팅 모델 세 가지와 기업 후원이다.

1. 클릭당 지불(CPC, Cost Per Click) : 이것은 보통 검색 엔진 광고라고 하는데, 해당 사이트에 가입한 뒤 우리 사이트에 사용자 정의 코드 몇 줄만 추가하면 설정이 가능하다. 그러면 구글 애드 센스 등의 광고 네트워크가 우리 페이지에서 그 메타 데이터를 읽어서 우리 사이트 방문자에게 가장 적합한 광고의 키워드를 구분해 낸다. 우리 사이트의 경우 바비큐 소스나 그릴, 그릴 도구에 대한 광고가 게재될 것이다. 광고주는 오로지 방문자가 광고를 클릭할 때만 광고비를 지불한다.

따라서 우리 사이트의 콘텐츠를 참신하게 꾸민다면, '바비큐'로 검색해서 우리 사이트를 찾아오고 '관심'을 표현하는 방문자가 많아지므로 자연스럽게 광고 클릭수가 늘어날 것이다.

2. 고객 획득당 지불(CPA, Cost Per Acquisition) : 제휴 마케팅의 한 방식이다. 우리 사이트에 상품이나 서비스에 대한 실제 광고를 걸어놓고 방문자가 이 광고를 클릭해서 구매하게 될 경우 수익금의 일부를 나누게 된다. 그러나 꼭 판매가 아니더라도 회원 가입이나 이벤트 응모를 기준으로 정할 수도 있다.

3. 매출당 지불(CPS, Cost Per Sale) : 판매액을 기준으로 수익을

배분하는 방식이다.

4. 기업 후원 : 앞의 세 가지 모델은 자체적으로 계정을 설정하고 페이지에 몇 가지 코드를 추가하는 것 외에는 별다른 노력이 필요 없지만, 상당한 트래픽이 없는 한 수익이 매우 적을 수 있다. 만약 목표 고객이 분명하고 신뢰할 만한 소스에서 최신 콘텐츠가 계속 업데이트되어 사이트 트래픽과 가입자가 점점 늘고 있는 사이트라면 후원 기업을 찾는 방법도 고려해 볼 만하다. 물론 이 경우는 해당 사이트에 적합한 후원자를 파악해서 메일이나 전화를 통해 광고를 구입하거나 사이트에 더 많이 노출되도록 투자하라고 설득해야 하므로 훨씬 많은 노력이 필요하다. 성과를 얻기가 결코 쉽지는 않지만, 만약 우리 바비큐 사이트가 후원자를 찾고 있다면, BBQ소스닷컴*bbq-sauces.com* 같은 사이트부터 알아보는 것이 좋다.

앞서 소개했던 숀 콜린스는 많은 광고 지원 사이트를 구축했던 경험을 바탕으로 이런 조언을 해준다.

"저는 새로운 프로젝트를 시작할 때, 반짝 사이트가 아니라 오래 갈 사이트라는 인상을 주기 위해 노력합니다."

콜린스는 결국 영향력 있는 콘텐츠를 신경 써서 찾아내는 것이 관건이라고 말한다.

"새로운 제휴 사이트를 시작할 때 최신 유행에만 편승하려 하지 말고 관심 있는 주제에 초점을 맞추세요. 본인이 관심 있는 영역을 2~3개 브레인스토밍한 후에 가장 오랫동안 집중하고 싶은 주제에 대한 사이트를 만들어야 합니다."

많은 사람이 좋은 사이트 이름을 찾느라고 애를 쓰고, 돈을 벌 요량으로 사이트 주소를 도메인 사냥꾼이나 기존 소유자에게 도메인을 사들이는 데 많은 돈을 쓴다. 콜린스는 그러한 데 돈을 낭비하지 말라고 말한다.

"닷컴(.com) 도메인은 1년에 10달러 정도면 살 수 있어요. 도메인 이름에 연연하지 마시고, 그 이름을 고르는 데 20분 이상 투자하지 마세요. 그냥 주제와 관련된 이름을 고르되, 짧을수록 좋습니다. 처음에는 1년만 등록하세요. 언제든지 연장할 수 있으니까요. 반대로 그 도메인이 별로라고 생각하면 몇 년씩 거기에 묶여 있을 필요가 없습니다."

끝으로 콜린스는 기반을 잡기까지든 구축하기까지는 시간이 걸린다고 말한다.

"인내, 이게 가장 쉽고도 중요한 부분입니다. 사이트를 개설하자마자 광고를 싣고 싶은 유혹을 이겨내세요. 대신 사람들이 자꾸 오고 싶은 마음이 들게끔 콘텐츠를 확보하는 데 집중하세요. 광고를 띄울 시점이 되면 광고비가 가장 높은 광고가 아니라 사이트와 관련된 광고에 중점을 두세요. 블로그 글이 최소한 10개는 올라와 있는 상태에서 광고를 시작하라고 권하고 싶습니다. 광고를 올릴 때는 배너 광고 수준을 벗어나세요. 제 경우에는 수입의 대부분이 텍스트 링크에서 발생하죠."

제휴사를 찾는 방법은 많다. 구글에서 찾아볼 수도 있다.

입소문, 신디케이션

지금부터 재미있는 단계다.

신디케이션이란 우리의 명칭, 링크, 입소문 등을 온라인상에 알리는 일로, 일종의 소문을 퍼뜨리는 작업이다. 우리 사이트와 같은 콘텐츠를 찾는 사람들이 모일 만한 다른 사이트에 약간의 미끼를 던져서 그들을 우리 사이트로 유인하기도 한다. 어찌 보면 약간 쇼맨십이 필요하기도 한다.

우리 바비큐 사이트를 돌아보고, 우리 콘텐츠를 원할 만한 사이트로는 어디가 있을지 목록을 작성해 보자. 경쟁사, 잡지, 검색 엔진, 동영상 사이트 등 모든 사이트가 사실상 열려 있다. 방문객을 확실히 끌어모으고 싶다면 이목을 끌 만한 이벤트를 벌여보자. 주간 '가장 화끈한' 바비큐 뉴스, 바비큐 명소(가상) 투어 등 무엇이든 좋다. 단, 반드시 재미있고 이해하기 쉬우며 무엇보다도 즐길 수 있는 것이어야 한다.

온라인에서는 한결같은 서비스가 결정적으로 중요하다. '팬들'은

그림18. 신디케이션 도구
(출처 : 임헌수 스마트폰의 SNS 폴더)

우리가 항상 이곳을 지키면서 매일 또는 매주 정해진 주기로 업데이트하길 바란다.

그러나 가장 중요한 것은 '잠수'를 타지 않는 것이다. 사이트 이용자들이 우리의 수집과 큐레이션 역량에 의지하는 까닭은 직접 콘텐츠를 찾아나서서 일일이 살펴보고 싶지 않기 때문이다. 만약 우리가 일관성을 잃는다면 팬들은 우리를 떠날 것이다.

그리고 신디케이션은 웹사이트에 국한되지 않는다. 페이스북과 같은 인기 있는 소셜 네트워킹 사이트도 사람들을 모으므로 친구들과 팔로워로 구성된 급성장하는 네트워크에 자신의 이야기를 들려주는 데 이용하기에 좋다.

브랜드에 대한 입소문을 퍼뜨리고 싶을 때 고려할 만한 이미 널리 쓰이는 신디케이션 도구는 다음과 같다.

-트위터
-페이스북
-유튜브
-기타(포스퀘어Foursquare, 링크드인Linkedin, 고왈라Gowalla 등)

이러한 기술이 현재 큰 인기를 끌지만, 특정 사이트나 솔루션처럼 한 가지 필터를 통해서만 웹에서 벌어지는 일을 파악하는 것은 위험하다. 큐레이션은 어디까지나 기술보다 아이디어가 우선시되는 작업이기 때문이다. 그렇기는 해도 지금은 특정 기업과 도구가 이 분야를 선도하고 있다.

우리는 기술이 어디선가 갑자기 등장해서 우리 주변에 영원히 머물 것처럼 급속히 성장하다가 다시 홀연히 어딘가로 사라지는 시대에 살고 있다. 마이스페이스를 기억하는가? 페이스북 이전에 사이버 세계를 주름잡던 거대한 소셜 네트워크였다. 그러나 지금은 흔적만이 남아 있을 뿐이다.

이 글을 쓰는 현재 소셜미디어는 페이스북과 트위터 중심으로 재편되고 있다. 지금으로선 양사가 콘텐츠 큐레이션 영역을 양분하다시피 하지만, 웹이 낡고 정적인 링크의 세계에서 더 빠르고 신선한 콘텐츠가 요구되는 변화무쌍한 실시간 환경으로 진화해 감에 따라 이러한 분위기도 미묘하게 변하고 있다.

물론 수집가나 큐레이터가 되는 것이 진정한 과제임은 의심의 여지가 없다. 콜린스는 이렇게 말한다.

"몇 달 만에 큰돈을 기대해서는 안 됩니다. 사이트와 방문자를 확보하는 데는 시간이 걸려요. 그 과정이 고되고 지루할 수도 있지만 계속 버텨나가야 합니다."

맞는 말이다. 분명히 여기 어딘가에는 금광이 묻혀 있다. 그것을 찾을 방법만 알면 된다. 큐레이션이 검색을 대신해서 최우선적인 정보 소스로 자리매김하고, 큐레이트된 콘텐츠 영역으로 흘러드는 광고 예산이 점점 늘어나는 상황에서 지금 당장 도구와 기술을 배

우고 새로운 방법을 찾는 연습을 시작한다면, 나중에 우리에게 큰
자산이 될 것이다.

요약

큐레이션의 세계로 뛰어들어서 제대로 운영하고 수익을 내려면 다음과 같
이 해 보자.

우선 어떤 느낌을 주는 사이트가 될지 결정하고 플랫폼을 선택해야 한다.
이때 사이트의 특성과 자신의 스타일 그리고 나중에 변화될 상황도 신중
하게 고려해야 한다.

두 번째 단계는 정보 소스 확보다. 사전 사이트나 포털 사이트에 가서 다양
한 키워드를 검색해 보고 콘텐츠를 제공할 만한 소스를 웹에서 찾아내야 한
다. 그렇게 하기 위해서는 검색어 목록을 작성해야 한다. 그리고 포털 사이
트와 RSS 피드, 트위터, 유튜브 등을 이용해서 정보 소스를 확보한다.

세 번째 단계는 자체 콘텐츠 생성 방법을 고민해야 한다. 자체 콘텐츠를
만들 때 저널리스트 흉내를 낼 필요는 없다. 그냥 자기 자신이 되어야 한
다. 이벤트나 콘테스트를 열어서 콘텐츠를 모으는 방법도 있고 '콘텐츠 농
장'에서 사오는 방법도 있다.

수익을 얻는 대표적인 방법은 광고와 기업 후원이다. 사이트 초기부터 너
무 광고에 집착하지 않는 것이 좋다. 수익을 내기 위해서는 많이 인내해야
한다. 이 밖의 사이트 홍보 방법은 트위터나 페이스북, 유튜브 등이 있다.

Chapter

05 큐레이션에
대한
비판과 옹호

설사 제가 싫어하는 방식으로
제 자료를 사용하는 사람이 있더라도 그건 어쩔 수 없어요.
그렇다고 매번 소송을 걸 수는 없는 노릇이죠.

큐레이션이란 개념이 많은 입소문과 호응을 얻고, 소비자 큐레이
션의 정의에 대해 합의가 이루어지고 있지만, 그렇다고 모든 사람
이 큐레이션에 동의하는 것은 아니다.

큐레이션 경제를 비판하는 입장은 보통 두 가지로 나뉜다. 하나
는 큐레이션이 부도덕하다고 주장하는 부류이고 다른 하나는 그것
이 불법이라고 주장하는 부류다. 법적인 문제는 여전히 모호하고,
'공정한 사용'과 저작권을 둘러싼 문제는 법정까지 가보아야 결과를
알 수 있다. 그래서 비아콤이 유튜브를 상대로 10억 달러 규모의 저
작권 침해 소송을 제기했을 때 수집기와 블로거, 퍼블리싱 플랫폼

진영은 다들 비상한 관심을 보였다. 이 소송은 2007년에 제기되어 꽤 오랫동안 진행되어 왔다.

그러는 동안 인터넷 업계에서는 많은 일이 있었다. 무엇보다도 유튜브가 구글에 인수되는 바람에 이제 비아콤은 꼼짝없이 유튜브보다 자금력도 훨씬 풍부하고 UGC와 디지털 밀레니엄 저작권법 (DMCA, The Digital Millennium Copyright Act) 보호에 큰 관심이 있는 구글을 상대하게 되었다.

이 장을 그냥 건너뛰지 말자! 이 문제에 관심을 가져야 한다. DMCA는 링크와 콘텐츠를 수집·큐레이션하는 사업에 대한 기본 틀을 제시하는 법이기 때문이다. 그리고 논의의 공신력을 높이기 위해, 나는 이 분야에서 가장 유명한 변호사로 꼽히는 릭 쿠르닛을 찾아갔다. 쿠르닛은 이렇게 설명한다.

"간단히 말해, DMCA는 콘텐츠 배포자들이 이 법의 요구 사항을 준수하는 한, 콘텐츠 게시 권한을 추가로 조사하거나 해명할 필요가 없게 해서 일종의 세이프 하버Safe Harbor(피난처)를 제공하는 역할을 합니다. 저작권자에게서 게시 중단 요청을 받고, 그것이 적절한 요구일 경우 게시를 중단한다면 애초의 퍼블리싱에 대해서는 아무런 책임을 지지 않아도 되는 구조죠."

'세이프 하버'란 말을 해석하자면, 저작권자가 사후에 적법한 절차로 제기한 요구를 받아들여서 해당 자료를 삭제하는 한, 권리가 없는 콘텐츠를 무심코 게시했던 행위도 보호받게 된다는 의미다.

유튜브는 자사가 바로 이 경우에 해당한다고 주장하면서 법적인 보호를 호소했다.

그림19. DMCA

출처 : https://en.wikipedia.org/wiki/Digital_Millennium_Copyright_Act

유튜브 소송과 스마트 시대의 저작권법

쿠르닛은 이로써 자신의 콘텐츠가 게시되지 않기를 바라는 공간을 찾아 삭제를 요청할 책임이 저작권자에게 넘어갔다고 말한다. 이는 놀랍게도 인터넷에 우호적인 법으로, 확실하게 수집기 진영의 손을 들어준 셈이다. 쿠르닛은 이렇게 설명한다.

"미국 사법부의 기본 전제는 과학기술이 사법 체계보다 더 빠르게 변한다는 겁니다. 그래서 의회와 정부도 지적재산권을 침해당했다고 주장하는 사람이 나타나기 전까지는 디지털 사업과 커뮤니케이션에 문제가 없다는 입장을 취하고 있죠."

이 법은 온라인상의 공유와 배포, 나아가 수집과 큐레이션을 권장한다. 단순히 공유를 위해서든, 명예나 경제적 이득을 위해서든 간에 콘텐츠가 인터넷 전역으로 확산되도록 허용한 것이다.

비아콤은 '유튜브가 뻔뻔스럽게 지적재산권법을 무시하여 원고뿐만 아니라 미국 경제에서 가장 중요한 부문의 경제적 토대를 근본적으로 위협하고 있다'는 논지로 소송을 이끌었다. 만약 '직접적이고 고의적인 저작권 침해를 주장하는 이 소송에서 원고 측이 승소했다면 한창 떠오르던 인터넷 콘텐츠 공유 생태계에 크게 찬물을 끼얹었을 것이다.

비아콤은 원고 측 진술에서, 비아콤 콘텐츠 중 16만 개의 클립이 유튜브에 게시되었고, 승인받지 않은 상태에서 15억 건이 넘는 조회수를 기록했다고 주장했다.

"유튜브는 일체의 사용료 지급이나 라이선스도 없이 자사의 이익을 위해 방대한 규모의 창작 콘텐츠가 지닌 가치를 착복하고 있다."

결과는 어떻게 되었을까? 미국 뉴욕 지방판사 루이스 L. 스탠턴은 유튜브가 DMCA상의 보호 범위를 넘어섰다는 비아콤 측 주장을 기각했다. 그는 판결문에 이렇게 썼다.

"이번 사건은 오히려 DMCA 통보 제도가 효율적으로 작동하고 있음을 보여준다. 비아콤이 몇 개월 동안 10만 개 이상의 동영상을 모아 2007년 2월 2일에 전체 게시 중단 통보문을 발송하자, 유튜브는 실제로 익영업일까지 모든 자료를 삭제했다."

오픈 웹을 지지하는 사람들은 이 판결에 환호했다. 쿠르닛은 득의에 찬 표정으로 이를 설명한다.

"사실 이 사건은 비아콤이 홍보 효과를 위해 상당량의 자료 게시를 묵인해 왔다는 유튜브 측 주장이 결정적이었다고 볼 수 있습니다. 사람들이 방송 다음날 아침에 유튜브에서 존 스튜어트[11] 쇼를 본다면 그만큼 시청자가 늘어날 텐데 방송국에서 이를 마다할 리는 없죠. 그러므로 콘텐츠를 게시하는 시점에는 콘텐츠 소유자의 반대 의사를 미리 예측할 수 없다는 주장이 이 판결에 중대한 영향을 끼쳤습니다.

음악계를 보면 이 사실이 가장 확실한데, 요즘은 음악을 발표하고 유명해질 때까지 어디에도 요금을 청구하지 않다가 일단 유명해지면 콘서트 투어를 통해서 돈을 버는 시대입니다. 그래서 '나는 반대한다는 통보를 받기 전까지는 당신이 반대하는지 알 수 없다'는 주장이 설득력을 얻게 되죠. 결국 이 사건의 판결은 수집과 큐레이션 사업 모델을 확립하는 데 크게 기여했어요."

---

11) 비아콤이 유튜브에 삭제 요청했던 콘텐츠 중 하나인 '존 스튜어트 데일리 쇼'의 진행자이다.

법조계에서 공유, 링크, 로열티 등 인터넷상의 권리 분야는 아직 정착되지 않은 상태로 간주된다. 상황이 너무나 급변하고 있어 법을 제정하기에는 이르다는 뜻이다. 그 점을 설명하기 위해 쿠르닛은 시디롬CD-ROM 산업을 예로 든다(참고로 말하자면, 시디롬이란 CD에 콘텐츠를 저장한 읽기 전용 메모리ROM로서 지금은 거의 쓰지 않는다).

쿠르닛은 시디롬과 관련된 권리가 역사에서 잠깐 등장했다 사라졌다고 말한다.

"변호사들이 시디롬에 대한 퍼블리셔의 권리를 판단할 수 있게 되었을 때는 아무도 시디롬을 사용하지 않게 되었어요. DMCA는 디지털미디어에 일정 보호 범위와 세이프 하버, 일부 개발의 여지를 제공하는 것이 사법 시스템이 대응할 수 있는 최선의 수준임을 인정했다는 점에서 오히려 통찰력이 있죠."

입법부와 당국의 규제가 부족해서 문제가 되는 경우는 흔치 않다. 그러나 유튜브가 국가 경제의 가장 중요한 부문을 파괴할 것이라는 비아콤의 주장은 법원과 의회에 올드미디어의 기득권과 수익원을 보장하라는 독촉이었다. 쿠르닛은 이렇게 설명한다.

"의회 입장에서 DMCA는 결국 스스로 규제할 능력이 없음을 시인한 셈입니다. 의회가 본격적으로 인터넷에 대한 저작권법을 만들자고 들면, 법이 미처 제정되기도 전에 쓸모없어질지 모른다는 사실을 알았던 것이죠. 또 구글은 '우리는 큐레이터이기 때문에 콘텐츠를 확산시킬 뿐이다. 심지어 콘텐츠의 사용료를 챙기는 일에도 관심 없다. 콘텐츠도 무료로 제공하지 않느냐'는 식으로 대응했다고 볼 수 있죠."

그의 말처럼 어찌 됐든 구글은 무료다. 직접 웹 크롤러Web Crawler 12) 로 수집하고 페이지 순위 알고리즘에 따라 큐레이트한 콘텐츠 링크를 무료로 배포한다. 무료 콘텐츠 큐레이션은 구글 사업 모델의 근간이다. 그리고 어떻게 보더라도 구글은 매우 잘나가고 있다. 물론 비아콤은 지금도 판결에 불복해 항소 중이다.

그러나 업계 전반에서 수집이 도둑질이라는 주장은 점차 역사 속으로 사라져가는 듯하다. 물론 어느 선까지 허용해야 할지의 문제는 여전히 분쟁거리로 남아 있다. 허핑턴이 고커Gawker를 도용하고 있다고 주장했던 닉 덴튼이나 앞서 파트 1의 챕터 3에서 살펴보았던 뉴서Newser 대 더랩The Wrap의 공방에서도 드러난다. 그러나 전반적 분위기가 틈새 콘텐츠 사업을 시작하려는 창업가에게 유리하게 돌아가는 것은 사실이다.

그렇다면 도덕성의 문제는 어떨까? 수집은 비도덕적일까? 이 부분에 대한 결론은 아직 불분명한 상태다.

---

12) 인터넷상에 존재하는 웹 문서들을 추적하여 필요한 정보를 수집하는 검색 엔진의 핵심 기술이다.

아마추어의 습격, 전문가가 설 자리는 어디인가?

웹 콘텐츠의 출현을 가장 강력하게 비판하는 사람 중 하나는 괴팍하기로 유명한 저술가이자 학자 겸 퍼블리셔인 앤드루 킨이다.

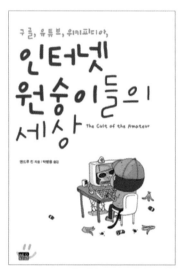

그림20. 인터넷 원숭이들의 세상 (한울,2010.01.06.)
(원제 : The Cult of the Amateur)
출처 : http://www.yes24.com/Product/goods/3662530

킨의 저서 〈인터넷 원숭이들의 세상The Cult of the Amateur〉은 인터넷 업계를 도마 위에 올려놓았다. 자칭 논쟁적이라는 이 책은 방대한 온라인상의 '아마추어' 콘텐츠를 겨냥한다. 킨은 내가 이 책에서 주장하듯이, 여과되지 않은 막대한 양의 콘텐츠 때문에 이용자가 의미 있는 정보를 찾지 못하게 되었다고 주장한다. 하지만 그의 결론은 나와 다르다.

킨은 신종 큐레이터의 전문성을 판단할 합의된 기준이 없기 때문에 큐레이션에 문제가 있다고 비판한다. 그는 이렇게 선언한다.

"당신들이 하고 있는 일은 결국 세상을 우롱할 뿐이다. 이제 큐레이션은 완전히 무의미한 말이 되었다. 당신들처럼 따지자면, 지금까지 모든 사람이 큐레이터였다. 술집에 앉아서 '아, 그 영화는 꼭 봐야 해'라거나 '그 레스토랑 꼭 한번 가봐'라거나 '그 맥주 꼭 마셔 봐'라고 떠드는 사람도 전부 큐레이터인 것이다. 이제 이 말은 아무런 의미가 없다. 다 헛소리다."

킨의 관점에서 보자면 큐레이션은 장애물이나 장벽, 인간 방패에 가깝다. 물론 그의 주장은 누구나 콘텐츠를 게시할 수 있다고 해서 모두 반응을 얻는다는 보장은 없다는 점을 놓치고 있다.

"제게 큐레이터란 음악, 영화, 책 등을 만드는 사람과 그것을 누리는 사람 사이에서 있는 사람이에요. 예를 들면 편집자, 출판 에이전트, 신문 발행인, 서점 직원 등이 해당되죠."

킨은 그동안 각종 협회나 전문직, 기업이 전문가적 기준을 수립하는 쪽으로 발전해 왔다고 본다. 그런데 오늘날의 인터넷이, 그의 표현에 따르면 '급진적인 민주주의'를 표방하면서 기존 체제를 무너뜨리고 있다는 것이다. 그에게 문제는 기술이 아니라 정책이다. 그리고 큐레이션은 그 문제를 풀지 못한다. 그는 이렇게 말한다.

chapter 05 큐레이션에 대한 비판과 옹호

"제가 보기엔 당신은 용어를 바로 사용하는 것 같지 않군요. 제가 우리 집 마당에 서서 울타리 너머로 공을 찬다고 해서 축구선수라고 할 수 있을까요?"

맞는 말이다. 그렇다면 〈허핑턴 포스트〉는 어디에 속할까? 킨은 이렇게 대답한다.

"허핑턴은 대단히 창의적이고 진정한 슈퍼 크리에이티브예요. 21세기 경제에서 슈퍼 크리에이티브의 힘은 매우 강력하죠. 저도 슈퍼 크리에이티브가 되고 싶습니다. 20세기의 전문화·분업화된 산업 구조에서 사람들은 언론인, 변호사, 의사, 우주 비행사, 비행기 조종사 등 하나의 직업을 선택할 수 있었어요. 앞으로는 이러한 전문화 및 엘리트주의 추세가 더욱 심화되리라는 것이 제 주장의 핵심입니다. 제가 대표하는 진영과 제프 자비스 같은 사람 중에서 경제가 변하고 있음을 인정하는 것은 오히려 우리 쪽이에요. 저는 반동적인 수구주의자가 아닙니다. 경제가 변했다는 것도 저는 알아요. 저쪽에서는 경제가 점점 민주화된다고 주장합니다. 반면 저는 창의력이 중시되는 경제와 새로운 엘리트주의 사회에서는 전문 분야의 범위가 점점 좁아질 것이라고 생각하죠. 그래서 이제 허핑턴처럼 되는 것은 정말 어렵습니다. 과거로 치면 허핑턴은 그냥 신문 발행인일 겁니다. 그러나 오늘날 기준으로 보자면 달라요. 허핑턴은 분야를 넘나드는 셈이죠. 일종의 정치활동가이자 퍼블리셔가 되었어요."

〈허핑턴 포스트〉가 민주적일까? 분명히 아니다. 그렇다고 엘리트주의적인 것도 아니다. 그저 허핑턴의 취향과 정치적 입장에 따라 편집될 뿐이다. 이 사이트가 큐레이트된다고 해서 이 사이트에 아무 관점이 없다는 의미는 아니다. 실은 정반대라고 할 수 있다. 그러나 균형과 공정성을 최고의 가치로 알던 과거 언론들과 달리 허핑턴의 선택은 투명하고 주관적이다. 킨은 허핑턴에 대해서 이렇게 말한다.

"〈허핑턴 포스트〉가 성장하는 이유는 개인 브랜드가 점점 많아지면서 전문화의 방식도 변해 가고 있기 때문입니다. 〈허핑턴 포스트〉는 자사의 존재 가치와 전문 지식을 홍보하는 대가로 무료 정보를 제공했기 때문에 성공한 겁니다. 무료 에이전트 시대를 반영하고 있죠. 그러므로 역시 새로운 엘리트주의 사회로 접어들고 있다는 결론에 이르게 됩니다. 과거 같았으면 책을 내거나 기자가 되거나 전문 협회의 잡지나 간행물에 게재하는 식으로 글을 팔았겠죠. 〈허핑턴 포스트〉는 모든 사람이 자신을 팔러 다니는 전문가 사회가 도래했음을 입증합니다. 그리고 허핑턴은 알다시피 자기 PR을 잘하는 사람입니다. 저는 역사를 통틀어 언제나 엘리트가 있었고 앞으로도 늘 그러리라고 믿습니다."

이에 대해서 자비스는 이렇게 반박한다.

"킨이 불평하는 것은 아마추어리즘이에요. 그가 원하는 것은 전문가 중심 사회고요. 결국 그는 엘리트주의를 추구합니다. 세계를 지배할 헤게모니와 엘리트를 원하죠."

자비스는 미래에 기득권층의 지배력이 상실될 것이고, 그런 면에서 킨은 기득권층의 동지라고 덧붙인다. 그러나 킨은 여기에 반발한다.

"저는 그들이 의도적이든 아니든 간에 솔직하지 못하다는 점이 가장 화가 납니다. 허핑턴이 전형적인 사례죠. 그녀는 미디어를 민주화한다는 명목으로 플랫폼을 출범시켰죠. 그리고 나서는 가장 막강한 권력을 거머쥐었어요. 오로지 그 놀라운 네트워크를 장악했기 때문에 가능한 일입니다. 돈도 어마어마하게 벌어들였을 거구요. 또 〈와이어드Wired〉의 크리스 앤더슨은 무료에 대해 이야기하면서 〈프리〉라는 책으로 50만 달러를 챙겼죠. 제 말은 사람들이 자신의 권력과 부에 대한 욕망을 민주주의라는 말로 꾸미지 말고 그냥 자기가 원하는 바를 솔직하게 말했으면 좋겠다는 겁니다. 그러지 않으면 엄청난 모순이자 부정 행위죠. 쉽게 말하면 사기고요."

검색의 신화에 금이 간 구글

킨이 제기하는 근본적인 문제는 새로운 엘리트주의 계층이 포퓰리즘의 가면을 쓴 채 점점 강력한 필터이자 슈퍼 큐레이터가 되어 간다는 점이다. 그는 새로운 지식 계층 중 어느 누구도 이 비난에서 자유롭지 않다고 말한다. 특히 구글은 말할 것도 없다.

"우선 구글이 하는 일은 모두 대중의 의지와 관심을 반영합니다. 또 조작하기가 매우 쉽죠. 그래서 구글에 검색어를 입력하면, 상위 10개의 검색 결과 중 일부는 광고이고, 일부는 시시한 것이고, 일부는 아예 관련도 없는 것이죠. 구글은 정말 너무합니다."

또한 그는 전문 큐레이터의 민주화 추세를 한탄한다.

"큐레이터의 민주화는 누구에게도 도움이 안 된다고 생각해요. 도서관 사서는 일자리를 잃고, 구글을 사용하는 아이들은 구글이 똑똑하다고 생각하게 되죠. 전에 12살짜리 아들한테 '왜 그걸 하필 그 사이트에서 사니?' 하고 물었더니 아이가 말하기를, '이 사이트가 구글 검색에서 제일 위에 떠서요'라고 대답하더군요. 그래서 제가 '그렇다고 제일 좋다는 보장은 없잖니'라고 말하니까 아들 아이는 '아뇨, 여기가 제일 좋아요. 구글은 믿을 수 있거든요' 하더군요. 그래서 저는 12살짜리 애도 구글이 똑똑하다고 믿는구나 싶었죠. 흔히 사람들은 구글이 도서관 사서를 대신할 뿐이라고 믿지만, 여기에도 문제가 있습니다. 구글은 똑똑하지도 않을뿐더러 알다시피 상업적 이해관계에 얽혀 있는 경우가 있기 때문입니다."

한쪽에는 킨 같은 사람이 있고 다른 한쪽에는 자비스 같은 사람이 있지만, 이 논쟁은 콘텐츠 제작자 집단 내에서도 갈리고 있는 듯하다. 전통적인 제작자들은 공유를 도둑질로 보는 반면, 새로운 블로거 세력은 링크 경제가 앞서가는 미디어 기업들의 눈앞에 놓인

노다지라고 본다.

그러나 클레이 셔키 교수 같은 사람은 협력을 통한 콘텐츠 생성과 공유를 지향하는 추세가 단지 신기술이나 저비용의 콘텐츠 생성에 그치지 않고 훨씬 근본적인 변화라고 말한다.

킨이 아마추어에 의해 콘텐츠가 만들어지기 때문에 고급 콘텐츠가 일반 대중의 콘텐츠로 바뀌어간다고 보는 반면, 셔키 교수는 대중의 참여와 전문가의 고급 콘텐츠 사이에서 아무런 갈등도 없다고 한다. 그는 최근 인터뷰에서 킨에게 이렇게 말했다.

"과거에는 공개적인 의사 표현이 어려웠습니다. 공개적으로 의사를 표현하려면 라디오나 TV 방송국 혹은 인쇄기가 필요했으니까요. 그러나 지금은 인터넷 카페나 공공도서관 접근 권한만 있으면 얼마든지 우리 생각을 대중에게 알릴 수 있게 되었죠."

그리고 분명히 킨이 엘리트주의자라고 부를 법한 에스더 다이슨도 커뮤니티를 연결하는 콘텐츠, 공유, 대중 큐레이션이 전문가들의 저항에 부딪혀 물러날 가능성은 없다고 말한다. 다만, 콘텐츠 공유를 위해서는 서로에 대한 예의와 상대가 옳게 행동하리라는 믿음이 전제되어야 한다고 강조한다. 다이슨은 이렇게 말한다.

"우리가 자료를 공개하는 목적은 대체로 다른 사람이 사용하도록 하기 위해서입니다. 하지만 무료가 아닌 콘텐츠에 누군가 링크를 걸면 화가 나겠죠. 사람들은 큐레이션 없이 단순히 링크만 걸어서는 별 가치가 없다는 사실을 깨닫게 될 겁니다. 만약 광고 중인 다른 사람의 콘텐츠를 가져와서 다시 광고를 붙인다면, 이건 정말 도둑질이라고 볼 수도 있고요. 하지만 열에 아홉은 우리가 훔친 광고보다 더 많은 트래픽을 몰아줄 겁니다."

다이슨은 결국 합리적이고 이성적인 선에서 절충할 수밖에 없다고 본다.

"저는 자료를 공개할 수 있지만, 사람들은 저마다 의견이 다를 겁니다. 저는 이런 현상을 비공식적으로 '창조적 공공재Creative Commons'라고 부릅니다. 만약 누군가 제 콘텐츠를 이용하여 돈을 번다면, 저는 어떻게든 보상을 받으려 하겠죠. 설사 제가 싫어하는 방식으로 제 자료를 사용하는 사람이 있더라도 그건 어쩔 수 없어요. 제게 무례한 말을 할 수도 있고, 실제 그랬던 적도 많았죠. 사람들이 나쁘게 행동할 때도 있지만, 그렇다고 매번 소송을 걸 수는 없는 노릇이죠."

요약

큐레이션 경제를 비판하는 입장은 보통 두 가지로 나뉜다. 하나는 큐레이션이 부도덕하다는 것이고, 다른 하나는 그것이 불법이라는 점이다. 미국에서 '공정한 사용'과 지적재산권을 둘러싼 분쟁은 아직 법정에서 분명하게 가려진 상황이 아니다. 하지만 디지털 밀레니엄 저작권법(DMCA)이 온라인 콘텐츠 공유에 숨통을 틔워주는 등 법적 측면에서는 수집과 공유가 인정되는 방향으로 가고 있으나 도덕적 측면에서는 아직 결론이 분명하지 않다.

한편 앤드루 킨은 큐레이션이라는 행위가 비전문가에 의해 행해짐으로써 이용자가 의미 있는 정보를 찾지 못한다고 주장한다. 또한 그는 허핑턴 같은 큐레이터가 겉으로는 웹의 민주화를 외치면서 큐레이션에 앞장서고 있지만, 실제로는 그런 행위 자체가 권력 지향적이며 엘리트주의라고 지적한다. 하지만 역시 엘리트주의라고 할 수 있는 에스더 다이슨은 현재의 흐름을 전문가가 막을 수는 없으며 결국 합리적이고 이성적인 선에서 절충할 수밖에 없다고 지적한다.

Chapter

06

큐레이션은
과연
무임승차 중인가?

고딘의 지적대로, 이제 권력은
콘텐츠 창작자에서 콘텐츠 큐레이터로 이동하고 있다.

한 가지 먼저 짚고 넘어가도록 하자. 화가는 정해진 틀 안에서만 그림을 그리지 않는다. 이들은 새로운 작품을 그리고 싶다는 열정에 움직인다. 그러나 화가들이 미술관을 대관하고 검은 양복을 입은 직원을 고용해서 멋진 칵테일 파티를 열지 않는 데는 다른 이유가 있다. 바로 미술관과 그곳의 주인인 큐레이터가 있기 때문이다. 미술관의 큐레이터는 전시할 작품을 선정하고 가격을 책정하며 화가에게 집세와 미술 재료비를 지급하는 일을 한다.

그러나 웹은 이런 식으로 돌아가지 않는다. 적어도 아직까지는 그렇다. 온라인이라는 미술관을 운영하는 사람, 즉 큐레이터는 제작자에게 허가를 받지도 수익을 나누지도 않는다. 이는 콘텐츠 창작자가 새로운 링크 경제에서는 큐레이션과 창작이 서로 배타적이지 않다는 사실에 익숙해져야 한다는 뜻이다. 그 증거 제1호는 세스 고딘이다. 세계에서 가장 유명한 마케팅 전문가 중 하나이자 저술가, 기업가인 그는 콘텐츠 창작자가 큐레이션을 더 이상 무시할 수 없다고 말한다.

"이제 부족한 것은 정보가 아니라 관심입니다. 큐레이트할 정보를 제공할 사람은 얼마든지 있어요. 예를 들어 구겐하임 미술관은 전시할 작품이 항상 넘치죠. 그 미술관은 전시하기 위해서 화가에게 어떤 대가를 주지 않아요. 오히려 화가들이 그곳에 작품을 걸기 위해 보험료를 지불합니다. 왜냐고요? 구겐하임은 미술관을 찾는 사람들과 작품을 전시 중인 작가에게 서비스를 제공하니까요."

고딘의 지적대로, 이제 권력은 콘텐츠 창작자에서 콘텐츠 큐레이터로 이동하고 있다.

"정보가 우리 행동을 좌우하는 시대에는 어떤 정보를 얻느냐가 가장 중요합니다. 정보를 선택하는 사람이 권력을 쥐게 되죠."

구글 뉴스와 <허핑턴 포스트>는 뱀파이어다

이러한 변화에 강력히 저항하는 사람도 많다. 특히 기존에 유통

그림21. 마크 큐반(Mark Cuban)
출처 : https://www.msn.com

망을 장악했던 마크 큐반은 아마도 콘텐츠 수집과 큐레이션을 가장 노골적으로 비판하는 사람일 것이다.

"콘텐츠 수집기는 뱀파이어예요! 피를 빨아먹게 그대로 놔둬선 안 돼요."

그는 구글 뉴스와 〈허핑턴 포스트〉 같은 사이트를 가장 공격적인 콘텐츠 범죄자로 지목한다. 그는 콘텐츠를 수집, 재구성, 요약, 재출판하는 사람들에게서는 아무런 가치를 찾지 못한다. 오로지 콘텐츠 제작에서만 가치를 찾는다.

"뱀파이어는 가져가기만 할 뿐 뭔가 돌려주지 않으니까요."

당연히 고딘은 큐반의 뱀파이어 비유에 미간을 찌푸린다. 뿐만 아니라 완전히 틀린 소리라고 평한다. 고딘의 말을 들어보자.

"뱀파이어가 피를 빨아먹으면 우리는 피를 다시 만들죠. 그러니 인간이 베이컨을 먹는 경우와는 다릅니다. 그 경우는 돼지가 죽고 그걸로 끝이니까요. 정보의 특징은 사람들이 다 알고 있을 때 가치가 높아진다는 겁니다. 물론 기업 정보나 적시성이 필요한 정보 같은 예외는 있지만, 그 외에는 널리 전파된 아이디어가 승리합니다. 저는 표절을 말하는 게 아니에요. 알려지지 않은 것과 무단 복제의 차이를 말하는 겁니다. 베이컨처럼 너무 많이 빼앗아와서 원본의 가치가 사라진다면 그건 당연히 문제겠죠."

과학기술 블로거인 로버트 스코블도 큐반의 뱀파이어 비유에 반기를 든다.

"터무니없는 소리예요. 큐반과의 논쟁은 언제든 환영이지만, 이건 대체 말이 안 됩니다. 예를 들어 〈뉴욕타임즈〉야말로 수집기라고 할 수 있어요. 편집장에게 보내는 편지나 독자 의견, 외부 기고, 의뢰한 게시글과 기사 등까지 포함하면 더더욱 그렇겠죠. 〈뉴욕타임즈〉는 지난 100년 동안 수집을 해왔어요. 그것을 뱀파이어라고 말한다면 말이 안 될 수밖에요."

고딘은 미디어가 콘텐츠를 노출시키므로 분명한 혜택을 제공하고 있다고 주장한다.

"만약 오프라 윈프리한테 전화가 와서 TV쇼에 출연해 제가 쓴 책

이야기를 들려달라고 하는데도, '출연료가 얼만데요?'라고 물을 겁니까? 당연히 아니죠. 오프라는 출연자들에게 출연료를 주지 않습니다. 오프라의 시청자에게 제 이야기를 하는 것만으로도 값을 매길 수 없으니까요. 사실, 제가 그녀에게 돈을 내야죠. 그럼 오프라가 뱀파이어일까요? 아닐 것 같은데요."

그러자 큐반은 자신의 블로그인 블로그매버릭닷컴Blogmaverick. com에 반박하는 글을 올렸다.

"나는 고딘을 사랑하지만, 그는 틀렸을뿐더러 교활하기조차 하다. '정보를 선택하는 사람이 권력을 쥐게 된다'는 말에서 그는 내 핵심을 정확히 짚었다. 대체 그는 신문이 하는 일이 뭐라고 생각하는가? 마구잡이로 기사를 게재하는가? 또 아무렇게나 기자와 편집자에게 기삿거리를 할당하는가? 당연히 아니다. 신문의 브랜드 가치는 외부에서 받아오든 직접 작성하든 간에 기삿거리를 선택하는 데서 비롯된다. 기사가 구글 인덱스나 구글 뉴스에 포함되는 순간, 수천 가지 콘텐츠 소스 중 하나로 전락한다. 정보 선택권을 자사의 신문 브랜드에서 수집기 브랜드로 넘겨주는 것이다. 이것이야말로 멍청한 짓이다."

그리고 큐반은 고딘의 오프라 윈프리 비유도 인정하지 않는다. 오프라는 나를 쇼에 초대하지만, 구글 뉴스를 비롯한 수집기는 내 허락도 없이 콘텐츠만 퍼간다는 사실이다. 큐반은 구글의 무차별적 대규모 검색이 퍼블리셔를 범용품으로 전락시킨다고 본다. 오프라

쇼에서는 주연이 되지만, 구글에서는 다른 엄청난 양의 데이터와 합쳐져 똑같이 취급받을 뿐이라는 것이다.

링크의 독점과 단절이 바람직한가?

스코블처럼 큐레이션에 열광하는 지지자는 우리가 겪고 있는 변화를 세력 균형의 변화라고 본다. 스코블은 이렇게 말한다.

"큐레이션은 이른바 가치 제안Value Proposition을 변화시켜요. 과거에는 〈뉴욕타임즈〉에 가치가 있었어요. 그러나 플립보드 같은 서비스가 나오면서 이제 경제학자나 CNN, AP통신Associated Press이나 우리나 똑같이 〈뉴욕타임즈〉와 같은 미디어에 속하게 되었죠."

스코블은 기기와 소프트웨어, 아이패드 등의 태블릿, 큐레이트된 친구와 소스에 대한 지능형 수집 소프트웨어와 같은 새로운 계층이 등장하고 있다고 말한다. 그가 선택한 리더기 프로그램은 플립보드다.

이처럼 큐레이션의 팬과 적은 편을 나누어 첨예하게 대립하고 있다. 그러나 이 논쟁은 별로 신경 쓸 가치가 없다. 어차피 콘텐츠는 범용화될 것이고, 이용자의 신뢰를 받는 사이트와 퍼블리셔가 계속 가치를 인정받고 트래픽과 고객의 참여를 유지해서 살아남으려면 큐레이터가 되는 수밖에 없기 때문이다. 큐반이 얼마든지 자신의 의견을 밝히는 것은 자유지만, 그런다고 5년 후 세상의 모습을 바꾸지는 못할 것이다. 물론 그렇다고 그가 그만둘 리도 없겠지만.

큐반은 콘텐츠 제작자에게 수집기 업체가 발을 못 붙이게 하라고 조언한다. 스위치를 아예 끊어버려서 콘텐츠가 새어나가거나 큐레이트되지 못하게 막으라는 것이다.

그럼 웹에서 가장 성공한 블로거이자 링크 수집가 중 한 사람은 큐반의 비난에 어떤 반응을 보일까?

테크크런치TechCrunch의 마이클 애링턴은 링크 트래픽을 쫓아버리는 건 어리석은 짓이라고 말한다.

"누군가 우리 사이트를 방문하면 그들이 우리에게 호의를 베푸는 것이지, 그 반대가 아닙니다. 또 수집기가 우리 사이트에 링크를 걸어두면 그 수집기가 우리에게 트래픽을 보내 도움을 주는 것이지, 그 반대가 아니에요."

방문자가 많은 애링턴의 블로그는 2010년 가을에 AOL에 3,500만 달러에 매각되어 수많은 링크의 가치를 몸소 입증했다.

고딘의 반응도 만만치 않게 강경하다.

"기본 설정은 공유에 참여하는 방식이어야 합니다. 공유 라이브러리에 함께하고 싶지 않고 나 홀로 상태로 유지하려면 쉽죠. 버튼만 누르면 되니까요. 그러나 루퍼트 머독이라도 그럴 배짱은 없을걸요. 그건 파멸을 의미하니까요."

그러므로 수집의 가치를 놓고 이 똑똑한 두 사람이 계속 의견이 충돌할 것은 불 보듯 뻔하다. 큐반은 수집이 도둑질이라고 말하고, 고딘은 뜻밖의 행운이라고 본다.

그렇다면 큐레이션에 대해서는 어떨까? 즉 적절히 선택한 자료를 재구성하고 배포해서 가치를 추가함으로써 콘텐츠 제작자에게 브랜드를 확장시킬 기회를 주는 인간 중심의 필터는 어떨까? 과연 큐반은 구글의 알고리즘 기반의 콘텐츠 검색과 새로운 인간 중심적 콘텐츠 큐레이터 사이의 차이나 중간 회색지대를 확실히 알고 있을까? 큐반은 이렇게 말한다.

"큐레이션은 브랜드가 있는 수집기와 다를 바 없습니다. 만약 다른 사이트의 피가 필요하지 않다면 아예 가져오지 않을 겁니다. 호박에 줄 긋는다고 수박이 되는 것은 아니죠. 물론 그렇다고 큐레이션이 돈을 벌 수 없다는 소리는 아니에요. 돈을 벌 수도 있죠. 하지만 원본 사이트에 그들을 거절할 권한만 있었다면, 대부분의 큐레이션 사이트가 말라 죽었을 거예요."

따라서 큐반은 콘텐츠 제작자를 향해 큐레이터에게 철퇴를 가해서 링크 경제를 물리치라는 선언을 할 것이다. 그러나 정작 본인은 제이슨 칼라카니스가 만들어서 나중에 AOL에 2,500만 달러에 매각한 블로그 네트워크인 웹로그에 투자하지 않았던가? 큐반은 이렇게 변명한다.

"웹로그는 모두 고유한 콘텐츠였어요. 제 블로그와 다른 블로그에서 수집했죠. 제가 그 사이트에서 활동할 때는 작성자 허락 없이 누구의 콘텐츠도 무단으로 사용하지 않았습니다. 이제 그 사이트도 변질되었는지 모르겠지만, 제가 투자했을 때만 해도 순수하게 원본 자료를 사용했죠."

웹로그의 설립자 중 한 명인 브라이언 앨비는 그 회사가 콘텐츠 제작과 큐레이션을 혼합하는 사이트로 시작했다고 말하지만, 아마 큐반은 워낙 오래전 일이라 전부 잊어버렸나 보다.

그러면 칼라카니스가 그 다음에 세운 회사인 마할로Mahalo는 어떨까? 이곳은 링크를 수집하고 큐레이트하는 사이트다. 큐반은 여기에도 투자했다.

큐반은 투자자가 아닐 때는 콘텐츠 수집과 큐레이션에 반대하지만, 투자자 입장에 서면 그렇지 않은 모양이다. 큐반은 1999년에 야후에 브로드캐스트닷컴Broadcast.com이란 회사를 59억 달러에 매각하여 단단히 한몫을 잡았다. 이곳은 초창기 수집기 사이트였다. 결국 말로는 큐레이션이 나쁘다고 비난하면서, 실제로는 큐레이션으로 수익을 창출하는 회사를 설립하고 매각해 가면서 재산을 챙겨온 셈이다. 그러므로 큐레이트 경제에서 돈을 벌고 싶다면, 큐반의 말을 따르지 말고 그의 행동을 따르라고 조언하고 싶다.

227

권력, 큐레이션의 손을 들어주다

세스 고딘은 큐레이션이 산업 사회에서 정보화 사회로 변천해 가는 과정의 일환이라고 말한다. 우리는 무엇인가를 만드는 데서 무엇인가를 찾고 재구성하는 쪽으로 옮겨가고 있다. 무엇을 하든 그 분야에서 튀는 편이 좋을 것이다. 고딘은 이렇게 말한다.

"산업혁명은 끝났습니다. 카를 마르크스와 애덤 스미스는 자본가

그림22. 세스 고딘(Seth Godin)
출처 : https://www.businessinsider.com

와 노동자라는 두 집단이 있다고 말했는데, 저는 이제 제3의 집단, 즉 스스로 생산 수단을 소유한 사람이 있다고 말하겠습니다. 바로 자본가인 동시에 노동자입니다. 블로거일 수도 있고 디자이너일 수도 있죠."

고딘은 결국 대체 불가능한 존재, 즉 '린치핀Linchpin'에게 권력이 있다고 본다.

이제 콘텐츠 업계의 핵심 세력은 창작자가 아니라 수집기가 되어갈 것이다. 블로거인 애링턴은 오늘날 모든 뉴스가 자체적인 링크 공헌도에 따라 살아남거나 사라진다고 말한다. 수집기와 실시간 웹 덕분에 온라인상 중요하고 유용한 콘텐츠가 정보의 수면 위로 떠오르는 큐레이션 구조가 형성된 것이다.

현재의 웹은 세력 구도를 변화시키고 있다. 과거의 요리평론가는 유명 일간지에 글을 쓸 수 있었기 때문에 파워가 막강했다. 인터넷이 없는 시대에는 그의 목소리가 미디어라는 확성기를 통해서만 확대 재생산될 수 있었기 때문에 권력을 누렸던 것이다.

그러나 이제 목소리는 수집·큐레이션의 대상이다. 옐프는 의견을 모아서 가장 조리 있는 내용부터 순서대로 분류한다.

아직은 여전히 개인이 브랜드와 권력 기반을 얻고 생계를 유지할 여지는 많다. 그러나 앞으로는 퍼블리싱 미디어에 접근할 수 있다는 점이 결정적인 요인이 되지는 않을 것이다. 그보다 더 필요한 것은 개성 있는 목소리, 추종자, 큐레이트적 관점이다.

뱀파이어라는 말은 천만의 말씀이다. 이미 입증되었듯이 큐레이션은 무척이나 힘든 고급 작업이다.

요약

과거에는 미술관의 큐레이터가 전시할 작품을 선정하고 화가에게 대가를 지급했지만, 오늘날의 웹은 다르다. 온라인이라는 미술관 운영자, 즉 큐레이터는 제작자에게 허가를 받지도 않고 수익을 나누지도 않는다. 따라서 콘텐츠 창작자는 새로운 링크 경제에서 큐레이션과 창작이 서로 배타적이지 않다는 사실에 익숙해져야 한다.

이에 대해 마크 큐반은 콘텐츠 수집기가 가져가기만 할 뿐 뭔가 돌려주는 것이 없는 뱀파이어라면서 신랄하게 공격한다. 그러나 수집기를 지지하는 진영은 터무니없는 주장으로 일축한다. 그런데 이러한 논쟁은 별로 의미가 없다. 콘텐츠의 범용화는 거스를 수 없기 때문이다. 실제로 큐반은 말로는 수집기를 비판하면서도 수집기 사이트를 통해 많은 돈을 벌었다.

세스 고딘은 전통적인 산업 사회가 끝나고 스스로 생산수단을 소유한 제 3의 집단이 등장할 것으로 보는데, 결국 미래의 권력은 '린치핀'에게 있다고 주장한다. 이제 콘텐츠 업계의 핵심 세력은 창작자가 아니라 수집기가 되어갈 것이며, 이에 따라 큐레이션이 떠오르고 있다.

PART

3

큐레이션의
미래와 성공

Curation

01

큐레이션이 브랜드의 생존을 좌우하다

이제 훌륭한 브랜드가 된다는 것은
곧 훌륭한 큐레이터가 된다는 의미라고 결론을 내릴 수 있어요.

크레이그스리스트Craigslist의 창립자인 크레이그 뉴마크는 기존 신문사의 확실한 수입원이었던 안내 광고, 일명 벼룩시장 광고를 가로채 갔다. 괴짜로도 유명한 뉴마크는 섹시한 외계인을 만날 수 있는 공간이라서 웹을 사랑한다고 고백한 바 있다. 크레이그스리스트는 세련되었다거나 화려하기는커녕 지저분하고 시끄럽다. 하지만 무료다. 과거에는 유료였던 서비스들도 역시 무료다.

그럼 왜 AT&T는 '이 웹사이트 때문에 우리 네트워크 사업이 다 망하겠군'이라며 항의하지 않는 걸까? 결국 거대하고 오래된 기업은 아무리 애를 써도 작고 민첩한 기업처럼 될 수 없기 때문이다.

타이타닉이 급선회하기란 쉽지 않다. 우리는 바로 이 지점을 비집고 들어가 낡고 거대한 사업에서 수익성 높은 한 부분을 떼어내어 발 빠르고 새로운 큐레이션을 통해 큰 성공을 거둘 수 있다.

브랜드는 지금 무한 변신 중

스티브 애디스는 미국 생활용품 업체 클로락스Clorox에서 경력을 쌓기 시작해서, 브랜딩 업계에 발을 들여놓았다. 그와 인터뷰를 시작했을 때, 그의 첫마디는 자신의 브랜딩 회사가 '사회적으로 건전하고 환경문제에 책임감이 있는' 기업에 초점을 맞추어 고객사를 큐레이트하고 있다는 말이었다. 자사의 가장 소중한 자원인 시간을 할애할 고객사에 대해 나름의 원칙을 세워놓은 광고 회사라니, 획기적이지 않은가? 물론 회사의 사명이 확고하면 더 좋은 인재를 고용하고 지속적인 동기를 부여하며, 굳이 금전적 조건이 아니라도 직원들의 사기를 고취할 수 있으므로 회사로서도 바람직할 것이다. 애디스는 큐레이션에 미래가 달려 있다고 주장하며, 자신의 블로그에서 이러한 요지의 글을 올렸다. 직접 한번 읽어보자.

"우리는 압사당하기 직전이다. 우리가 몸소 관리하기에는 선택할 것도, 알아야 할 것도 너무나 많다. 이처럼 현실이 새롭게 바뀌면서 큐레이터 경제가 도래하게 되었다. 이제 큐레이터의 힘을 이해하고 받아들여 활용하는 기업은 새로운 고객 기반을 확보할 기회가 생겼다."

대단히 맞는 말이지만, 이 말을 알아듣는 고객은 많지 않은 듯하다. 애디스는 멀리서 경적을 울리는 열차처럼, 2005년부터 블로그에 '큐레이션 경제'에 관한 글을 써왔다. 그 글들에서 줄기차게 경고를 해왔지만 그다지 주목받지 못했다. 이제 그는 기업이 빠르게 변화하는 소셜미디어와 실시간 수집·큐레이션 트렌드를 따라잡기위해 노력해야 한다고 말한다.

홀푸드Whole Foods를 한번 보자. 이 회사의 원칙 중 하나는 '전체의 철학'이다. 홀푸드는 큐레이터로서 취급할 상품을 신중히 선택하고, 이 선택 기준을 고객과 공유한다.

홀푸드는 식품이 가장 순수한 상태, 즉 인공 첨가물, 감미료 색소, 방부제 등이 섞이지 않은 상태에서 가장 맛도 좋고 영양가도 풍부하다고 믿기 때문에 천연 유기농 제품만을 취급합니다. 홀푸드는 구매 담당자의 신중한 판단을 통해서 항상 높은 품질을 구합니다.

그러므로 홀푸드에서의 구매는 아무것도 선별되지 않은 일반 채소 가게와는 차원이 다르다. 홀푸드가 자연 식품이라는 제품의 특성을 살려 빠르게 성장할수록, 홀푸드 같은 영양 큐레이터를 찾는 소비자는 점점 많아질 것이다. 그러나 홀푸드의 큐레이터 철학은 제품 수준을 뛰어넘어 쇼핑 경험 그 자체의 큐레이터를 지향한다. 그리고 그 결과는 일반 채소 가게에 비해 훨씬 만족스럽고 감동적인 고객 관계로 나타난다.

그림23. 홀푸드마켓
출처 : https://www.6sqft.com/the—whole—foods—effect—does—the—green—grocery—increase—home—values/

생존을 고민하는 기업의 과제

　지난 10년간 등장한 브랜드에는 이미 생성 단계부터 큐레이션 원리가 반영되어 있다고 애디스는 말한다. 그러한 브랜드는 큐레이션을 도입할 필요가 없다. 그 자체가 이미 큐레이션의 산물이기 때문이다. 날 때부터 TV 방송국의 위상과 영향력이 쇠퇴하고 소셜미디어가 부상하는 시대였던 것이다.

그래서 구글이나 옛시 같은 사이트와 스타벅스 같은 기업은 새삼스러운 혁신이 필요 없다.

바꾸어 말하면, 그렇지 않은 대형 소비재 기업은 천천히 몰락의 길을 걷고 있다는 의미다. 코끼리에게 춤추는 법을 가르치기란 쉽지 않다. 광고비만 투입하면 맨 앞줄에 세워주던 이전 방식에 익숙한 기업에게 앞으로는 투명하고 적극적인 태도를 보여야 승리할 수 있다는 사실을 설득하기란 결코 쉽지 않다. 그러니 이러한 기업과 친한 광고계라도 구원에 나설 수밖에 없다.

이 점에 대해, 미디어 분석가 밥 가필드는 새로운 웹 세상이 출현할 때까지 사양길에 있던 올드미디어가 브랜드와 광고를 비롯한 미디어 전반에 암울한 그림자를 드리우는 암흑기가 오랫동안 지속될 것이라고 탄식한다.

가필드와 애디스는 서로 만난 적이 없지만, 둘 다 장님만 있는 세상에서 외눈박이 인생을 살아왔다. 그들은 미래를 보았지만, 그 미래의 핵심은 광고가 아니었다. 미래의 핵심은 놀랍게도 '경청'이었다. 가필드는 자신의 책 〈카오스 시나리오The Chaos Scenario〉에서 이렇게 설명한다.

매스미디어는 당연히 독불장군이 아니다. 매스 마케팅과 완벽한 공생 관계를 이룬다. 광고는 콘텐츠 비용을 부담하고, 콘텐츠는 대중을 끌어 모으며, 대중은 마케팅 메시지를 접수하여 광고주의 고객이 된다. 이것이 지난 수세기 동안 효율적이었던 경제의 순환 구조다. 오늘날 카오스가 일어난 첫 번째 요인은 매스미디어의 분열로 인해 이와 다른 순환 구조가 형성되기 때문이다. 대중의 파편화와 광고 차단용 하드웨어가 광고주의 이탈로 이어지고, 이는 다시 자본의 이탈과 콘텐츠의 품질 저하, 이로 인한 추가적 대중 기반 상실과 광고주의 감소로 이어지면서 냉혹한 죽음의 악순환을 반복하다 결국 망각에 이르는 구조다.

그렇게 빠져나온 대중과 마케팅 담당자는 모두 인터넷으로 도망갔다. 거기에서 그들은 더욱 불길한, 카오스의 두 번째 요인과 직면하게 된다. 바로 초창기의 미숙한 인터넷이었다. 온라인 공간이 상위 100개사의 광고비를 독차지한 것도 아니고, 기존 미디어에 맞설 정도로 영향력을 가진 것도 아니었으며, 대중의 콘텐츠 욕구를 충족시킬 만한 콘텐츠를 보유한 것도 아니었다(당분간도 계속 그럴 것이다).

기존 모델은 무너져버렸고, 새로운 모델은 아직 성숙하지 않았으니 혼란이 오는 것은 당연하다.

이 모든 카오스는 광고회사나 소비재뿐 아니라 더욱 광범위하게 영향을 미친다. 애디스는 일찍이 이런 기미를 느꼈지만 두 가지 중요한 이유 때문에 그러한 혼란이 완전히 현실로 굳어버렸다고 말한다.

"하나는, 소비자가 기업이 하는 말을 항상 믿어서는 안 된다는 사실을 깨달은 것이고, 또 하나는 인터넷 접속을 통해 누구나 매스커뮤니케이션 수단을 얻게 되었다는 점입니다."

결론적으로, 이제 모든 브랜드는 소비자 권력의 출현을 무시할 것이 아니라 포용하고 받아들여야 한다. 고객과 소통해야 하고, 고객에 대한 사고방식을 바꾸어야 한다. 이전까지 인간을 소비자나 시청자 중 하나로 여겼다면, 이제는 창작자이자 의사결정의 리더로서 더 이상 수동적이지 않은 존재로 보아야 한다. 애디스는 이렇게 말한다.

"이 풍요의 경제 속에서 고객의 신뢰를 추구하고 함양하려면, 기업은 이런 변화를 이해하고 수용하고 적극 활용하는 큐레이터 브랜드가 되어야 합니다. 이러한 브랜드만이 신뢰와 지지를 받음으로써 고객과 대등한 지위로 올라가죠."

그렇다면 광고계의 똑똑하고 창의적인 인재들이 마침내 가필드의 조언에 귀를 기울이게 되었을까? 가필드는 SXSW 페스티벌에서 내게 이렇게 말했다.

"지금까지 기업은 전체 메시지를 결정할 수 있었습니다. 처음부터 끝까지 정교한 메시지를 만들어 우리의 TV로 전송할 수 있었죠. 그들은 이제 스스로의 메시지를 완전히 통제할 수 없다는 사실을

두려워하고 있습니다. 물론 주변에서 떠도는 소문도 통제하지 못하 ﹒
게 되었고요. 무어의 법칙은 온라인 콘텐츠양에 영향을 미칠 것이
고, 이러한 추세는 변하지 않을 겁니다. 결국 문제는 어떠한 체계를
통해 최고의 콘텐츠가 살아남느냐는 것이죠."

그 비밀 재료는 결국 사람이다. 최고의 콘텐츠를 수집해서 한데
모으려면 누군가는 최고의 콘텐츠가 무엇인지를 알아야 한다. 이것
이 바로 큐레이터의 역할이다. 그들은 '우리가 다음에 무엇을 보아
야 할까?'라는 질문에 답하기 위해 자신의 판단력, 경험, 지식을 총
동원한다. 우리는 큐레이터 없이는 살아남을 수가 없다.

이것이 과연 근본적인 변화일까? 답은 '그렇다'이다. 대형 미디어
와 대형 브랜드 사이의 밀월 관계는 끝났다. 이제 메시지와 대중 사
이에는 큐레이터가 존재하며, 이들의 목적은 단순한 금전적 보상이
라는 차원이 아니다.

브랜드, 자신만의 콘텐츠가 있는가?

크리스 브로건은 소셜미디어를 통한 대화식 마케팅 혁명의 선두
주자다. 그는 일찍부터 활동을 시작하여, 지난 11년간 자료 공유,
블로그, 트위터 활동을 통해 인간적이고 재미있고 정직한 캐릭터를
창조해 냈다. 이제는 막대한 관심을 받고 있는데, 이러한 관심은 현

금과 같다고 그는 말한다.

"다른 많은 것이 그렇듯이, 관심도 일종의 돈이에요. 시간과 돈은 상호 교환이 가능하죠. 그러나 관심 역시 일대일 관계를 떠나 거래될 필요가 있어요. 다시 말해, 관심에는 시간이 들고 시간에는 금전적 가치가 있으니, 결국 관심에도 금전적 가치가 있다고 봐야겠죠."

브로건은 콘텐츠의 무료화라는 복음을 전파할 뿐 아니라, 자신의 콘텐츠를 누구나 사용할 수 있도록 개방한다.

"누구든 상업적으로 이용하지 않고 원글에 링크를 걸어둔다는 조건으로 크리스브로건닷컴chrisbrogan.com에 있는 모든 콘텐츠를 무료로 공개합니다. 그럼 저는 어떻게 돈을 버느냐고요? 보통 1주일에 한 번 정도(운 좋으면 더 많이) '어떤 사이트에서 귀하의 글을 보았습니다. 혹시 12월 4일에 강연을 해주실 수 있는지요?'라는 식의 메시지를 받죠. 그러니 돈을 벌기 위해 일을 할 필요는 없었죠."

브로건은 큐레이션이 마케팅 담당자에게 새로운 필수 도구라고 말한다. 얼마 전 자신의 첫 번째 자동차로 카마로SS를 산 그는 자신이야말로 마케팅 담당자들이 큐레이션 콘텐츠로 공략해야 할 최우선적 목표라고 주장한다.

"저는 카마로에 대해 큐레이터된 모든 정보를 읽고 싶고, 특히 카마로 소유자와 자동차 액세서리를 구입한 사람들의 이야기를 읽고 싶죠. 생각해 보세요. 저야말로 액세서리나 부품을 파는 업자에게는 최고의 먹잇감이 아닐까요?"

물론 큐레이션이 모든 마케팅 담당자의 모든 수요를 해결하지는 않는다. 브로건은 브랜드가 콘텐츠를 만들지 않으면 자신의 목소리를 내지 못할 것이라고 지적한다.

웹에서 발생하는 모든 잡음과 악취는 매스 마케팅의 통제와 권력에 익숙해 있던 브랜드에 축복이자 저주다. 잠재 고객은 온라인에서 콘텐츠를 읽고 링크하며 '즐기는' 동안, 마케팅 담당자에게 단서를 흘리고 있는 셈이다. 그 콘텐츠가 어디에서든 만들어져야 한다는 메시지다. 스티브 루벨 같은 홍보 전문가는 저주보다는 축복 쪽에 방점을 찍는다.

루벨은 에델만 월드와이드Edelman PR Worldwide의 초호화 사무실에 앉아서 이렇게 말한다.

"축복의 측면으로 보자면 우리 이야기를 할 수 있는 공간이 수백만 개로 늘어났죠. 사실상 무한한 곳에서 우리 자신만의 콘텐츠를 만들 수 있게 되었어요. 저는 우리가 사람들에게 매일 비를 뿌리고 있다고 생각합니다. 우리는 충분한 비를 뿌려 사람들의 행동 변화를 유도하고, 누군가 '우산을 사야겠어'라고 말해주길 바랍니다. 이전에는 단지 이슬비에 불과했지만 지금은 장맛비가 되었죠."

장마든 쓰나미든 눈사태든 무엇이든 상관없다. 분명한 건 우리가 무차별적으로 쏟아지는 데이터에 흠뻑 젖어 있다는 사실이다.

이제 에델만은 콘텐츠를 생성, 제작, 큐레이트할 줄 아는 새로운 세대의 디지털 스토리텔러를 고용하고 있다. 플립 카메라1)를 들고 다니며 직접 촬영하고 편집하고 글을 쓰는 직원이 많아질 것이다. 완전히 새로운 양상이 전개되는 것이다. 루벨은 이렇게 설명한다.

"앞으로 홍보에는 세 가지 작업이 포함될 겁니다. 다른 사람을 통해 콘텐츠를 생성하는 일, 고객과 인터넷상에 존재하는 모든 정보를 큐레이트하는 일, 자체 콘텐츠를 제작하는 일, 이 모든 게 하나로 결합되는 경우도 있습니다. 특히 콘텐츠 제작이 홍보의 일환이된 것은 전에 없던 방식으로 대중에게 직접 다가갈 수 있기 때문이죠."

이것은 홍보 관련 직종에 있는 사람들에게 과연 희소식일까?

루벨은 홍보가 점차 매스미디어가 아닌 소셜미디어에 주력하면서 향후 5년 동안 기업을 이끌어갈 채비를 갖추었다고 말한다. 미래는 소셜 커넥션의 시대이기 때문이다.

"이제 콘텐츠를 만들어 놓으면 누군가 찾아오는 시대가 아닙니다. 소셜 커넥션이 담보되는 콘텐츠를 만들어야만 누군가가 찾아오죠."

루벨은 또 큐레이션이 자동화된 수집기나 링크를 찾아서 웹을 뒤지고 다니는 피드 리더Feed Reader 이상이라고 지적한다. 큐레이션의 품질이 보장되어야 한다는 것이다.

---

1) 초소형 저가 비디오 카메라다.

"훌륭한 큐레이터는 쓰레기 속에서 작품을 골라낼 수 있는 사람이에요. 저는 제 일이 큐레이션, 사업 구상, 의사소통 등의 세 가지라고 봅니다. 큐레이션 측면에서는 핵심 트렌드를 파악하기 위해 CEO, 신생 기업가, 업계 전문가들과 대화를 나누고 엄청나게 많은 자료를 읽어가며 모든 내용을 분석한 후에 스스로에게 이렇게 질문합니다. '그렇다면, 내가 전 세계의 고객에게 알려줘야 할 중요한 주제는 무엇일까?'라고 말이죠."

그러나 홍보 부문이 새롭게 막강한 권력을 누린다고 해서 광고업계 사람들을 실패자로 취급하지는 말자. 광고 회사들이 커뮤니티 콘텐츠를 반영하기 위해 노력하면서 상황은 계속 변하고 있다. 물론 아직 사태 파악을 위해 노력하는 수준이기는 하지만.

디지털 시대는 재앙인가, 축복인가?

브랜드는 스토리가 있는 전문 지식, 관심을 끄는 기술, 그 결과 커뮤니티에서 신뢰받을 수 있는 능력 그리고 수요에서 시작한다. 브랜드는 광고와 홍보 미디어를 활용할 수 있으므로 근본적으로 퍼블리셔라고 볼 수 있다. 21세기에 들어 구축된 브랜드의 가장 큰 특징은 그 자체로 미디어가 된다는 점이다. 예를 들어 스타벅스는 워낙에 매장을 방문하는 고객수와 재방문자수가 높기 때문에 고객에게 다가가기 위해 TV 광고를 할 필요가 없다. 그 매장, 간판, 창문 디스플레이 하나하나가 고객에게 스타벅스의 스토리를 전하는 미디어가 된다.

이제 점점 소비자가 브랜드 스토리를 주도해 가고 있다. 이는 좋을 수도 있고 나쁠 수도 있다.

간단한 예로, 나는 며칠 전에 맨해튼에 있는 시티 와이너리라는 곳에서 마셜 크렌쇼의 공연을 보았다. 음악, 음식, 와인 등 모든 것이 아주 좋았다. 주위에서 관객들이 사진을 찍거나 플립 카메라로 촬영을 하기에 나도 해 보기로 마음먹었다. 나는 카메라를 들고 무대 가까이로 다가가서 그의 히트송을 HD 화질로 촬영했다. 혹시 그 공연장이나 가수가 싫어할지도 모르지만, 촬영을 금한다는 말이 없었기 때문에 괜찮을 것이라고 생각했다. 집에 돌아와서는 그 동영상을 페이스북에 올리고 트위터에도 글을 남겼다. 이때만 해도 나는 별 생각이 없었다. 그런데 몇 시간 뒤에 공연장 이름으로 리플이 달려서 깜짝 놀랐다.

"CityWineryNYC@magnify 귀하의 후원에 감사드립니다. 오늘밤 방문하시면 티켓 1장 가격으로 2장을 드립니다. 정문에서 트위터를 보여주세요."

멋진 답변이었다.

그림24. 시티 와이너리
출처 : City Winery (@CityWineryNYC) | Twitter

녹화를 해서 게시하는 행위가 후원에 해당하는지는 잘 몰랐지만, 사실 후원이 맞았다. 나는 공연장과 가수를 공개적으로 지지했고, 그들은 나의 홍보 활동에 할인된 티켓과 약간의 따뜻한 피드백으로 보답한 것이다. 당장 공연장을 다시 찾아가 다시 글을 올리고 더욱더 열렬한 후원자가 되고 싶다는 생각이 들었다. 훌륭한 마케팅이었다.

트위터 리플은 버즈드닷컴buzzd.com에 따르면 '충성도 기반의 소셜미디어 제안'이라는 신종 마케팅 기법이기도 하다.

사실 브랜드로서는 선택의 여지가 없다. 반드시 퍼블리셔가 되어 대화를 주도해야 한다.

웹 기반 브랜드 큐레이션 기업인 큐레이션스테이션CurationStation의 창립자 조셉 리터는 이렇게 설명한다.

"과거의 브랜드는 메시지 유통 채널을 보유한 퍼블리셔를 찾아가야 했습니다. 소포를 부치려면 페덱스 같은 배송업체를 찾아가야 하는 것처럼요. 이러한 유통 채널은 오랜 시간에 걸쳐 넓고 깊고 신뢰성 있게 구축되었어요. 신뢰는 충성도와 추천, 보상, 참여, 선호, 행동 등으로 이어집니다. 이건 브랜드의 역할과 다를 바가 없습니다. 이제 브랜드는 스스로 퍼블리셔가 될 수 있어요."

리터는 좋은 큐레이터란 신뢰, 인지도, 소통 능력, 커뮤니티, 참여, 상호 작용, 지속적 관심, 친근감 등의 확실한 자질이 있는 사람이라고 설명한다.

또 다소 역설적으로, 잘 실행된 브랜드 큐레이션은 '잡음 차단기'가 될 수 있다고 주장한다. 소비자들이 답을 찾고 있을 때 신뢰할 수 있는 브랜드에서 정보가 도착하면, 그 정보에 온전히 귀를 기울이고 나머지 외부 잡음이나 콘텐츠는 수신을 중단한다는 뜻이다. 브랜드 입장에서 보면 강력하지만 쉽지 않은 기회이다.

이제 고객에게 신뢰를 얻으려면 기존의 편파적이고 무조건 긍정적이고 브랜드 중심적인 세계관만 제공해서는 안 된다는 뜻이다. 그래서는 고객에게 스스로 정직한 중개자가 아니라고 실토하는 꼴밖에 되지 않는다.

신뢰를 쌓고 싶다면 무엇보다 솔직해져야 하고, 자사 업무와 제품에 대해 비판적인 시각을 길러야 한다.

결국 브랜드는 고객 서비스에 불만을 느끼는 비판 세력과도 대면해야 한다. 여기에 대한 가필드의 조언은, 불만이 많은 고객을 포용하고 브랜드 약점에 대해서도 경청하라는 것이다. 요즘처럼 모든 것이 투명한 세상에서 고객의 불만을 처리하면 일거양득이다. 관계의 주도권을 쥔 고객에게 한 수 배울 수도 있고, 고객을 우리 편으로 끌어들일 수도 있다.

이는 결코 서비스 브랜드에만 국한된 이야기가 아니다. 브랜딩 전문가 스티브 에디스는 소비재 분야에도 큐레이션의 요소를 도입할 수 있다고 말한다. 그의 회사인 에디스/크레송은 전국적인 자연식품 브랜드인 카시Kashi의 브랜딩 작업을 해왔다.

리터는 이렇게 결론을 내린다.

"브랜드는 디지털 콘텐츠의 훌륭한 편집자나 큐레이터가 될 전문성과 시간, 자금력이 있습니다. 이제 훌륭한 브랜드가 된다는 것은 곧 훌륭한 큐레이터가 된다는 의미입니다."

이처럼 완전히 새로운 세상이 브랜드나 광고사에게는 쉽지 않을 것이다. 자본이 곧 힘이던 세상은 어떤 면에서 참 쉬웠지만, 이제 디지털이라는 무시할 수 없는 훼방꾼이 나타났다. 브랜드는 큐레이션을 통해 대화를 시작하고 적절한 어조를 유지하며 고객들이 배우고 공유하기 위한 안전한 공간을 만들 수 있다. 그러나 고객의 목소리를 귀담아들을 필요성을 무시하는 브랜드라면 고객이 새로운 권력을 이용해 브랜드의 통제를 벗어나 브랜드에 대해 이야기하기 시작할 때 분명 도태될 가능성이 높아진다.

요약

돈과 미디어가 세상을 지배하는 시대가 막을 내렸는데도 왜 브랜드는 저항하지 않을까? 그 이유는 브랜드가 현재 큐레이션으로 계속 변신하고 있기 때문이다. 과거에는 매스미디어와 광고가 큐레이션의 역할을 했다. 그러나 지금은 그러한 구조가 붕괴되면서 브랜드 자체가 큐레이션의 산물이 되었다. 미래의 핵심은 매스미디어와 광고가 아니라 '경청'이다. 오늘날 대형 미디어와 대형 브랜드 사이의 밀월 관계는 끝이 났다.

그러므로 브랜드가 앞으로 나아가야 할 방향은 자신만의 콘텐츠를 만드는 일이다. 그러기 위해서는 콘텐츠를 선별하고 가치를 부여하는 큐레이션이 필수적이다.

21세기의 트렌드는 그 자체로 미디어가 된다. 그리고 그 미디어를 주도하는 것은 바로 소비자이다. 이러한 흐름은 거스를 수 없으므로 현명한 브랜드라면 반드시 퍼블리셔가 되어야 한다. 자본이 곧 파워이던 세상은 어떤 면에서 참 쉬웠지만 디지털이 등장하면서 상황이 바뀌었다. 브랜드가 큐레이션을 통해 소비자와 대화를 시작해야 하는 시대가 되었다.

Chapter

02

큐레이션과
블루오션의
탄생

분명히 차세대 미디어계 거물은
콘텐츠 제작자가 아니라
네트워크로 연결된 콘텐츠 큐레이터일 것이다.

    개인 블로거가 점차 링크 수집가와 큐레이터가 되어가면서 블로그와 큐레이션은 떼려야 뗄 수 없이 서로 얽히게 되었다. 또 블로그 콘텐츠 네트워크와 블로그 광고 네트워크가 등장하면서 블로거에게는 새로운 수입원을, 기업의 마케팅 담당자에게는 새로운 광고 기회를 부여하고 있다.

사랑하는 일에 열정을 더해라 – 블로그허

2005년 초반, 세 명의 여성은 인터넷에서 무언가 빠져 있음을 알아차렸다. 많은 여성이 블로그를 하고 있지만, 정작 아이디어를 나누고 커뮤니티를 이룰 중추적인 공간이 없음을 깨달은 것이다.

세 여성 중 한 명인 리사 스톤은 이렇게 회상한다.

그림25. 블로그허
출처 : https://www.blogher.com/creatorssummit

"우리는 처음에 그런 아주 간단한 아이디어로 최초의 블로그허 컨퍼런스BlogHer Conference를 만들었죠."

블로그허의 사명은 처음에는 커뮤니티였고, 웹과 함께 성장하고 진화하면서 경제적 측면까지 들어가게 되었다. 블로그허의 세계는 두 가지 영역으로 나뉜다. 하나는 누구나 참여할 수 있는 블로그허닷컴BlogHer.com이고, 다른 하나는 최고 여성 블로그 컬렉션으로서 광고와 수익 배분 기능까지 포함하는 블로그허 네트워크 BlogHer Network다. 특히 블로그허 네트워크는 큐레이트되기 때문에 공개된 커뮤니티 기준에 부합하는 사이트만 가입이 허용된다. 스톤에 따르면, 이 말은 곧 신뢰성과 품질 측면에서 공유된 원칙에 동의한 사이트에만 광고가 뜬다는 사실을 광고주도 알고 있다는 의미다.

2006년 블로그허 네트워크의 출범 이래 스톤과 동업자들은 트래픽, 블로거 수, 수익 등 모든 측면에서 비약적인 성장세를 기록해왔다. 블로그허의 월간 순방문자수는 이제 2,000만 명에 이르고 있다. 이 네트워크에는 편집팀이 검토하는 2만 5,000개의 블로그가 있고, 아울러 2,500명 이상의 제휴 블로거가 속한 공개 네트워크가 있다. 스톤은 이렇게 말한다.

"블로그와 소셜미디어는 창업가적 기질이 있는 여성에게 요리, 가족, 과학기술 등 어떤 분야든 간에 환상적인 기회가 되고 있어요. 그리고 언제나 사업 전략의 기초는 블로그여야 해요. 비록 우리도 대부분 페이스북과 트위터를 애용하지만, 140자만으로는 매일 사람들이 다시 찾게 만들 정도로 도움말을 해준다거나 통찰력을 얻거나 나누기는 어렵기 때문이죠."

블로그허가 광고주에게 제시하는 차별화된 광고 대상은 큐레이트된 네트워크로, 이는 매우 구체적인 공개 기준을 따른다. 다음은 이 사이트 편집지침의 일부분이다.

블로그허는 모든 블로그의 다양성과 표현을 인정합니다. 그러나 블로그허는 블로그허애드BlogHerAds 네트워크에서 사용할 수 없는 콘텐츠와 블로그는 사양합니다. 수용할 수 없는 콘텐츠란 다음과 같은 내용을 포함하거나 링크하는 경우로 정의됩니다.

— 타인을 학대, 희롱, 스토킹, 위협하는 데 사용되는 내용.

— 명예 훼손, 비방, 고의적 허위 정보, 타인을 왜곡하는 정보.

— 모든 저작권, 상표, 영업상 비밀 또는 제3자의 특허를 침해하는 정보. 다른 사람의 콘텐츠를 인용하거나 발췌할 때는 원본의 출처를 적절히 밝힐 책임이 귀하에게 있습니다.

— 비밀 유지 의무에 위배되는 정보.

— 제3자의 개인 정보 광고, 도덕적 혹은 기타 각종 권리를 침해하는 정보.

— 외부인에게 의뢰 및 대가를 지불하여 만든 편집 콘텐츠를 포함하거나 유료 광고 링크 또는 스팸 메일을 포함하는 정보. 블로그에서 개진되는 모든 의견은 해당 운영자의 진실한 견해여야 합니다.

이 외에도 블로그허에는 편집자의 요구 사항이 몇 가지 더 있다. 일단 자격을 얻으려면 블로그에 어느 정도 역사가 있고, 3개월 이상 살아 있어야 한다. 댓글을 관리하고, 가급적 일주일에 두 번 이상 업데이트하며, PR 광고나 후원받아 쓴 글도 없어야 한다. 블로그 제목에 욕설이 있어서도 안 되고, 모든 블로그는 여성이 작성해야 한다. 어쩌면 당연하게 들릴 수도 있는 기준이다. 어쨌든 블로그허는 이런 방식으로 네트워크를 큐레이트하고 광고주를 위해 일정한 품질의 커뮤니티를 유지해 가고 있다.

스톤은 블로그허 블로거에게 또 하나의 공통점이 있다고 말한다. 바로 열정이다. 스톤은 이렇게 말한다.

"여성들이 블로그에서 뭘 해야 하느냐고 물어오면, 우선 자기가 열정적으로 사랑하는 것을 쓰라고 말해요. 정말로 좋아하는 주제라면, 매일 매일의 작업 부담과 자질구레한 일도 기꺼이 즐길 수 있지 않을까요? 이것은 정말로 전통적인 미디어 칼럼니스트의 가치를 소셜미디어 공간으로 옮기는 일이죠. 만약 자신의 블로그 주제에 신경을 쓴다면, 당장 다른 칼럼니스트의 글을 찾아 읽고, 그 사이트에서 대화라도 나눠야 할 거예요. 또 당연히 글쓰기든 기술이든 간에 최신 기법을 알아야 하기 때문에 블로그허닷컴과 블로그허 퍼블리싱 네트워크는 어떻게 해야 블로그를 더 잘할까?에 대한 컨퍼런스를 열고 사이트에 기사를 올리죠."

스톤은 블로거들이 무엇에 대한 글을 쓰는가와 큐레이션을 통해 독자와 무엇을 공유하는가에 따라 자신의 개성을 발휘할 수 있다고 말한다.

"결국은 그것이 내 블로그란 거죠. 내 목소리가 담겨야 하지 않겠어요? 만약 뭔가 정말 재미있고 가치 있고 통찰력 가득한 정보를 발견해서 독자에게 오늘 내가 드릴 수 있는 가치는 바로 이 기사를 소개하는 것이라고 한다면, 그것이 바로 가치 아닐까요?"

나는 얼마나 섹시한가?-글램미디어

블로그허는 커뮤니티가 먼저 형성되고 광고 네트워크가 뒤따르면서 철저히 아래로부터 만들어진 경우라면, 그 최대 경쟁사는 정확히 반대다. 글램미디어Glam Media는 블로그허와 거의 같은 때인 2005년에 설립되었다. 글램은 커뮤니티 중심인 블로그허와 달리, 세계에서 가장 큰 여성용 네트워크를 구축하는 것이 목표다.

사미르 아로라가 만든 이 사이트는 '온라인에서 고급 브랜드 광고주가 고객과 접속할 수 있는 더 좋은 방법을 찾는다'는 사명으로 명확한 기획과 벤처캐피털 투자를 통해 구축되었다. 1,500명의 퍼블리셔로 구성된 네트워크로서 월간 순방문자수가 9,000만 명이 넘는 글램은 이제 '미국 여성 웹사이트 중 1위이고, 전체 미디어 기업 중 6위'를 차지하고 있다.

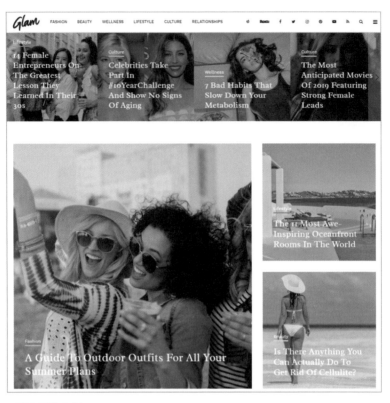

그림26. 글램미디어
출처 : https://www.glam.com/

그러나 글램의 성장 과정에 논란이 없었던 것은 아니다. 특히 글램이 블로그허 같은 커뮤니티가 아니라 블로그의 네트워크라는 점 때문에 투자자 모집 과정에서 잡음이 있었다.

미국 최대 여성 네트워크 사이트인 블로그허와 글램 간의 전쟁은 2008년 여성 전용 포털 사이트 아이빌리지iVillage가 블로그허의 지분을 인수하면서 새로운 국면을 맞이했다. 이는 어느 정도 무섭게 성장하는 글램을 견제하려는 목적이었다.

한편 아로라는 지금껏 총 1억 3,000만 달러의 벤처캐피털 투자를 받았다고 밝히면서, 애초에 여성을 공략하기로 결정했던 이유를 털어놓았다.

"우리의 주된 목표는 광고주의 입장에서 판매하기에 좋은 대규모 고객층을 확보하는 것이었어요. 뭐니 뭐니 해도 소비자는 여성이잖아요. 의문의 여지가 없어요. 소비 지출의 83퍼센트를 차지하니까요. 구매 과정의 의사결정권자는 여성이에요."

글램은 미디어 기업이 분명하지만 수집과 품질 유지에 초점을 두는 매우 새로운 미디어에 속한다. 그러기 위해서 아로라는 단일한 목표가 있는 핵심팀을 운영하면서 시간이 지나도 일관되게 가치를 전달하는 훌륭한 재능을 찾고 있다고 말한다.

블로그허와 글램은 광고주에게 같은 제안을 한다. 여성 소비자에게 다가가고, 그 과정에서 여성 블로거에게 혜택을 제공하는 '올바른' 방법이 되겠다는 것이다. 하지만 그들이 택한 방식은 완전히 달랐다. 블로그허는 여성에게 서비스를 먼저 시작했고, 글램은 광고주의 입장에 서서 주된 소비자를 찾고 있다. 그러나 두 기업 모두 본격적인 콘텐츠 제작에는 관여하지 않고 있다.

스포츠 전문 네트워크, SB네이션

세 번째 소개할 블로그 네트워크 역시 규모가 크고 급속히 성장
하고 있지만 사업 방식은 매우 다르다. SB네이션SB Nation은 사이트
를 수집해서 큐레이트하는 대신, 스포츠 관련 블로그를 고품질의
템플릿을 기반으로 저가에 제작하고 복제할 수 있는 새로운 도구와
기술을 활용하고 있다. SB네이션은 저비용으로 강력한 사이트를
구축하기 위해 허핑턴의 링크 경제라는 개념과 큐레이션을 이용해

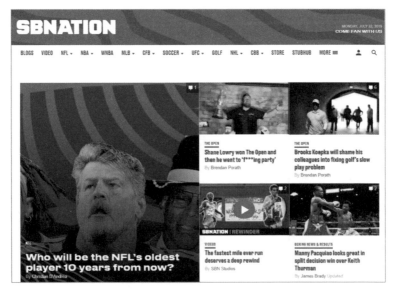

그림27. SB네이션
출처 : https://www.sbnation.com/

서 외부의 콘텐츠를 포섭해 나간다.

온라인에서 가장 빠르게 성장하고 있는 콘텐츠 네트워크 중 하나인 SB네이션은 전직 AOL 경영진인 짐 뱅코프가 운영하고 있다. 그는 이렇게 말한다.

"미디어의 역사는 항상 콘텐츠와 유통의 관점에서 규정되어 왔어요. 이제는 모든 사람이 독자적 미디어 기업이 될 수 있죠."

그래서 뱅코프는 자신만의 미디어 기업을 세우기로 결심하고, 자신이 꼽았던 세 가지 새로운 트렌드를 기초로 사업을 시작했다. 첫 번째 트렌드는 미디어의 세분화였다. 올드미디어가 대중을 위한 방송이었다면, 구글과 웹은 스포츠 같은 큰 주제를 소규모 틈새시장으로 바꾸었다. 그 시장은 지역적이고 협소하며 개인적이었다. 이 논리에 따르자면, 예를 들어 뉴욕에서 농구 경기를 관람하는 사람은 대부분 스스로를 '스포츠 팬'이라고 생각하지 않고, '뉴욕 닉스팬'이라고 생각한다는 것이다.

그래서 '스포츠'와 '세분화'의 아이디어를 토대로 뱅코프는 블로그 네트워크를 구축하기 시작했다. 그러나 다른 네트워크처럼 기존 블로그를 수집하기보다 지역 쇼핑몰의 소매 체인점처럼 각자 '소유' 및 '운영'하는 방식을 원했다. 현재 SB네이션에는 270개의 스포츠 사이트가 속해 있고, 모든 프로팀과 주요 대학팀마다 하나의 사이트가 만들어져 있다. SB네이션이 전체를 소유하지만 개별 사이트는 이름과 로고, URL이 제각각이다.

뱅코프가 꼽은 두 번째 트렌드는 스포츠 팬 간의 대화였다. 이를 위해서 고품질의 커뮤니티 콘텐츠를 초청하고 관리하는 데 중점을 두었다. 팬 게시글, 댓글 등은 모두 큐레이트 대상이었다.

"스포츠 관람은 대화 빼면 시체입니다. 존재 이유라고도 할 수 있죠. 그래서 우리로선 이용자들이 자기가 응원하는 스포츠 팀 이야기를 할 때 수준 높은 대화를 이어가는 것이 중요합니다."

세 번째 트렌드는 웹에서 급부상하는 실시간적 특성이었다.

"실시간이란 말이 유행이에요. 그러나 우리의 경우 그 정확한 의미는 실제 사건이 발생한 순간부터 우리 이용자들이 사건을 접하는 순간까지의 시차를 단축하는 것입니다. 그래서 우리는 큐레이션, 퍼블리싱, 배포의 속도를 높이는 데 투자를 집중하고 있죠."

뱅코프가 보기에 프로 스포츠처럼 속보를 알리는 사이트에서는 다양한 정보 소스에서 크라우드 소싱된 콘텐츠를 수집하고 큐레이션해서 실시간 정보를 필터링하고 전송하는 능력이 생명이다.

과거 매스미디어가 점차 소규모로 파편화되면서 올드미디어 업계에서는 새로운 사업 모델을 찾기 위해 고심하고 있다. 그런 와중에 SB네이션은 파편화된 시장을 재수집하여 다시 규모 있는 시장으로 복구해 냈다. 약간의 비용만 더 들이면 한 팀이나 지역을 위한 신규 사이트를 개설할 수 있게 만든 것이다.

블로거들이 새로운 직업을 찾을 때 독자적인 브랜드와 사이트, 네트워크를 구축하고 싶은 경우도 있을 것이다. 그러나 특정 주제에 관심이 있는 수많은 블로거들은 자신이 사랑하는 팀에 대해 글을 쓰는 정규직 또는 프리랜서 직업을 얻는 것이 꿈이다. 뱅코프는 이렇게 덧붙인다.

"우리는 해당 팀의 골수팬으로서 그 팀에 관한 이야기에 다른 사람들을 끌어들이는 데 재주가 있는 필자들을 고용합니다. 그리고 그들에게 보수를 지급하죠. 대부분은 일종의 프리랜서 계약과 비슷한데, 그들은 계약을 맺고 우리를 위해 일하죠. 일부 더 큰 사이트에서는 작은 팀을 이루어 일하지만, 어디든 책임자는 한 사람입니다. 그 사람이 해당 사이트의 콘텐츠 제작과 커뮤니티 관리를 담당하죠."

인적 네트워크, 새로운 유통 방식이 되다

지금까지 세 개의 블로그 네트워크를 살펴보았다. 이들은 콘텐츠를 발견하고 큐레이트하고 수익을 내는 방식이 각각 다르다. 그러나 어떠한 방식이든 각 네트워크는 커뮤니티의 힘을 일관되고 경제적 보상이 따르는 소셜미디어상의 새로운 세력으로 바꾸는 데 주력하고 있다. 독자와 콘텐츠 제작자, 급부상하는 리트윗 군단, 추천자 등은 소문을 널리 확산시키면서 제프 필버가 '인간 중계기'라고 표현했던 역할을 수행한다. 짐 뱅코프는 '입소문Word Mouth이 마우스 소문Word Mouse에 자리를 내주고 있다'고 표현한다.

2008년의 혁명이 UGC였다면, 뱅코프가 볼 때 다음에 일어날 혁명은 '사용자 생성 유통'이다. 그는 이렇게 말한다.

"사용자 생성 유통은 사용자가 매력적이라고 생각하는 콘텐츠를 서로 공유할 수 있게 만듭니다. SB네이션이라는 현대식 미디어 기업을 봐도 그렇고, 앞으로는 페이스북, 트위터, 심지어 이메일 같은 사용자 제작 유통 채널이 가장 급속히 성장하고 때에 따라서는 가장 절대적인 유통주체가 될 겁니다."

과거에 우리는 네트워크가 기술적인 통신망이라고 생각했다. 그러나 뱅코프는 오늘날의 새로운 모델이 하드웨어보다는 좀 더 인간적임을 입증했다. 실시간으로 중계하고 네트워크에 전송하는 인간 네트워크야말로 완전히 새로운 유통 방식이다.

분명히 차세대 미디어계 거물은 콘텐츠 제작자가 아니라 네트워크로 연결된 콘텐츠 큐레이터일 것이다.

요약

개인 블로거가 링크 수집가와 큐레이터가 되어가면서 블로그와 큐레이션은 불가분의 관계가 되었다. 이러한 현상은 블로거에게는 새로운 수입원을, 기업의 마케팅 담당자에게는 새로운 광고 기회를 열어주고 있다.

여성 전용 블로그 네트워크인 블로그허는 광고주에게 차별화된 광고 대상을 제공함으로써 비약적인 성장세를 보이고 있다. 커뮤니티 중심인 블로그허와 달리 최대 경쟁사인 글램미디어는 세계 최대의 여성용 네트워크를 구축하는 것이 목표다.

스포츠 관련 블로그 네트워크인 SB네이션은 저비용으로 강력한 사이트를 구축하기 위해서 허핑턴의 링크 경제 개념과 큐레이션을 이용하여 외부의 콘텐츠를 포섭한다.

이상의 블로그 네트워크는 각각 차이는 있지만 공통적으로 커뮤니티의 힘을 일관되고 경제적 보상이 따르는 소셜미디어상의 새로운 세력으로 바꾸기 위해 노력하고 있다. 특히 입소문을 디지털화한 '마우스 소문'의 도달 범위를 확산시키는 '인간 중계기'로서 혁명적인 사용자 생성 유통 채널이 되고자 한다.

03

탈통합의
승리
마이크로넷

임원에서 파워가 훨씬 약한 블로거라는
지위로 옮긴 것이야말로
개인 퍼블리싱의 미래가 그만큼 매력적이라는 증거다.

마이크로넷이란 한마디로 전체 시장보다는 지역 커뮤니티에 초
점을 두는 고품질 네트워크다. 특히 동영상 마이크로넷은 동영상이
방송이나 케이블 네트워크가 아닌 인터넷에서 유통 가능한 환경이
마련된 후에야 등장했다.

마이크로넷에 관한 나의 개인적인 체험을 이야기하고자 한다. 웹
브라우저나 와이파이Wifi 따위의 디지털 배급망이 전혀 없던 1993
년 당시 나는 A&E, 히스토리History CNN, HBO 같은 방송사 시리
즈물이나 특집 방송을 만들던 케이블TV 프로그램 제작사의 대표였
다. 그때 나는 캠코더가 보급되고 동영상이 일반화되면서 더 많은

사람을 방송으로 끌어들이고 싶었다. 콘텐츠 제작 생태계를 오픈 소스처럼 개방하고 싶었던 것이다.

원조 마이크로넷

그 당시 내 아이디어는 이른바 '시청자 뉴스 네트워크'였다. 시청자가 직접 캠코더를 들고 1인칭 시점으로 하는 이야기를 24시간 방송하는 케이블 채널이었다. 몇 가지 단계를 거쳐서 내 아이디어는 마침내 'MTV 언필터드MTV UNfiltered'라는 이름으로 현실화되었다.

그림28. MTV 언필터드
출처 : https://medium.com/@StevenRosenbaum/

이때만 해도 훗날 웹이 눈부시게 발전해서 유튜브나 마이댐 채널My Damn Channel, 블립TVBlip.tv 같은 마이크로넷이 출현하리라곤 상상하지 못했다.

어쨌든 'MTV 언필터드' 프로그램 제작 과정은 매우 특수했다. 우선 시청자에게 수신자 부담 전화로 자기의 이야기를 들려달라고 안내했다. 통화 내용은 기록되었고, 이를 날짜별로 인쇄해서 보조 프로듀서와 주임 프로듀서, 프로듀서장에게 배포했다. 초반부터 보조 프로듀서가 자신이 원하는 이야기를 '채택'하는 방식으로 합의가 이루어졌다. 어떤 보조 프로듀서는 시각적 효과가 강한 어드벤처 스포츠2), 스턴트 등을 선호했고, 어떤 사람은 불평등 문제 같은 사회적 문제에 관심을 가졌으며, 어떤 사람은 사적인 이야기나 여행 이야기를 좋아했다. 공동 프로듀서장이었던 나는 좋은 이야기라면 누구든지 채택할 것이라고 믿었다. 나는 제안된 이야기를 큐레이트하면서 새로 도입할 주제와 인물, 전달 방식을 찾았다.

1994년에 이 시리즈가 처음 시작되었을 때는 시청자 중에 비디오카메라를 가진 사람이 별로 없었다. 그래서 이야기가 채택된 사람들에게 카메라를 대여했다. 인터넷이나 이메일, 카메라 달린 휴대전화 등도 없었으므로 모든 의사소통은 일반 전화와 팩스를 통해 이루어졌다. 그야말로 1인칭 미디어의 초창기였다. 그래도 진심이

---

2) 모험심을 필요로 하는 스포츠로서 행글라이딩, 스카이다이빙, 스쿠버다이빙 등이 대표적이다.

담긴 이야기를 제안했던 모든 사람에게 기회가 돌아갔다. 사람과 사람을 연결하는 것이 중요했다.

프로그램 참여자는 그야말로 천차만별이었지만 특별히 기억에 남는 사례가 있다. 손이라는 소년을 둘러싼 이야기였다. 15살의 손은 겉으로 보기에는 그냥 평범한 10대 소년이었다. 친구도 많고 인기도 있었다. 그런데 어느 날 자살을 해서 친구들과 가족을 충격에 빠뜨렸다. 우리에게 연락을 한 사람은 손의 가장 친한 친구였던 14살짜리 소녀였다. 울면서 전화를 한 소녀는 손이 친구들을 남겨두고 세상을 떠난 데 화가 난다고 말했다. 그 아이는 자신의 분노를 기록해서 자살을 생각하는 모든 10대에게 자살이 주위 사람들에게 안겨주는 고통을 알려주고 싶어 했다.

우리는 고심했다. 당시 우리한테는 30대의 카메라가 있었는데, 무척 빠듯한 형편이었다. 게다가 무엇보다도 '언필터드'가 이렇게 심각한 주제를 다루기에 적합한 프로그램인지, 그리고 과연 어떤 영상이 촬영될지 확신이 없었다. 귀중한 카메라가 낭비될 수도 있었다. 서로 의견이 갈렸지만 결국 소녀에게 카메라를 보냈다. 그 결과 오늘날까지도 내 머릿속을 떠나지 않는 명품 이야기가 탄생했다. 소녀의 이야기는 손의 아버지와 엄마, 누나, 친구들과의 인터뷰를 통해서 손에 대한 매우 즐겁기도 하고 슬프기도 한 홈비디오가 되었다. 자살은 민감한 주제임에 틀림없다. 그렇기 때문에 사랑하는 사람을 잃은 기분을 말하는 사람의 이야기는 의미가 깊었다.

우리는 새로운 도구와 새로운 기술로 새로운 경지를 개척했다.

그러나 '언필터드'의 가장 중대한 혁신은 기술이 아닌 철학이었다. 우리는 시청자가 말해야 하는 것이 우리가 말해야 하는 것보다 중요하다고 생각했다. 우리의 역할은 기본 틀과 지원 체계, 커뮤니티를 만드는 것이라고 생각했다. 이 점은 잠시나마 생각해 볼 가치가 있다.

소비자의 역할이 소비에서 창조로 바뀔 때 그 파급력은 상당하다. 특히 콘텐츠 사업에는 그 결과가 매우 충격적이고, 심지어 파괴적일 수도 있다. 그래서 우리는 지금 기로에 서 있다. 기술이 주도가 아니라 지원하는 시대가 온 것이다. 이제 이야기의 주체는 인간이다. 지식을 모으고 공유하는 주체도 인간이다. 즐겁게 해주고 가르쳐주는 주체도 인간인 것이다.

지금까지는 항상 커뮤니티의 화자와 확장된 화자를 구분하는 일종의 관문이 있었다. 바로 인쇄술, 방송 허가, TV 송신기 등이 그것이다. 그런데 그 관문이 사라졌다. 그러자 콘텐츠가 물밀듯이 밀려들기 시작했다.

세계는 점점 복잡해지지만 뉴스 미디어는 점점 소유주의 논조와 비슷해지고 있다. 또 미디어 소비자는 점점 웹사이트나 블로그처럼 고도로 특화된 틈새 콘텐츠를 찾고 있지만, 케이블과 방송사는 경제 논리에 따라 더욱더 보편적이고 광범위하게 통용되는 프로그램을 만들고 있다.

그 결과 다시 원점으로 돌아오게 된다. 이제 '언필터드' 방식의 크라우드 소싱 콘텐츠가 중앙 집권화된 콘텐츠 제작의 자리를 대신 차지하고 있다. 또 인간이 검색을 대신하고 있다. 인간 대 인간이 직접 스토리를 주고받는 새로운 시대가 가까이 다가왔다. 지난 50년간 매스미디어를 떠받치던 기업들이 하루빨리 쇄신할 필요성을 깨닫지 못하면 망각 속으로 사라져버릴 시대가 온 것이다.

왕의 등장, 유튜브 시대의 개막

2005년 2월 채드 헐리와 스티브 첸은 웹사이트를 개설했다. 동영상 공유가 어려웠기 때문에 이들은 동영상 공개 사이트가 필요하다고 생각했다. 이 사이트의 이름은 바로 유튜브였다. 별로 세련되지도 못했고 거창하지도 않았다. 하지만 웹2.0의 철학에 따라 대단히 개방적이고 업로드와 저장 공간도 제한이 없다시피 했다. 이때만 해도 유튜브 직원들은 자신들이 기존 TV 방송국을 무너뜨리는 결정타를 날리게 되리라곤 꿈에도 생각하지 않았다.

이로써 과거에 콘텐츠 소비자로 머물렀던 사람들은 이제 콘텐츠를 만들어내는 거대한 엔진, 즉 유튜브에 자신의 생각과 일상사 등을 반영하기 시작한 것이다. 그러면서 TV라는 제국의 아성에는 금이 가기 시작했다.

그림29. 2005년 시절의 유튜브
출처 : https://www.chagency.co.uk/

〈엔터테인먼트 위클리〉의 창간 편집장이었던 제프 자비스는 여러 가지 결정적 요인을 들어서 TV의 '붕괴'를 예측한다. 그는 우선 '어느 시점이 되면 콘텐츠 프로듀서가 모든 중개자를 없애 버릴 것'이라고 선언한다. 이렇게 예상할 수 있는 근거는 충분하다. 무엇보다 웹이 과거에 중개자가 있던 많은 사업을 탈중개화하고 있기 때문이다. 그러나 자비스는 온라인상으로 옮겨가는 올드미디어와 완전히 새로운 뉴 미디어 간에 계속되는 경쟁을 보면서, 이 모든 것을 미국 광고계와 연결시킨다. 자비스는 이렇게 말한다.

"가장 고무적인 것은 생산비의 절감이에요. 바로 이 점이 블로그의 성공을 이끌었죠. 역사상 가장 저렴한 퍼블리싱 도구를 통해 미디어 진입 장벽이 낮아졌고 누구나 텍스트 콘텐츠를 제작·배포할 수 있게 되었어요. 이제 이런 추세는 동영상으로 이동할 겁니다. 지금은 30분짜리 기본 TV 프로그램 제작에 수십만 달러씩 들지만, 앞으로는 프로그램의 수준과 수명과 제작 속도를 높이면서도 단 몇천 달러면 제작이 가능해질 거예요. 블로그 도입 당시에 그랬듯이 새로운 콘텐츠 제작자가 도처에서 나타날 것이고, 이들은 자기의 콘텐츠를 자유롭게 배포할 수 있을 겁니다."

자비스는 시민 저널리스트와 소비자 콘텐츠 제작자들이 편집된 자료의 생산과 소비에서 주체가 되는 미래를 기대하고 있다. 그의 견해가 그토록 드물고 새롭게 들리는 이유는 그가 명실상부한 미디어 엘리트 기득권층에 속하기 때문이다. 그가 주류 미디어인 타임워너TimeWarner와 콘데나스트의 임원에서 파워가 훨씬 약한 블로거라는 지위로 옮긴 것이야말로 개인 퍼블리싱의 미래가 그만큼 매력적이라는 증거다.

자비스와 윌슨은 둘 다 옳다. 미디어 산업을 휩쓸고 있는 변혁의 물결은 단순히 기술이나 개인적인 표현의 차원을 넘어선다. 1인칭 미디어 성장의 중심부에는 민주주의의 가능성에 도전하려는 열정이 도사리고 있다.

거대 정부처럼 거대 미디어도 대화를 독점할 수 있을 때 번성한다. 미디어 기업은 대화를 통제하고 어젠다를 설정하며 커뮤니티 구성원이 대화에서 원할 만한 모든 역할을 해낼 수 있어야 한다. 그러나 사용자 생성 미디어는 기업 미디어가 예측하고 신임할 수 있는 구성원이 아니다. 사실상 종전의 레이더망에서 벗어나 있던 네트워크에서 피어난 개인 대 개인의 시스템인 것이다.

2010년 5월, 유튜브는 매일 20억 개 이상의 동영상을 서비스하고 있고, 이는 '미국의 주요 TV 네트워크 세 군데의 전체 프라임 타임 관객 수의 약 2배 수준'이라고 발표했다.

유튜브는 여러 가지 측면에서 주목할 만하다. 2005년 11월~2006년 6월까지, 유튜브는 개설과 동시에 역사상 어떠한 소프트웨어나 웹사이트, 가전제품과도 다른 차원의 성장 곡선을 그리며 급성장했다.

마이크로넷의 출현

'MTV 언필터드' 제작 과정에서 미래의 번득이는 가능성을 보고 그것을 잊지 못한 사람이 몇 명 있었다. 그중 한 사람이 로비바넷이었다. 그는 기존 미디어 기업의 한계를 철저히 깨닫고 안정된 직장을 뛰쳐나왔다. 그리고 2007년 마이크로넷인 마이댐 채널을 세웠다.

바넷은 마이댐 채널의 영향력을 키우려면 뛰어난 창작자가 여러 명 필요하다고 판단했다. 그러나 한 가지 문제가 있었다. 보수가 그들이 할리우드에서 버는 수입의 근처에도 못 간다는 점이었다. 그래서 바넷은 자신 있게 줄 수 있는 것을 제안했다. 바로 자유였다. 그는 당장 거물급 사냥에 나서서 라디오 방송인으로 유명한 연예인을 섭외했다. 바넷이 100퍼센트 완전한 자유를 준다고 말하자 그 연예인은 1초도 망설이지 않고 '예스'라고 답했다. 그러자 이후 작업은 일사천리로 진행되었다. 톰 아놀드, 존 본조비, 키아누 리브스를 비롯한 여러 유명 인사를 섭외했다.

그렇다고 바넷이 뉴 미디어의 탈을 쓴 올드미디어라고 생각하지는 말자. 그에게 중요한 것은 이들의 유명세가 아니라 그저 자신이 좋아하는 것을 큐레이트하는 것뿐이다. 그는 이렇게 말한다.

"저는 '사용자 생성'이라거나 '전문가' 같은 용어를 사용하지 않는 사람이에요. 그런 명칭에 이미 엘리트주의적 시각이 반영되어 있다고 생각하죠. 우리가 찾는 건 최고예요. 과거에 최고의 작품을 만들었던 사람이 새로운 세계에서 최고를 만들어내기도 합니다. 또 전에는 전혀 알려지지 않았고 다른 작품도 없던 사람이 마이댐 채널에서 조회수 2,000만 건을 기록하는 콘텐츠를 만드는 경우도 보죠. 포토샵 강좌인 '유 석 앳 포토샵You Suck At Photoshop'의 경우, 두 사람은 확실히 오늘날의 시대정신을 수혈받아서 완전히 독창적인 내용으로 사람들을 사로잡는 법을 간파하고 있죠."

블립TV의 성공

바넷의 마이크로넷이 전부가 아니다. 가장 빠르게, 가장 대규모로 성장하고 있는 마이크로넷 방송사는 블립TV이다. 이제 블립TV는 장편 웹 시리즈를 위한 최대 사이트가 되었다. 짧은 클립이 아니라 실제 웹 동영상 프로그램으로 구성된다.

내가 '언필터드'를 처음 준비할 당시 전직 백악관 직원이었던 디나 카플란은 동업자들과 함께 블립TV를 출범시켰다. 초기에 MTV에서 배웠던 교훈은 카플란에게 영감을 주는 동시에 유령처럼 계속 따라다녔다. 카플란은 이렇게 말한다.

"손의 자살 이야기는 도저히 잊을 수가 없어요. 마치 어제 일처럼 생생하게 기억나고, 방송 내용 하나하나까지 떠올라요. 방송에 참여했던 사람들의 말도 모두 생각나죠. 이런 얘기는 진정성이 있고, 웹 동영상 콘텐츠로 알맞기 때문에 우리 기억에 오래 남죠. 시청률도 높은 편이고요."

2005년 5월 이때는 유튜브 같은 본격적인 웹 동영상이 등장하기 직전이었다. 블립TV는 웹 동영상 기술이 발전하면 긴 데이터스트림도 지원 가능하리라 예상했다. 또 창작의 자유와 관객을 확보하기 위해 웹에 주목할 TV 프로그램 제작자가 많아질 것으로 생각했다. 물론 2005년에는 유튜브도 등장했지만 카플란은 승산이 있다고 판단했다. 장편 프로그램 시장을 지원하고 프로그램 창작자를 포용한다는 생각이었다.

오늘날 블립TV는 자체 네트워크에 있는 5만 개의 동영상을 관리하고 보급한다. 카플란은 가장 잘 만든 프로그램이 사람들의 호응을 얻는 것은 아니라고 말한다.

"사람들이 관심을 보이는 것은 가장 잘 만든 프로그램이 아니더군요. 진정성이 있고, 정말 있는 그대로 솔직하게 이야기하는 프로그램이에요. '언필터드' 때와 다를 바가 없죠."

블립TV의 자료는 웹 동영상 시장이 실제 수익을 내며 성장하고 있다는 사실을 보여준다. 지난 2009년만 해도 웹 동영상 이용자는 간간이 단편 클립을 볼 뿐이었다. 블립TV 상위 25개 프로그램의 평균 시청 시간은 4분에 불과했다. 그러나 1년이 지난 후 블립TV 이용자는 평균 14분짜리 클립을 본다. 가히 비약적인 증가다. 클립보다 장편 프로그램을 보는 사람도 늘어나고 있다.

한편 2009년 당시에는 블립TV의 피크 시간대가 정오나 점심시간이었다. 회사의 고속 통신망을 이용해 점심을 먹으면서 보는 직장인이 많았기 때문이다. 그러나 1년 뒤에는 TV의 전통적 황금 시간대인 저녁 8~10시로 옮겨갔다. 이제 집에서도 TV나 케이블 TV 대신 블립TV를 보는 사람이 늘어나면서 주류 미디어의 시청률까지 잠식하기 시작한 것이다. 그리고 당연히 기대 광고 수익과 동영상 제작자의 배분 수익도 급속히 증가하고 있다고 한다.

그럼 이 모든 상황이 기존 미디어 기업에게는 어떤 의미가 될까? 카플란은 그들이 할 일은 오직 하나, 큐레이션뿐이라고 말한다. 그 것도 당장 해야 할 일이다.

"기존 미디어 기업도 스스로를 단순한 콘텐츠 제작자가 아닌 큐 레이터로 생각한다면 성공할 수 있다고 생각해요. 온라인은 철저한 능력 중심 사회이기 때문에 콘텐츠만 좋다면 얼마든지 시청자 눈에 들어서 광고를 유치할 수 있죠. 물론 제작자의 수익도 늘어나겠죠. 좋지 않은 콘텐츠는 어지간한 마케팅 비용을 쏟아 붓지 않는 한 성 공 못 해요. 그런 면에서 TV와 많이 다르죠."

또 카플란은 네트워크가 조회수 중심 모델에서 벗어나 영역별로 큐레이트된 콘텐츠 조합을 만드는 데 주력할 것으로 예상한다. 카 플란은 이렇게 설명한다.

"당신이 패션 잡지 〈글래머Glamour〉를 만든다면, 설령 준비하는 데 8시간이 걸리더라도 상류층의 고급 패션을 추구하기로 결정할 수 있고 그에 맞는 동영상, 사진, 텍스트 등 콘텐츠를 어디서든 가 져와서 자기 브랜드에 넣을 거예요. 또 텍스트 기사나 블로그 게시 글, 동영상, 사진 등 어떤 형식으로든 자체 콘텐츠를 제작하고 이 모든 콘텐츠를 통합해서 자기 분야에서 1등이 되려고 애쓰겠죠."

이제 바넷과 카플란은 꿈꾸던 일을 하고 있다. 존경해 마지않던 창작자들이 새로운 사업 모델의 기반을 다지도록 돕고 있는 것이 다. 이렇게 된 이상 그들의 조언을 들어보지 않을 수 없다.

카플란은 최근 음악 산업을 살펴보면 앞으로 디지털 미디어계의 변화를 예측할 수 있다고 말한다. 창작·유통비용이 낮아지는 것은 음악가에게 별 영향을 끼치지 못했지만 중개인과 유통업자, 음반사에는 큰 타격을 입혔다는 것이다.

"음악으로 생계를 유지하는 음악가는 전보다 늘어났어요. 그러나 부자가 되기는 훨씬 더 힘들어졌죠. '나' 자체가 곧 자본인 음악 산업에서 기업은 고전하고 있어요. 반면 음악가가 되고 팬이 되기에는 더없이 좋은 세상이에요. 이런 추세가 동영상 분야에도 나타나고 있어요. 이건 모두에게 도움이 될 겁니다."

그럼 동영상 제작자를 위한 사업 모델도 있을까? 드디어 다른 일은 그만두고 동영상에 집중할 때가 온 것일까? 카플란은 그러기에는 조금 이르다고 말한다.

"아직은 그만두지 말라고 확실하게 말씀드릴게요. 미디어 기업이 조회수에 목을 매고 있는 한은 말이죠, 새로운 프로그램을 시작할 때는 어느 누구도 조회수를 장담할 수 없어요. 그러니 생업을 유지하세요. 저라면 수익이 어떻게 발생하는지 1년 정도 지켜 본 후에 퇴직을 생각해 보겠어요."

한편 바넷은 콘텐츠 기업가에게 다음의 사항을 당부한다.

원칙 1. 카메라 뒤에서든 앞에서든 가급적 최고의 인재들과 함께 작업한다.
원칙 2. 첫째도 품질, 둘째도 품질, 셋째도 품질이다.

원칙 3. 세상의 모든 동영상을 이용자에게 제공하려 들지 말고 최대한 최고의 자료만 골라서 큐레이트한다.

이제 자신만의 고객을 찾아보자. 자신의 목소리를 내자, 그리고 배짱을 갖자. 창의적이고 열정적인 창작자와 큐레이터들이 충분히 흥분할 만한 시대가 왔다.

그러니 기업가들이여, 로브 바넷을 보라. 그의 재능은 촬영 능력이 아니다. 다른 사람의 재능을 알아보고 그들을 지원하는 시스템을 구축해서 그들이 인정받고 사랑받는다고 느끼게 하는 데 있다. 바넷은 말한다.

"누구나 우리 마이댐 채널 같은 마이크로넷 사업을 시작할 수 있어요. 단, 최고의 콘텐츠를 추구해야 합니다."

누구나 바넷과 같은 회사를 만들 수 있는 것은 아니겠지만, 엔터테인먼트 업계 사상 최초로 오디오와 동영상을 제작 · 큐레이션 · 전송하는 비용이 무료에 가깝도록 낮아졌다. 이 정도면 시도해 볼 만한 생각이 들지 않을까?

요약

마이크로넷이란 한마디로 전체 시장보다는 지역 커뮤니티에 초점을 두는 고품질 네트워크. 특히 동영상 마이크로넷은 동영상이 방송이나 케이블 네트워크가 아닌 인터넷에서 유통 가능한 환경이 마련된 후에야 등장했다. '언필터드'는 최초로 사용자가 직접 제작하는 동영상 콘텐츠 프로그램 이었는데, '언필터드'의 가장 큰 의미는 '시청자가 말하고 싶은 것'을 더 중요하게 여겼다는 점이다.

2005년 설립된 유튜브는 기존의 TV업계를 무너뜨리는 결정타를 날리게 되었다. 과거의 콘텐츠 소비자가 콘텐츠 생성자가 되는 계기를 마련한 것이다. 오늘날 유튜브는 창립 6년 만에 구글과 페이스북에 이어 세 번째로 큰 사이트로 발전했다.

로브 바넷이 세운 마이댐 채널은 기존의 유명 인사를 캐스팅했지만 그들의 유명세를 이용하고자 한 것이 아니라 해당 분야에서 최고의 인재를 찾았기 때문에 성공할 수 있었다.

한편 블립TV는 스스로를 단순한 콘텐츠 제작자가 아니라 큐레이터로 생각했기 때문에 현재 많은 수익을 내는 사이트로 발전할 수 있었다.

04

SNS의 점령과
큐레이션

책이나 영화, 레스토랑, 항공사에 대해
칭찬하거나 비난하는 글을 웹에 올려본 적이 있다면,
이미 큐레이터로서 웹의 지식에 일조한 셈이다.

　직업적인 큐레이션 전문가의 출현에 대해서는 앞에서 많이 이야
기했다. 그런데 큐레이션은 전문가 외의 영역에서도 급부상하는
트렌드다. 어쩌면 우리 자신이 이미 큐레이터인데 모르고 있을 수
도 있다. 새로운 모바일 애플리케이션과 사이트, 소비자 주도의 콘
텐츠 발굴 등으로 이른바 '우연한 큐레이터'의 출현이 가속화되고
있다.

　요즘 같은 큐레이션 시대에는 각양각색의 콘텐츠 제작자가 차고
넘친다. 반면 콘텐츠의 폭발적 증가로 우리가 찾는 콘텐츠를 발견
하기는 부쩍 어려워졌다. 이러한 상황에서 우연한 큐레이션이란 이

름 모를 누군가의 소극적인 추천이다. 또 대중을 위한 큐레이션이다. 지금 있는 위치 정보를 공유하는가? 단골 식당이나 주점을 공유하는가? 신용카드 명세서나 주식 거래 내역을 공유하는가?

그렇다면 여러분은 이미 페이스북이나 트위터, 블로그 등에서 저도 모르게 우연한 큐레이터가 되었는지도 모른다.

페이스북의 성공과 큐레이션

개인적인 사례를 들어보자. 몇 달 전에 내 둘째 아들이 트럼펫을 배우고 싶어 했다. 나는 트럼펫 개인교사를 찾기 위해 누구나 그러듯이 검색 엔진을 돌렸다. 하지만 내가 사는 곳에서만도 수많은 이름이 검색되자 막막했다. 이름만으로는 누가 실력이 있고 누가 인기가 좋은지 알 길이 없었다.

그때 나는 한 번도 해 보지 않았던 일을 했다. 그 수많은 이름 중 몇 명을 페이스북에서 검색해 본 것이다. 아니나 다를까, 그중 한 명은 내 친구의 친구였다. 나는 친구에게 연락했다.

"그 사람 알아? 애들 잘 가르쳐? 추천할 만해?"

돌아온 대답은 훌륭한 사람이라는 강력한 추천이었다. 나는 거기에 넘어갔다. 그리고 예상대로, 그 교사는 우리와 잘 맞았고 지금도 아이를 가르치고 있다.

그림30. 페이스북 패밀리

출처 : https://newsroom.fb.com/news/2015/03/f8-day-one-2015/

　분명히 내 친구는 트럼펫 전문가도 아니고, 이렇게 추천할 일이 있을 줄 알고 트럼펫 개인교사와 친구가 된 것도 아니었다. 그러나 그는 우연히 큐레이터가 되어 적절한 교사를 찾아 헤매는 나를 도와주었다.

　이처럼 큐레이션 체제로서의 소셜미디어는 우연하면서도 목적 지향적이다. 페이스북 사이트의 '좋아요(I Like)' 버튼은 순식간에 추천과 개인 프로필 구축을 위한 강력한 도구로 자리 잡았다. '좋아요' 버튼을 클릭할 때마다 지지 의사와 동시에 자신의 선호도와 관심사를 드러내게 되는 셈이다.

　현재 페이스북에서는 오픈 그래프Open Graph를 시작했다. 오픈 그래프란 페이스북과 직접적인 사업 관계가 없는 사이트에도 '좋아요' 버튼을 설치할 수 있게 하는 프로토콜이다. 이에 의류 브랜드 디젤Diesel은 최초로 탈의실에 '좋아요' 버튼을 설치했다. 디젤 매장에는 패션에 민감한 소비자가 청바지를 입어보고 즉각 페이스북에 사진을 찍어 올릴 수 있는 디젤 캠이 마련되어 있다. 디젤은 이것을 '최초의 소셜 네트워크'의 '벽걸이 거울' 이라고 부른다.

이제 문제는 과연 친구들이 그런 스키니진을 입은 우리의 모습에 '좋아요' 버튼을 누르는가이다. 이것이 바로 블로거 제이 베어가 말하는 '친구가 큐레이트하는 정보'의 힘이다. 이는 큐레이션이 소셜미디어를 장악해감에 따라 새로운 대세로 자리 잡을 것이다.

그렇다면 온라인에서 '좋아요' 버튼이 어떻게 사용될 수 있을까? 우선, 플립보드Flipboard처럼 과학기술 블로거인 로버트 스코블이 '페이지 편집기'라고 부르는 프레젠테이션 소프트웨어는 친구들의 콘텐츠를 분류하는 강력한 데이터를 제공한다. 게다가 매우 간편하다. 우리는 더 이상 문장 한 줄을 써놓고, 그것을 페이스북 페이지로 옮겨 링크를 공유할 필요가 없다. 그저 모든 콘텐츠, 블로그 게시글, 사진, 브랜드, 전자상거래 제품에서 '좋아요' 버튼만 클릭하면된다. 그러면 이 지지 표시는 우리 프로필로 링크되어 친구들과 공유된다. 또 콘텐츠 소비자 입장에서는 소셜 그래프에 속한 모든 친구가 모아놓은 추천을 쉽게 볼 수 있다.

소셜미디어는 상당 부분 데이터 증가의 주범인 동시에, 우연적이면서 목적 지향적으로 큐레이션을 지원하는 도구가 되고 있다. 쉽게 말해, 우리는 점점 많은 데이터를 만들고 더 많은 것을 추천하고 있다. 게시글, 사진, 위치 정보, 추천글 등을 통해 데이터를 만들어낸다. 또 링크하고 추천하고 지지 의사를 표시하는 방법을 통해 정보를 큐레이트한다.

스스로의 행위를 공개적인 지지 표시라고 본다면, 우리는 행위를 포착하고 수집하는 그 많은 애플리케이션을 통해 원하든 원치 않든 큐레이션 패턴에 데이터를 제공하고 있는 셈이다. 큐레이션 업계에서도 우리가 잘 알고 신뢰하는 유명 큐레이터들이 브랜드로 자리 잡을 것이다. 새롭게 등장하는 미디어 세력은 제작자가 아니라 발굴자나 추천자, 지지 표시자일 것이다. 아울러 우리도 큐레이터가 될 것이다. 공개적인 옵트인 포럼과 크라우드 소싱 기반의 익명의 클릭스트림Click-stream 3) 더미 속에서 상품이나 장소, 사람을 추천하고 있는 자신을 발견하게 될 것이다.

이렇게 한번 생각해 보자. 여태껏 훌륭한 식사를 하고 그 이야기를 블로그에 올려본 적이 있는가? 휴가 중에 묵은 호텔에서 불만을 느껴 페이스북에 악담을 올려본 적이 있는가? 만약 책이나 영화, 레스토랑, 항공사에 대해 칭찬하거나 비난하는 글을 웹에 올려본 적이 있다면, 이미 큐레이터로서 웹의 지식에 일조한 셈이다.

---

3) 한 사람이 인터넷에서 보내는 시간 동안 방문한 웹사이트의 기록이다.

이보다 목적의식은 약하더라도, 여전히 우연한 큐레이터가 되는 방법이 있다. 페이스북의 사진에 친구들의 이름으로 태그를 달았다면, 친구들의 사진 컬렉션과 온라인상의 평판을 구축한 것이다. 또 플리커에 사진을 올리고 공유를 허용하며 위치나 키워드를 포함시켰다면, 다른 사람이 좀 더 명확히 볼 수 있도록 공공의 사진 데이터베이스 구축에 동참한 셈이다.

사실 특정인이나 장소, 물건에 대해 어떤 식으로든 지지를 표할 때마다 우리는 그 대상은 물론 나 자신의 디지털 정체성을 구축하고 있는 셈이다. 그런 면에서 보면, 이제 우리는 우리의 트위터와 동일시된다. 나이키 제품을 입는 등 패션에서 표현되던 정체성이 이제는 디지털의 영역으로 들어왔다.

이 모든 것이 신뢰받는 관계 속에서 인간이 하는 역할로 귀결된다. 《구글노믹스》의 저자 제프 자비스는 수집기와 큐레이션의 차이가 우선 순위 선정이라고 말한다.

"인간 링크의 위력은 엄청나고, 규모 면에서도 구글 등의 검색에 못지않아요. 구글의 CEO 에릭 슈미트는 구글이 각종 퍼블리셔 사이트에 매월 40억 건의 클릭을 유발하고, 그중 10억 건은 구글 뉴스가 차지한다고 말하죠. 하지만 비트리Bit.ly도 2010년 5월 월간 클릭 수가 40억 건을 넘었어요. 여기에는 퍼블리셔와 뉴스뿐 아니라 수많은 고양이 동영상도 포함되어 있죠. 그렇지만 이것도 트위터에 비하면 적고, 또 트위터는 페이스북에 비하면 아주 적죠. 그리고 트위터에만도 일종의 큐레이션인 수많은 인간 링크가 있어서 콘텐츠 발굴 생태계의 주된 구성요소로 자리 잡았어요."

자비스의 요지는 비트리라는 URL 단순화 서비스가 구글만큼이나 퍼블리셔에게 많은 클릭을 유도한다는 사실이다. 그리고 비트리는 서로 알거나 팔로우하는 사람끼리 큐레이트된 링크를 주고받는 트위터 생태계의 구성원적 성격이 강하다. 따라서 이 데이터가 정확하다면 트위터가 이미 구글만큼 많은 트래픽을 유발하고 있고, 또 계속 성장세임을 알 수 있다는 의미다.

그리고 현실적 측면에서도 검색을 대체하는 이 인간 중심적 큐레이션의 결과는 엄청날 수 있다. 블로거인 댄 매카시는 이렇게 설명한다.

"소셜 네트워킹의 기본 전제는 소셜 그래프의 진정성과 신뢰성입니다. 우리는 디지털적으로 관계를 맺고 있는 사람이 정보나 경험, 상품을 추천하면, 전혀 모르는 사람의 정보보다 더 신뢰할 가능성이 높습니다. 페이스북과 트위터는 이처럼 사회적으로 큐레이트된 콘텐츠를 놀랄 만큼 쉽게 공유할 수 있도록 만들었어요."

IT 시장 조사 업체인 히트와이즈Hitwise에 따르면, 구글 뉴스는 월간 방문자수가 약 6,300만 명에 이르지만, 뉴스와 미디어로 연계되는 클릭수는 1.39퍼센트에 지나지 않는다. 반면 페이스북은 월간 27억 명이 방문하고, 매주 3,500만 개 이상의 웹 링크와 뉴스, 블로그 게시글 등과 연계되어 이용됨으로써 전체 연계 클릭 수의 3.52

퍼센트를 유발한다. 이 자료는 사람들이 직접 콘텐츠를 필터링하거나, 자신의 소셜 그래프 구성원이 필터링한 콘텐츠를 찾고 있다는 사실을 보여준다.

포스퀘어와 큐레이션

포스퀘어Foursquare라는 인간 빙고 어반 게임4)은 큐레이션의 결정판이다. 뉴욕의 벤처기업 포스퀘어는 설립된 지 2년도 되지 않아서 2009년 SXSW 인터넷 컨퍼런스에서 장안의 화제로 떠올랐다. 위치 기반 게임이자 소셜미디어 도구이며 잘 알려지지 않은 광고 엔진인 포스퀘어는 미디어, 커뮤니티, 상거래가 혼합된 형태다. 이 게임에서 휴대전화 사용자들은 식당이나 바, 직장, 기타 공공장소 등에서 체크인을 하고, 친구들에게 자신의 현재 위치를 알려서 점수와 배지를 얻는다. 이 게임의 목표는 한 장소에서 가장 많은 점수를 얻어서 같은 장소에서 체크인한 다른 사람에게 추월당할 때까지 우리가 좋아하는 그 식당이나 바의 경영자로 군림하는 것이다.

이처럼 소비자 큐레이션이 진화하면서 권력은 다시 인간의 손으로 넘어왔고, 제품이나 브랜드들은 더 이상 불만이 있는 소비자를

---

4) 도시 거리에서 여러 사람이 수행하는 위치 기반 게임이다.

무시하기 힘들어졌다. 우리가 포스퀘어에서 어떤 장소에 재방문 기록을 남길 때마다 그곳의 상품과 서비스를 좋아한다는 데 한 표를 던지며 공개적 지지 의사를 표시하는 셈이다. 아무래도 지난주에 덜 익은 치킨을 내놓던 레스토랑에 다시 체크인할 가능성은 높지 않다. 그래서 동일인의 재방문율이 가장 높은 장소가 집단 큐레이션에서 선호도가 가장 높은 곳으로 평가된다. 전국 체인이나 브랜드에서 미묘한 변화가 생기면 포스퀘어에서 재방문율 하락의 형태로 금방 가시화될 것이다. 그렇지 않은 소비자는 발길을 끊거나 구매를 줄여서 불만을 표시할 것이다.

이러한 위치와 공개적 지지의 결합이 상거래와 커뮤니티를 변화시킨 사례를 하나만 들어보자.

페이스북의 탄생지인 하버드대학교는 학생들에게 캠퍼스와 주변 기업 탐색용 도구를 제공하기 위해 포스퀘어를 도입한 미국 최초의 대학이다. 이 프로그램을 통해 학생들은 하버드 스퀘어 주변의 가게, 레스토랑, 기업에 대한 실시간 온라인 평가를 할 수 있게 되었다. 또 위치 기반 평가와 큐레이션을 포스퀘어라는 게임 형태로 도입함으로써 학생들에게 새로 발견된 대학 커뮤니티를 탐색하고 공유할 방법을 제공하는 동시에, 대중 큐레이션을 경험하고 그에 기여하는 손쉬운 방법을 제시할 수 있었다.

포스퀘어는 학생들에게 주변을 탐색하고 새로운 공간을 발견해서 하버드 커뮤니티에 추천하도록 유도하기 위해 디지털 배지를 주는 것으로써 소셜 네트워킹을 게임으로 바꾸었다. 또 페이스북이나 트위터 같은 소셜 네트워킹 사이트를 통해 정보를 외부와 공유할 수도 있다.

물론 위치 기반 큐레이션/추천의 형식이 포스퀘어만 있는 것은 아니다.

2010년 여름, 페이스북은 누구, 무엇, 언제에 관한 질문에 '어디'를 추가한 페이스북 플레이스Facebook Places를 통해 엄청난 반향을 불러일으키며 급성장했다. 모바일 기기에 페이스북 앱을 설치하면 자신의 현 위치를 친구에게 실시간으로 알려줄 수 있다. 포스퀘어나 고왈라Gowalla 같은 사이트의 성장에 기폭제가 된 '체크인' 행위는 페이스북에서는 일개 기능에 불과하거나 독립적으로 운영될 것이다.

사용자 행위는 예측하기 어렵지만, 한 가지만은 확실하다. '체크인'은 사라지지 않을 것이다.

트위터, 140자로 세상을 뒤엎다

이제는 없다는 것을 상상하기 어려워진 트위터는 2006년 7월 15일 팟캐스팅 회사 출신의 관리자들이 지정된 친구 그룹에 짧은 메시지를 발송할 수 있는 SMS 그룹 메시지 서비스를 테스트하면서 만들어졌다. 사실 처음에는 의사소통 문화와 미디어의 역사를 바꾸겠다는 거창한 포부는 없었을 것이다. 하지만 혁신이란 보통 그런 식으로 이루어진다. 소프트웨어 아키텍트인 잭 도시는 이 벤처기업의 이름을 '짧게 내뱉는 사소한 정보'와 '새의 지저귐'이란 의미에서 '트위터'로 지었다. 트위터는 디지털로 연결되어 있고 데이터에 굶주린 수많은 얼리어답터가 모인 공간을 만날 때까지 미완성 상태였다.

트위터는 일상사 등 비교적 사소한 정보가 주를 이루면서 서서히 성장했다. 그러다가 2007 SXSW 인터넷 컨퍼런스를 계기로 일간 트위트 수가 2만 건에서 6만 건으로 폭발적으로 증가했다. 당시 시끌벅적한 대규모 컨퍼런스에 참여한 참가자들은 실시간으로 정보를 찾아다녔다. 그들은 지금 어떤 패널이 재미있는지, 어디의 파티가 근사한지, 어디서 어떤 일이 벌어지고 있는지를 알고 싶어 했다. 이때 트위터가 구세주로 떠오르면서 급속도로 확산되었고, 아이폰 사용자가 대부분이던 그 행사에 무선 접속 서비스를 지원하던 AT&T의 네트워크에 엄청난 트래픽이 발생했다. 즉, 140자의 혁명이 시작된 것이다.

트위터는 눈 깜짝할 사이에 다음의 두 가지 측면에서 디지털 정보 산업의 판도를 완전히 바꾸어버렸다. 첫 번째로 트위터는 콘텐츠 소비자의 손에 권력을 쥐어주었다. 트위터 사용자들은 마음대로 정보 소스를 구독하거나 끊을 수 있었다. 정보 소스에는 개인이나

그림31. 트럼프 트위터
출처 : https://twitter.com/realDonaldTrump

브랜드, 뉴스 미디어 등 트위터 계정만 있으면 누구나 포함되었다. 그야말로 간단한 실시간 퍼블리싱을 위한 공평한 장이었다.

'팔로잉'이란 행위는 콘텐츠 소비자에게 사상 초유의 권력을 주었다. 또 올드미디어 콘텐츠 기업에는 소비자의 수요와 취향을 배려하라는 새로운 압력을 가했다. 기존의 TV 방송국은 '우리 방송이 싫으면 채널을 돌려라'는 식이었다. 그러나 새로운 트위터 세상에서 채널을 돌리라는 말은 '나를 팔로잉하지 말라'는 소리였다. 전파의 신호 대 잡음비, 즉 유용한 정보 대 무익한 정보의 비율이 높아지면서, 어떠한 콘텐츠 제작사도 대중에게 팔로우하지 말라고 큰소리칠 수 없게 되었다. 이용자가 사라지면 모든 것이 끝이다. 지지 기반을 잃으면 영향력도 함께 사라지게 된다.

두 번째 변화는 더욱더 세상을 바꾸었다. 누구나 퍼블리싱을 할 수 있게 되었고, 공유라는 행위의 전염성에 힘입어 사상 최초로 새로운 목소리가 새로운 지지 기반을 형성할 수 있는 실질적인 기회가 주어졌다. 짧고 부담없는 트위터의 특성과 '푸시' 기술 덕분에 콘텐츠 제작자 지망생은 굳이 독자에게 블로그를 방문하거나 RSS 피드에 추가해 달라고 요청하지 않아도 되었다.

그러나 뭐니 뭐니 해도 가장 중요한 트위터의 공적은 큐레이션을 의미 있고 중요한 행위로 정당화한 것이다. 트위터에서 리트윗이란, 퍼블리셔가 링크나 다른 이용자의 트위터를 적절한 출처와 함께 단순히 공유하는 행위다. 이렇게 어떠한 편집자적 논평이나 코멘트를 추가하지 않고 정보를 확산시키는 것은 자신의 팔로워에게 링크와 다른 회원을 추천하는 행위의 정당성을 인정하는 것이다. 그래서 리트윗은 큐레이션이다.

초창기에 트위터는 사용자들에게 '무얼 하고 있나요?(What are you doing)'라는 질문으로 정보를 공유하도록 권장했다. 그러나 이내 뉴스와 링크의 공유를 더 많이 권하는 쪽으로 선회하기 시작했다. 결국 트위터는 2009년 11월, 트윗 작성시 기본으로 뜨는 질문을 '무슨 일이 일어나고 있나요?(Whats happening)'로 바꿈으로써 뉴스와 정보 네트워크화 전략을 강조했다. 그 결과 미디어 퍼블리셔와 주요 유명인사들이 이 서비스를 사용하기 시작하면서 엄청난 속도로 성장했다. 트위터의 순방문자수는 2009년 5월 4,000만 명에서 2010년 5월 8,000만 명 이상으로 급격히 증가했다.

오레일리 미디어Oreilly Media의 창립자이자 CEO이며 〈트위터 북The twitter Book〉의 공동 저자인 팀 오레일리는 트위터의 새로운 정보 배포 방식에 주목한다. 그는 이렇게 말한다.

"트위터에서 정말 흥미로운 것은 새로운 소식을 처음으로 알린다거나 오보를 확산시킨다거나 하는 등 정말 다양한 이용 사례를 보여준다는 점입니다."

이제 정보 소스가 TV, 라디오, 인쇄물 등의 퍼블리싱 생태계에 얼마나 가까이 있는가에 따른 영향력과 힘 때문에 신뢰받던 시대는 지났다. 누구나 트위터를 사용할 수 있으므로 진입 장벽이 사라진 것이다.

트위터는 우선 마이크로 콘텐츠를 만들고 게시하는 사람을 폭발적으로 증가시킴으로써 필터링되지 않은 데이터량, 즉 잡음을 증가시켰다. 또 퍼블리셔가 새로운 콘텐츠를 추가하지 않고도 가치를 보탤 수 있는 완전히 새로운 방법을 만들어냈다. 덕분에 큐레이터는 팔로워가 유용한 콘텐츠를 찾기 위해 사용하는 리트윗과 트위터를 발굴하고 필터링하여 퍼블리싱할 수 있게 되었다.

여러모로 볼 때, 트위터는 전적으로 큐레이터와 마이크로 퍼블리셔를 위해 개발된 최초의 미디어다. 정보를 짧게 산발적으로 내보낸다는 특성상, 시간과 노력을 요하는 장편 편집 콘텐츠보다 링크와 생각 표현에 적합하다.

제프 자비스 같은 사람의 트윗 영향력은 어느 정도일까? 그냥 엄청나게 많은 사람이 그를 팔로우하고, 그중 수천 명은 자비스의 말 한마디에 좌지우지된다는 사실만 알아두자.

우리는 팔로워를 존중해야 한다. 그들의 믿음 덕분에 힘을 얻을 수 있기 때문이다. 만약 형편없는 큐레이션이나 리트윗으로 그들의 믿음을 저버린다면, 팔로워는 물론 대중을 이끄는 사회적 영향력도 잃게 된다.

검색의 미래는 명사가 아닌 동사

웹 트렌드에 관심 있는 사람들은 보통 다음 두 가지 부류로 나뉜다. 코드를 작성하고 수학적으로 생각하는 사람이거나 시를 쓰고 그림으로 생각하는 사람이다. 하지만 에스더 다이슨은 웹에서 트렌드를 포착해서 사회적·기술적 변화를 포괄하는 전체적 그림을 그려낼 수 있는 보기 드문 사람이다. 그녀는 하버드대학교에서 경제학을 전공하고 〈포브스〉에서 저널리스트로 일하기 시작했다. 이 세계적인 과학기술 전문가 중 한 사람이 미래의 핵심은 인간이라고 말할 때는 새겨들을 필요가 있다.

다이슨의 말을 들어보자.

"이젠 콘텐츠가 너무 많아져서 그것을 주제별, 선호도별, 인기 순으로 필터링해야 합니다. 사회 전반에서 인간에 의한 필터링, 이전에는 편집이라 불리던 이 일이 유용하다는 인식이 생겨날 겁니다. 단순한 콘텐츠 필터링 이상을 해내는 사람은 그 자체가 하나의 브랜드가 될 거예요."

나는 그녀에게 검색 서비스가 현재의 방식을 벗어나 진화하지 않으면 도태될 것이라고 장담할 수 있는지 물어보았다.

다이슨은 컴퓨터가 주제는 쉽게 인식할 수 있지만, 품질은 그러지 못한다고 대답한다. 제대로 된 인공지능이라면 의미와 품질도 평가할 수 있어야 하는데, 여전히 이론에 불과하다는 것이다. 그래서 진짜 새로운 아이디어나 접근법을 찾아내는 것은 당분간 인간만이 할 수 있는 역할이라고 말했다.

다이슨의 말처럼, 앞으로 더 많은 사람이 데이터를 만들어낼 것이다. 그리고 자료량이 많아질수록 인간 필터는 더욱 중요해질 것이다. 일례로 그녀는 전국 순회강연 일정 속에 자신이 묵는 호텔의 수영장 사진을 찍어 올렸다. 취미인 동시에 서비스였다. 만약 우리가 여행자나 수영 선수라면 그녀의 서비스에 감사할 것이다.

다이슨은 결국 미래에는 사람들이 목적을 갖고 검색을 한다고 말한다. 빌 게이츠의 말처럼, '검색의 미래는 동사'라는 것이다.

이제 사람들은 검색을 할 때 명사나 정보를 찾지 않는다. 대신 행위를 찾는다. 원하는 것이 항공편 예약이든, 식당 예약이든, 상품 구매든, 숙취 해소든, 강의 수강이든, 집 수리든 간에 사람들은 어떤 행위를 '하기' 위해 정보를 찾는다.

이제 큐레이션이 구매와 선호도, 정체성에서 결정적인 차별화 요소가 되는 시대로 접어들고 있다. 큐레이션은 빠르게 미디어나 상거래, 커뮤니티의 미래가 되어가고 있다.

요약

오늘날 큐레이션 시대에는 저도 모르게 우연한 큐레이터가 된다. 페이스북이 등장하면서 우연한 큐레이션이 본격적인 트렌드가 되었으며, 이러한 검색을 대처하는 인간 중심적 큐레이션은 신뢰도가 높기 때문에 엄청난 결과를 낳을 수 있다. 포스퀘어라는 인간 중심 어반 게임은 우연한 큐레이션의 결정판이다.

트위터는 두 가지 측면에서 디지털 정보 산업의 판도를 완전히 바꾸었다. 첫째, 마음대로 정보 소스를 취하거나 끊을 수 있게 됨으로써 소비자의 손에 권력을 쥐어주었다. 둘째, 누구나 퍼블리싱을 할 수 있게 됨으로써 새로운 기반을 형성할 기회를 주었다. 트위터의 가장 큰 업적은 큐레이션을 의미 있고 중요한 행위로 정당화한 것이다.

한편 에스더 다이슨은 콘텐츠 양이 점차 많아짐에 따라 인간만이 제대로 된 필터링을 할 수 있으며, 검색의 미래는 '동사'가 될 것으로 전망한다.

05

큐레이션과
프라이버시 문제

페이스북과 트위터는 사람들에게
자신의 일거수일투족을 낱낱이 공개하도록 부추겼지만,
블리피는 한술 더 떠서 구매한 내역까지도 공개하라고 부추긴다.

　새로운 분야에서는 의도하지 않았던 결과가 발생해서 통제 불능 상태로 치닫는 경우가 흔히 있다. 요즘 미국 사회 일각에서는 무엇이든 닥치는 대로 공유하는 현상이 나타나고 있다. 물론 큐레이션도 확산되고 있기는 하다. 하지만 포스퀘어 같은 위치 기반 정보 공유 서비스와 섹스팅(섹스와 관련된 메시지나 이미지 교환) 같은 극단적인 10대 트렌드가 빠르게 확산되는 것을 보면 젊은 세대들은 기존의 모든 경계를 부수고 가장 은밀한 개인 정보까지 공유하는 추세인 듯하다. 이 가운데 극단적인 공유 사례는 아마 개인 재무 정보일 것이다.

개인 재무 정보는 일반적으로 남들과 공유하지 않던 영역이다. 보유 주식이나 구매한 물건, 주식 투자의 수익과 같은 정보는 웬만해서는 개인적으로 관리하게 마련이다. 자세한 돈의 씀씀이 내역은 가족이나 부부 간에도 서로 민감한 사안이다. 그러나 이러한 상황이 바뀌고 있는 추세다. 이용자에게 사적인 정보를 공유하라고 부추기는 재무서비스가 계속 늘어나면서 큐레이션은 개인 정보 문제에 심각한 영향을 미치고 있다. 큐레이션이 과연 개인 재무 정보를 바꿀 수 있을까?

재무 정보의 페이스북, 스톡트위트

하워드 린드존은 현재 재무 정보 큐레이션의 1인자이다. 캐나다 출신인 린드존은 소셜미디어 분야에 열정을 쏟아 부어서 '재무 정보의 페이스북'이라고 입소문이 자자한 트위터 기반의 스톡트위트StockTwits를 만들어냈다. 린드존도 다른 창업가들처럼 자리를 잡기까지 수많은 시행착오가 있었다. 그는 결국 고리타분하고 쇄신이 필요하다고 느꼈던 재무 정보 분야에 관심을 가졌다. 그 결과는 이미 우리가 아는 대로다. 스톡트위트는 2009년에 서비스를 시작했지만, 벌써 10만 명이 넘는 사용자가 등록했고, 날마다 수신하는 트위트도 8천 개가 넘는다.

스톡트위트는 그냥 자동화된 서비스가 아니다. 린드존은 남과 공유할 깨끗한 정보를 확보하려면 데이터스트림의 큐레이션이 필요하다는 사실을 잘 알고 있다. 그는 이렇게 말한다.

"사람들은 주식과 시장에 대한 의견을 트위트하기 위해 $ 티커심볼[5]을 사용하죠. 그러면 우리는 그 메시지 흐름을 기반으로 필터링과 큐레이트를 하는 겁니다."

스톡트위트는 사기꾼이나 작전 세력을 단속하기 위해 실제로 인간 직원을 고용한다.

그렇지만 재무 정보는 가장 사적인 정보가 아닐까? 사람들이 정말 자신의 재무 전략이나 결과를 공유하고 싶어 할까? 린드존은 '그렇다'고 대답한다.

"재무 정보는 언제나 지극히 사적인 영역으로 취급됐고, 또 지금도 대부분 그렇죠. 수집하기는 어렵고 팔기는 쉬워서 보호 대상이었어요. 하지만 이런 분위기도 점차 바뀌고 있습니다. 요즘 사람들은 자기의 구매 내역을 남이 보든 말든 별로 개의치 않아요. 미국 경제 전문 방송인 CNBC는 지난 10년간 여러 간접적인 방식으로 이러한 변화에 앞장서 왔기 때문에 이 정도는 사실 문제도 아니에요. 페이스북과 트위터는 이제 막 이러한 추세에 맞춰 재무 정보 게시판과 커뮤니티를 바꾸었어요. 스톡트위트도 이러한 공유라는 거

---

5) 증권을 주식호가 시스템에 표시할 때 사용하는 약어이다.

대한 흐름의 일부분일 뿐입니다."

스톡트위트는 지금까지 정보를 수집해서 시장성 있는 지식으로 바꾸는 방식을 추구해왔다. 큐레이트된 시장 데이터가 정말 돈을 벌어줄 수 있을까? 린드존은 역시 '가능하다'고 말한다.

스톡트위트의 사명은 주식 거래인과 투자 결과를 연계시켜서 아이비리그 학교를 다녔든 대규모 자본을 굴리고 있든 간에 투자 결과에 책임을 지도록 하는 것이다. 린드존은 월스트리트에 필요한 것이 추가적인 금융 규제가 아니라 집행을 더 잘하는 것이라고 주장한다. 그리고 스톡트위트 입장에서 집행이란 참여자를 큐레이트하는 것이다.

"스톡트위트에서는 사람을 퇴출합니다. 큐레이션은 중요해요. 특히 우리는 사적이고 반ⁿ 공개적인 커뮤니티이므로 참여는 일반적 권리가 아니라 특권이죠. 만약 우리가 완전히 공개했다면 사이트의 가치가 급속히 떨어졌을 겁니다. 사람들이 아직은 소셜 웹을 제대로 사용할 줄 모르기 때문이죠."

스톡트위트는 정보 소스가 전문가여야 한다고 믿는 콘텐츠 제작자나 수집자에게는 경계 대상이다. 투자 전문가 커뮤니티인 민얀빌 미디어Minyanville Media의 회장 케빈 와송은 린드존의 아마추어들이 금융 전문가를 대체할 수 없다고 말한다. 그는 이렇게 말한다.

"저도 파스타를 만들 수 있지만, 이탈리아 출신의 미국 스타급 요리사의 스파게티 볼로네제가 훨씬 맛있죠. 사람들은 정보가 넘쳐나는 시장에서 정보를 걸러내어 최고급 정보만을 뽑아줄 수 있는 믿음직한 전문가를 원해요."

귀하의 카드 구매 내역을 공개하시겠습니까?

페이스북과 트위터는 사람들에게 자신의 일거수일투족을 낱낱이 공개하도록 부추겼지만, 블리피Blippy는 한술 더 떠서 구매 내역까지도 공개하라고 부추긴다. 농담이 아니다.

블리피 사이트에 신용카드를 등록하면 카드의 모든 거래 내역이 친구들에게 공개된다. 퍽트 컴퍼니Fucked Company의 창립자였던 필립 카플란은 다음 단계의 화두는 구매 정보의 공유라고 확신하고 벤처기업에 합류했다. 너무 터무니없는 발상이라고 생각할 수 있지만, 카플란은 진지하다. 이 사이트의 창립자들은 소비와 신상품에 대해 배우는 새로운 방법을 제시한다고 자부한다. 그리고 자신의 소비 행태가 친구들에게 전송되고 있음을 자각한다면, 500달러짜리 구두 한 켤레 사기 전에 한 번 더 고민하게 될지도 모른다고 한다.

카플란은 〈월스트리트저널〉과의 인터뷰에서 이 아이디어가 처음 들을 때의 느낌처럼 그렇게 황당하지는 않다고 단언했다.

"구매처 단위로 지정할 수 있거든요. 자동으로 제 아이튠iTunes이나 자포스구매 내역이 전부 올라오는 식이죠. 또 블리피에 카드를 연계시킬 수도 있습니다. 그래서 블리피에 카드를 하나만 등록해 놓고, 공유하고 싶지 않은 구매는 다른 카드를 사용하는 사람이 많아요. 물론 카드가 없어도 접속할 수 있고요. 아이튠에서 구입하는 내역만 보고 싶으면 블리피를 아이튠 계정에 연결하면 됩니다."

사람들은 너무 많은 개인 정보를 공유하는 것이 위험하다고 생각하는 반면, 카플란은 일관성이 없는 것이 더 위험하다고 말한다.

"한 여성 회원이 '제가 지난주에 바이브레이터를 샀다는 걸 다 알게 될 거예요!'라고 트윗을 올렸더군요. 글쎄요, 그런 말을 트위터에 올려서 사람들이 알게 될 것은 별로 걱정하지 않나 봅니다. 사람들은 점점 그런 걸 가볍게 생각하고 터놓기 시작해요. 오히려 가장 큰 문제는 구매 내역이 너무나 평범해서 보기 지루한 경우가 아닐까요?"

평생을 온라인에서 살아온, 20대의 자칭 디지털 원주민인 알렉사 스코르다토는 이 문제가 별로 논쟁의 가치가 없다고 본다. 알렉사는 이렇게 말한다.

"누군가 제 노트북이나 지갑을 훔쳐서 저에 대해 알아낼 수 있듯이, 인터넷이 제 정보를 보유한다는 사실도 감수하는 편이에요. 인터넷을 사용하려면 어쩔 수 없지 않을까요?"

알렉사의 세대는 온라인이 아닌 곳에서 사회에 참여하는 방법을 상상도 하지 못한다. 그것은 이들에게 완전히 낯선 개념이다. 웹은 이미 그들의 정체성이다.

카플란에게는 모든 것을 공유하는 것이 원칙이다. 그렇지 않으면 어차피 다 알려질 일을 피하려는 것으로 보일 뿐이다. 그는 이렇게 말한다.

"중요한 건 구매 내역처럼 개인적 데이터를 공개했을 때 과연 무슨 일이 벌어지느냐 하는 거예요. 그랬을 때 세상은 어떻게 될까요? 우리는 블리피에서 다른 사람의 구매 내역을 보고 뒤따라 구매하는 사람들을 자주 봅니다."

일례로 카플란은 아마존에서 와이파이 체중계를 샀다. 그런데 블리피에서 그 구매 내역을 보고 친구 네 명이 따라서 구매했다. 나는 그런 물건이 있는지조차 몰랐기 때문에 그의 말을 이해했다. 구매 내역은 자신의 취미와 관심사를 알릴 수 있는 데이터의 기록이자 일종의 공개적 추천 행위라는 것이다. 카플란은 계속 이야기한다.

"또 친구에 대해서도 더 많이 알게 돼요. 저는 친구 중 하나가 기타를 구매한 내역을 볼 때까지, 그가 기타 연주자인 줄도 몰랐어요. 헬스클럽, 보험, 항공 티켓 등에 다른 사람이 낸 비용을 알 수 있다면, 업계에서 같은 제품에 다른 가격을 매기기도 힘들어지겠죠."

그렇다면 만약 블리피 사용자가 구매 내역을 알리고 싶지 않을 때는 어떻게 할까? 완전히 새로운 세계에 진입하는 만큼 위험 요소도 있을 것이다.

블로그 벤처비트닷컴VentureBeat.com은 블리피가 개설된 지 몇 달 만에 처음으로 그 데이터가 의도하지 않게 공유되는 사례를 찾아냈다. 우연히 일부 사용자의 신용카드 데이터가 공개되었다고 보도한 것이다. 블리피는 카드번호 네 개의 거래 내역 127건이 구글에서 접근 가능하다는 사실을 확인했지만, 카플란은 카드 유효기간 정보는 공개되지 않았다고 맞섰다. 그러나 중요한 점은, 더 많은 정보를 공유할수록 개인 정보의 의도하지 않은 공유는 불가피하다는 사실이다.

왜 블리피는 회원 외에는 누구에게도 공개되지 말아야 할 데이터가 있는 회원 페이지에 구글이 은근슬쩍 접근하도록 허용했을까? 또 왜 지금도 검색 엔진의 접근을 차단하지 않아서 여전히 검색이 가능하게 한 것일까?

카플란은 블리피가 엘프 등 다른 공유사이트와 다를 바 없고, 따라서 구글 인덱스에 포함되길 바란다고 말한다. 컴퓨터가 더욱 똑똑해지고 상호 연결성이 높아지는 것은 웹의 기회인 동시에 위험 요인이다. 카플란은 여기에서 기회와 가능성을 보았지만 분명 부작용도 있는 것이다.

공유의 문제점

구매 데이터가 마케팅 담당자에게만 흘러간다고 생각하면 큰 오산이다. 그것은 시작에 불과하다. 신용카드사는 점점 복잡한 고객 프로필과 행위를 추적해서 카드 소지자의 쇼핑 패턴을 감시하고 있다. 마케팅 담당자가 우리를 공략할 방법을 찾는 동안 신용카드사는 대체로 다른 속셈이 있다. 위험 요인을 감시하는 것이다. 우리의 소비 패턴이 갑자기 고급 매장에서 할인 매장으로 바뀌고 실직이나 이혼, 가족의 사망 등 위기에 처해 있다는 신호가 나타나면, 당장 신용카드 한도가 줄거나 사용이 정지될 것이다. 2008년 서브프라임 모기지 시장에서 위기가 발생하면서 데이터 마이닝이 도입되었다. 모기지를 갚지 못한다면 신용카드 대금도 감당하지 못할 것이라는 우려에서 나온 조치다.

데일리파이낸스닷컴Dailyfinance.com의 조사에 따르면, 일부 리스크 관리 조사 기관은 심지어 트위터와 옐프 같은 소셜미디어에서까지 고객 데이터를 수집한다고 한다. 데이터 마이닝은 과거 은행에서 특정 경계 지구를 지정하던 관행과 유사한데, 미국에서 이처럼 특정 인종이나 지역의 대출자를 차별하기 위해 소비 패턴을 추적하는 일은 불법이다.

미국의 데이터 마이닝 기업인 라플리프Rapleaf는 어떤 개인이 페이스북에서 친구를 맺고 있는 사람을 보면 그의 신용 위험도를 예측할 수 있다고 주장한다. 친구가 카드 대금을 제때에 지급한다면 그도 그럴 확률이 높다는 것이다. 라플리프는 소비자가 온라인에 올리는 방대한 개인 정보를 수집하고 분석하는 기업 중 하나다. 이들은 우리가 엘프와 아마존 같은 공개 사이트에 남긴 말을 분석해서 소셜 그래프상에 파일로 정리해 보관한다.

인터넷과 사회를 위한 스탠퍼드 센터Stanford Center for Internet and Society의 이사인 로렌 겔맨과 같은 개인 정보 옹호자는 바로 이러한 종류의 데이터가 가장 심각한 문제라고 주장한다. 그녀의 말을 들어보자.

"모든 사람은 젊어서 실수를 저지르고 그 실수를 발판으로 발전해 갈 기회를 보장받아야 합니다. 그런데 이제는 우리가 평생에 걸쳐 다양한 삶을 시도해 가는 과정을 전부 잡아내는 기술과 함께 살아가야 해요. 이렇게 더 이상 새로운 삶을 시도하기 힘들어지는 사회적 변화는 시사하는 바가 크다고 생각합니다."

그렇다면 만일 내가 내 개인 정보를 온라인상에서 막상 데이터를 공유한다면 나에게 그 데이터에 대한 권리가 있을까? 현재로서는 전무하다고 보아야 한다.

현재 진행 중인 퍼블릭 클라우드[6]의 예를 들어보겠다. 동네 식당에 가서 끔찍한 음식을 먹고 엘프 사이트에 그 평가를 올렸다고 해보자. 그런데 1년 후에 다시 가보았더니 주방장과 메뉴가 바뀌어 매우 만족스러웠다. 이럴 경우 우리는 전에 엘프에 남긴 평가를 철회할 수 있을까? 엘프가 우리 데이터를 퍼뜨린 모든 사이트를 찾아낼 수 있을까? 엘프에서 그 리뷰를 퍼다가 직접 올린 사이트는 또 어떻게 할까? 클라우드 데이터는 우리가 게시할 때까지만 우리 소유이고, 일단 우리 손을 떠나면 대부분 영원히 돌이킬 수가 없다.

오늘날의 개인 정보는 '2진법'적 상태, 즉 공개하거나 말거나 두 가지 선택뿐이다. 일단 정보를 공개하고 나면 그 정보가 세상에서 사용, 수집, 분류, 상호 참조되는 방식을 규제할 길이 없다. 그리고 아무리 우리의 개인 정보를 관련 기업과 공유하지 않는다고 해도 개인 정보 관리가 비교적 허술한 다른 사이트에서 우리 컴퓨터에 쿠키를 심어서 우리의 일거수일투족을 추적하지 않는다는 보장이 없다.

우려하는 바는 일부 개인 정보 유출 수준이 아니다. 마케팅 담당자 같은 사람들이 우리의 과거 데이터를 추적하고 종합하여, 가장 은밀한 개인 정보까지도 우리가 알리고 싶지 않은 사람에게 넘겨줄 수 있다는 점이다.

이미 소설이 아니다. 현실이다.

---

6) 마이크로소프트나 아마존과 같은 전문 클라우드 서비스 제공자가 제공하는 클라우드 컴퓨팅 플랫폼으로, 서비스 사용자의 모든 리소스가 다른 사용자들과 공유되고, 리소스 사용량에 따라 과금하는 방식이다.

'경계가 모호한' 개인 정보 문제

만약 웹이 공유를 기초로 구축되고, 큐레이션 때문에 더 많이 공유하고 필터링해야 한다면 현재의 개인 정보 보안 인프라는 우리의 가장 내밀한 정보를 빼내고 이용하려 드는 기업들을 따라 잡기 위해서 대대적인 업그레이드가 필요할 것이다.

여기에서 겔맨이 제시하는 해결책은, 겔맨의 표현에 따르자면 '경계가 모호한' 개인 정보의 보호다.

지금껏 웹이 급속하게 확장됨으로써 1대 다수 간 커뮤니케이션이 촉진되었다. 겔맨에 따르면 다음 과제는 자유로운 표현의 욕구와 사생활 침해의 위험 사이에 균형을 유지하는 일이 될 것이다. 이러한 긴장 관계는 사적 정보와 공적 정보 간의 경계가 모호한 네트워크의 등장으로 더욱 증폭되었다. 경계가 모호한 네트워크란 친구나 가족 등과의 소규모 네트워크를 위해 정보를 공개하지만, 한편으로는 그보다 넓은 범위의 웹에 개방되어 있는 공간이다.

겔맨은 오랫동안 이러한 공간 법적으로 인정받는 문제를 연구해왔다. 시민 단체인 프라이버시의 미래 포럼의 공동의장 겸 이사인 줄 폴레네츠키 역시 경계가 모호한 개인 정보에 대해 이야기하면서, 단순한 공유 여부를 넘어 좀 더 유연하면서도 시간, 지역, 관심사에 따라 조정 가능한 공유를 통해서 정보 소유권을 통제하고, 원치 않는 마케팅과 데이터 마이닝으로부터 보호받기를 바라고 있다.

예를 들어 "이 동네에 좋은 의사 아는 사람 없나요?"라고 인터넷에 올렸다고 해서 암치료제 광고의 타깃이 되기를 감수해야 할까? 그 게시글 때문에 건강보험료가 오른다면 어떻게 할까? 데이터 마이닝 기술과 위험 관리는 이처럼 우리가 웹에 올린 정보가 우리를 해치도록 만들 수도 있다.

큐레이션 업계에서도 데이터는 자유롭게 공유되지만, 자신이 행한 행위의 여파로부터 스스로를 지킬 보호막은 아직 형성되지 않았다.

구글의 CEO 에릭 슈미트는 2010년 미국 캘리포니아 레이크 타호에서 개최된 테크노미 컨퍼런스에서 이런 말을 했다.

"만약 여러분의 메시지와 위치 정보를 상세히 지켜보고 인공지능을 활용한다면, '우리'는 여러분이 어디로 갈지 예측할 수 있습니다."

대체 '우리'가 누구인지는 여전히 의문으로 남아 있다. 슈미트의 말을 계속 들어보자.

"사진 14장만 있으면, 그가 누구인지 식별해낼 수 있습니다. 설마 인터넷상에 자기 사진이 14장도 없을 거라고 생각합니까? 페이스북의 사진이 있잖아요! 사람들은 자기가 원하는 바를 기억해 주는 기기가 있어 참 편리하다고 생각할 겁니다. 정작 자기는 잊어버렸으니 말입니다. 하지만 사회는 아직 UGC로 야기되는 문제에 대응할 준비가 안 되어 있습니다."

그럼 자신의 데이터를 모두 공개하고 싶지는 않다면 어떻게 해야 하는가? 슈미트가 CNBC에서 했던 말은 약간 당혹스럽다.

"만약 누구라도 알지 못하길 바라는 정보라면, 애초부터 올리지 말아야 합니다. 일단 정보를 올리면, 현실적으로 구글 같은 검색 엔진이 그 정보를 일정 기간 보관하고, 미국 국민이라면 미국 애국자법Patriot Act 7)을 준수해야 하므로 필요 시 정부 당국에 제출될 수도 있음을 알아야 합니다."

여기에서 슈미트는 문제의 본질을 회피하고 있다. 물론 맞는 말이다. 정부는 우리 이메일을 강제 수사할 수도 있고 전화 통화를 감청할 수도 있다. 그렇다고 고용주나 전 배우자나 오지랖이 넓은 이웃까지 내 개인 정보를 뒤져도 된다는 의미는 아니다. 남에게 공개되지 않기를 바라는 일은 아예 하지 말아야 한다는 주장은 그릇되고 충격적인 발상이다. 개인이 신념 체계, 성적 취향, 법적 조치, 건강 문제 등과 관련하여 행하는 많은 일이 불법도 아니고 남에게 폐를 끼치지도 않는다. 개인 정보는 향후 5~10년 내에 주요한 사회 문제로 떠오를 것이고, 구글이 이 문제를 계속 무시해서는 좋을 것이 없다.

그렇다면 과연 재무 정보의 큐레이션을 통해 무게중심이 대형 은

---

7) 정식 명칭은 테러대책법으로 2001년 10월 26일 미국 대폭발 테러 사건 직후 테러 및 범죄 수사에 관한 수사의 편의를 위하여 시민의 자유권을 제약할 수 있도록 제정된 미국 법률이다.

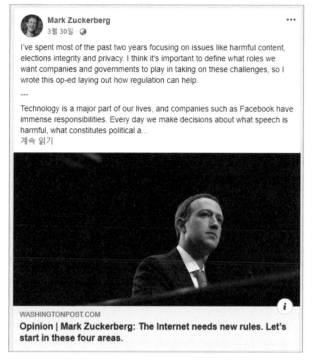

Mark Zuckerberg
3월 30일 · 🌐

I've spent most of the past two years focusing on issues like harmful content, elections integrity and privacy. I think it's important to define what roles we want companies and governments to play in taking on these challenges, so I wrote this op-ed laying out how regulation can help.

Technology is a major part of our lives, and companies such as Facebook have immense responsibilities. Every day we make decisions about what speech is harmful, what constitutes political a...
계속 읽기

WASHINGTONPOST.COM
Opinion | Mark Zuckerberg: The Internet needs new rules. Let's start in these four areas.

그림32. 페이스북 마크 저커버그 _ 개인정보유출 문제로 심각한 타격을 입었다!

출처 : https://www.facebook.com/zuck

행과 카드사로부터 소비자와 관련 집단으로 옮겨가고 있을까? 현재로서는 두 가지 세력의 힘이 비슷하다. 소비자가 더 많은 데이터를 공개할수록 그들의 집단적 이익이 한데로 뭉쳐 더 큰 영향력을 행사하게 된다. 그러면 악덕 은행, 기업, 주식은 빠른 속도로 축출될 것이다.

반면 기업은 여기에 맞서 우리의 정보에서 패턴을 찾아내기 위해 데이터 마이닝을 활용한다. 그 데이터를 이용해서 마케팅을 하고 이자율을 높이거나 대출을 거부한다. 어느 쪽이 우세하다고 말하기는 힘들다. 그렇다고 상황이 근본적으로 변하지 않고 있다는 의미는 아니다. 린드존은 이렇게 설명한다. "소비자는 이미 필요한 모든 권력을 쥐고 있어요. 이미 돈을 벌기 위해 필요한 모든 투자 수단도 있죠. 이제 탓할 것은 우리 자신뿐, 달리 변명의 여지가 없습니다. 기업들은 우리가 놓치는 것을 훔쳐 달아날 뿐이에요."

서비스 기업의 탈중개화 추세는 이미 잘 알려져 있다. 과거에는 데이터를 통제하는 사람에게 권력이 있었다. 데이터가 필요한 사람은 그들을 거쳐야만 했다. 하지만 이제 주식 시장 데이터와 분석이 모두 온라인상에 존재하므로 권력의 중심은 사라졌다. 정보에 대한 접근권을 통제했던 중개인과 주식 거래인은 이제 다른 돈벌이를 찾아야만 한다.

그럼 이것이 과연 소비자에게 좋은 현상일까? 린드존은 소비자에게 발언권을 부여하는 장기적 트렌드는 결국 규모 투자자에게 유리할 것이라고 믿는다. 그러나 위험도 여전히 존재한다고 경고한다.

"큐레이션과 발굴은 인터넷에서 엄청난 성장 분야입니다. 5년 후에는 새로운 소셜 신용등급이나 데이터로 우리를 옥죄는 사악한 방법이 수없이 나타날 겁니다. 그러나 진짜 신용이 좋은 사람이라면 두려워할 것이 없어요. 큐레이트와 발굴을 지원하는 사이트는 차세대 웹에서 큰 인기를 얻을 겁니다. 새로운 권력은 커뮤니티와 지식이에요."

요약

요즘 미국 사회 일각에서는 무엇이든 닥치는 대로 공유하는 현상이 나타나고 있다. 가장 극단적인 경우는 아마도 개인의 재무 정보 공유일 것이다. 과거에는 금기시되던 개인 재무 정보의 공유는 스톡트위트 사이트에서 이루어지고 있다. 이 사이트의 설립자인 린드존은 개인 재무 정보의 공개와 공유는 이제 하나의 트렌드가 되었다고 강조한다.

실제로 개인의 구매 내역이 공개되고 공유됨으로써 기대되는 긍정적인 효과는 제법 많다. 더구나 디지털 세대에게는 이러한 은밀한 개인 정보의 공유가 그다지 대수롭지 않게 여겨지고 있다.

문제는 카플란이 지적하듯이 '경계가 모호한 개인 정보'의 보호 여부다. 현재로서는 그에 대한 보호막이 형성되어 있지 않다. 그러나 이러한 트렌드는 몇 가지 부작용도 있겠지만 차세대 웹에서는 큰 인기를 끌 것은 물론 소비자에게도 유리하게 작용할 것으로 기대되고 있다.

06

큐레이션의
관점으로
세상을 보라

큐레이션의 다음 단계는 기계보다 가치가 훨씬 높은
인간의 역할을 수용하는 것이다. 보바 펫은 이렇게 말한다.
"더 나은 인간이 승리한다. 드로이드."

만일 당신이 지금 내 앞에 앉아 있다면 하이파이브를 하고 싶다.
왜냐고? 당신은 자신의 가장 소중한 자산, 즉 시간을 이 책에 쏟아
붓기로 마음먹은, 호기심 많은 사람이기 때문이다.

당신은 관심을 투자했다. 혹시 이 책의 앞 내용을 건너뛰고 이
부분부터 읽기 시작했다면, 핵심을 놓친 셈이다. 삶은 여행이다. 아
무리 재미있다고 해도 결론인 이 부분은 핵심의 절반밖에 되지 않
는다.

나는 스스로 큐레이션이나 콘텐츠, 브랜드, 소비자 행동에 대해
많이 안다고 생각해서 이 책을 쓰기 시작했다. 또 이러한 주제에 대

한 똑똑한 전문가의 생각도 많이 안다고 자부했다.

거의 1년에 걸쳐 70명이 넘는 사람과 다양한 분야에 대해 인터뷰한 결과, 우리가 어디로 가고 있고 다음 승자는 누가 될 것인가에 대한 진실은 단 하나뿐이었다. 인간이 만든 기계는 미래를 필터링할 수 없다는 것이다. 기계에는 인간이 필요하다.

비유를 한번 들어보자.

여태까지 우리에게는 주방 싱크대가 있었다. 샤워기도 있었다. 그래서 언제 어디서든 쉽게 물을 쓸 수 있었다.

그런데 어느날 하룻밤 사이에 집으로 연결된 배수관이 소방용 호스로 바뀌어버렸다. 직경이 15센티미터쯤 되는 거대한 호스라고 치자. 이 호스를 통해 집으로 엄청난 양의 물이 쉴 새 없이 쏟아져 들어와서 집에는 홍수가 났다. 이제 물은 끔찍한 재앙으로 전락했다.

하지만 사실 물 자체는 변하지 않았다. 항상 똑같은 물질이다. 변한 것은 물의 양이다. 그 어마어마한 양 때문에 이전까지 우리가 통제 가능하다고 믿었던 모든 일상사가 순식간에 침수되어 버린 것이다.

우리는 이제 새로운 배관 시스템이 필요하다. 그것도 당장!

이 새로운 배관 시스템은 전에는 본 적이 없는 형태와 규모로 나타날 것이다. 완전히 새로운 도구와 새로운 기술, 새로운 행위와 사업이 될 것이다. 그렇다고 일시에 모든 문제가 해결되는 것은 아니다. 그 과정에서 수많은 시행착오가 반복될 것이다.

스마트 기기, 큐레이션에 물들다

우리의 개인적 능력과 새로운 사업 기회에 들어맞는 큐레이션 전략을 남보다 앞서 계획하고 수립하려면 트렌드를 전후 컨텍스트 속에서 살펴봐야 한다.

인터넷 트렌드에 대해서는 메리 미커만 한 분석가도 없을 것이다. 그녀는 현재 실리콘밸리의 벤처캐피털인 KPCB^{Kleiner Perkins} Caufield & Byers의 파트너다. 그녀가 과거 모건스탠리 재직 당시 작성한 웹 트렌드 연례 보고서는 매우 중요한 자료로 평가받았다. 그러므로 5년 내에 모바일 사용자가 데스크톱 사용자를 앞지를 것이라는 미커의 예측은 진지하게 생각해 볼 가치가 있다.

2015년 전 세계 모바일 사용자는 16억 명을 돌파해 20억 명에 이르겠지만, 데스크톱 사용자는 약 18억 명 수준에 머무를 것이다. 또 미커는 뚜렷이 드러나고 있는 5가지 트렌드를 지목했다. 바로 3G, 소셜 네트워킹, 동영상, VoIP, 우수한 모바일 기기이다. 우수한 모바일 기기 목록에 아이패드가 포함되지 않은 것은 이 보고서가 아이패드 출시보다 먼저 나왔기 때문이다.

현재 사용자수와 사용 시간 증가를 이끄는 것은 페이스북과 유튜브, 소셜미디어와 동영상이다. 특히 동영상은 모바일 인터넷 트래픽을 급속히 증가시켜서 모바일 데이터량이 2014년까지 39배로 증

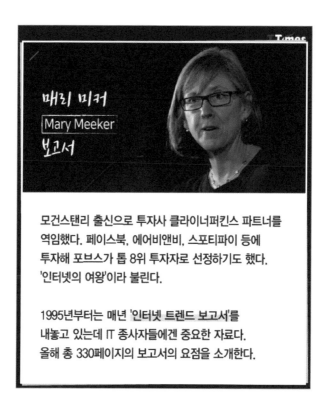

그림33. 메리 미커(Mary Meeker) 보고서
출처 : http://www.ttimes.co.kr
참고로 티타임즈은 국내 최고의 큐레이션 정보 카드뉴스 사이트이기도 하다.

가할 전망이다. 미커는 현재로서는 애플이 선도적인 모바일 혁신 생태계라고 평가하면서도 장기적으로 승자는 사용자 경험과 가격에 따라 결정될 것이라고 경고한다.

모바일 인터넷으로의 변화 추세는 광고, 주문형 콘텐츠, 전자 상거래 등에 막대한 영향을 미칠 것이다. 특히 인터넷 사용자 1명 당연간 광고 수입은 2005년 28달러에서 2010년 46달러로 증가했다고 미커는 말한다.

위치 기반 서비스, 모바일 기기, 모바일 인터넷 사용자, 콘텐츠 증가, 주문형 서비스를 제공하는 전자상거래 기업 등의 결합은 돈의 흐름과 사람들의 행동에 큰 변화를 일으키고 있다. 미커는 특히 애플의 아이튠즈스토어 등에서 신뢰할 만한 소액 결제 시스템이 마련되면서 소비자의 콘텐츠를 비롯한 앱 충동 구매를 한층 부추기고 있다고 덧붙인다.

모바일 인터넷이 성장하는 이유는 인터넷이 우리 손 안에 있을 때 가치가 극대화되기 때문이다. 웹이 제공하는 모든 핵심 가치는 이동성이 추가될 때 훨씬 빛을 발한다. 소셜 커넥션은 친구와 서로의 현 위치를 알고 찾아갈 수 있을 때 더 의미가 있고, 광고는 특정한 수요에 시의적절하게 할인 등을 제안해야 더 쓸모 있고 짜증도 덜 난다.

이런 이유로 LUMA파트너스의 미디어 자문가 테렌스 카와자는 앞으로 TV 방송보다 웹 쪽에 광고가 쏠릴 것이라고 확신한다.

5년 후의 웹은 분명히 모바일, 위치 정보 및 사용자 인식 기반일 것이고, 소액 결제가 주도해 나갈 것이다.

실시간보다는 적시성에 중점을!

실시간 웹으로의 변화는 24시간 케이블 뉴스의 등장처럼 누구나 예상했던 트렌드다. 클레이 셔키 교수가 말하듯이, 과거에는 뉴스가 오후 6시 신호와 함께 끝나버렸다. 다음날 아침까지는 더 나올 뉴스가 없었기 때문에 마음놓고 잘 수 있었다. 설령 자는 동안 새로운 사건이 터지더라도 관련 뉴스를 전할 방법이 없으므로 걱정할 필요가 없었다. 그러나 이제는 아니다. 트위터가 모든 것을 바꾸어 놓았다. 트위터가 그토록 빠르게 확산되었다는 사실이 바로 실시간 데이터의 불가피성을 입증한다.

그러나 모든 사람이 실시간 데이터로 문제가 해결된다고 보지는 않는다. 오히려 실시간 추세로 인하여 데이터의 잡음 수위는 훨씬 높아졌다. 콘텐츠 전략가 제프 맥킨타이어의 말처럼, 이제는 필터링이 없으면 빠져죽게 되었다. 또 〈인게이지〉의 저자 브라이언 솔리스는 이렇게 말한다.

"저는 실시간 소방 호스로 물을 마셔왔습니다. 소셜 웹에서는 모든 것이 실시간이기 때문이죠. 그런데 여러 해에 걸쳐 실시간 보다 더 중요한 것은 적시성이라는 사실을 깨달았습니다. 사실 정보가 흘러든다고 해서 그때가 반드시 참여하고 포착하고 공유하기에 적합한 시점이라는 보장은 없습니다. 지금은 관련 정보의 목록을 작성해 두고 적절한 때에 그 정보를 재가공하고 재포장해서 방송하기 때문에 더욱 효과를 보고 있죠."

크리스 브로건은 팔로잉, 친구 맺기, 링크, 기타 참여를 통해 사람들의 관심을 얻는 것이 실질적인 경제적 가치로 환산된다고 말한다.

"다른 많은 것이 그렇듯이, 관심도 일종의 화폐예요. 시간과 돈이 상호 교환 가능하다는 건 아실 겁니다. 그러나 관심 역시 일대일 관계를 떠나 거래될 필요가 있어요. 달리 말하면, 관심에는 시간이 들고 시간에는 금전적 가치가 있으니, 결국 관심에도 금전적 가치가 있다고 봐야겠죠."

데이터가 가공할 속도로 늘어나고 있으므로 시스템은 데이터를 발굴, 수집, 상품화해서 사용자가 원하는 시점에 원하는 내용을, 일관성 있고 유용한 형태로 받을 수 있도록 진화해야 한다.

위치 인식 트렌드

지금 이 순간 휴대기기는 우리가 누구이고 어디에서 무엇을 하는지를 알고 있다. 그러나 이 모든 정보를 조합할 만큼 똑똑한 소프트웨어는 아직 출시되지 않았다. 로버트 스코블은 자신의 개인적 경험담과 좌절감을 들려준다.

"모바일이 이 세계를 장악해 가고 있음은 분명합니다. 저부터도 데스크톱과 노트북 사용 시간이 줄어들고 아이폰과 아이패드를 더 많이 사용하게 되었죠. 이것이 큐레이션 업계에는 어떤 의미일까요? 제가 오늘 밤처럼 새로운 장소로 이동해도, 제 메모랜덤은 위치에 따라 바뀌지 않을 거예요."

그가 이야기하는 것은 이용자의 위치 정보를 기반으로 콘텐츠가 바뀌지 않는 메모랜덤http://www.memorandum.com이라는 맞춤형 RSS 신문이다. 스코블은 이제 기기가 위치를 인식하는 것이 가능하므로 소프트웨어도 따라잡을 때가 되었다고 말한다.

"제가 하프문베이Half Moon Bay에 살고, 제 아이패드는 제가 거기서 70퍼센트의 시간을 보낸다는 사실을 알아요. 그러니 내가 그 지역 뉴스에 관심이 있다는 것도 알겠죠. 그런데 왜 그곳 시장이 뭔가 나쁜 짓을 할 때 나한테 그 사실을 알려주지 않는 겁니까?"

이 정도는 약과다. 포스퀘어에서 우리가 자동으로 체크인할 장소를 선택할 수 있게 될까? 그래서 일단 즐겨 찾는 장소로 설정해 놓으면, 그곳에서 우리에게 접근해 올 수 있을까? 우리는 이미 광고판이 우리를 알아보고 새로운 제품이나 서비스를 한번 써보도록 권하는 장면을 영화 〈마이너리티 리포트〉에서 본 적이 있다. 그러나 이제 공상과학소설 이야기가 아니다. 스타벅스가, "안녕하세요, 이번 주 네 번째 방문이네요. 새로 나온 모카 카푸치노를 한번 마셔볼래요?"라고 말할 날도 머지않았다.

개인별 맞춤 광고

모바일 상거래, 실시간, 위치 인식 추세가 강해질수록 구매와 판매 행위의 본질도 바뀔 것이다. 쉽게 생각해 보자. 우리는 고객이다. 수요와 욕망이 있다. 지금까지 광고주는 우리의 현재 상태에 대해 많은 비용을 들여 예측을 해왔다. 하지만 그 예측의 대부분은 틀렸다. 그래서 우리는 채식주의자인데도 소고기 광고를 보아야 하거나 차를 산 지 며칠 만에 차를 사라는 소리를 또 들어야 했다. 분명히 이 시스템은 문제가 있다. 광고주는 우리에게 짜증만 일으킬 뿐인 메시지를 전달하느라 많은 마케팅 비용을 날려야 했다.

그러나 이제는 우리의 모바일 기기와 나만의 고객 ID가 생겼다.

그림34. 일상을 연결하는 카카오
출처 : 카카오 모먼트 광고 전략 세미나

바로 휴대전화 번호다. 이로써 우리가 누구이고, 어디에 있는지, 또 무엇을 검색하고 무엇을 사는지를 알게 될 것이다. 오싹하게 들리는가? 솔직히 자신의 정보를 파는 일이 좋을 리는 없다. 하지만 그 대가로 개인에게 맞춤화된 더 유용한 광고와 짜증나고 불쾌하며 공격적인 메시지를 차단해 주는 새로운 통제 시스템을 얻게 될 것이다.

"그때는 광고주가 상품을 쓸 능력도, 관심도 없는 사람들에게 메시지를 보내느라 돈을 썼다고요? 돈이 남아돌았나 보군요."

다음 세대는 아마 이렇게 말할지도 모른다.

앞으로 10년, 성공의 조건

혹시 지난 5년간 불꽃놀이처럼 화려하게 펼쳐진 변화가 이제 다 끝났다고 생각한다면 아직 잘 모르는 소리다. 우리는 이제 막 콘텐츠 제작이 정말로 민주화되는 전환점에 도달했다. 이제 콘텐츠 제작 도구는 우리 손 안에 있다. 휴대전화는 네트워크에 동영상, 사진, 오디오, 텍스트 등을 급격히 쏟아낼 위치 인식 기기가 된 것이다.

우리는 큐레이션이 중심을 차지한 세계에 진입하고 있다.

이제 소비자 큐레이션과 믿을 수 있는 미디어 큐레이션, 대중 큐레이션 등 모든 큐레이션은 세상의 모든 미디어, 광고, 전자상거래, 교육 등에 빠짐없이 영향을 미칠 것이다.

이러한 트렌드가 뚜렷해지면서 우리는 어떠한 기술과 기업, 브랜드가 큐레이트 세계에서 승리하게 될지를 확인할 수 있게 되었다.

앞으로 나타날 새로운 세상에서 성공하려면 어떠한 핵심 자질이 필요할까? 어바웃닷컴About.com을 만든 스콧 쿠르닛은 호기심이라고 대답한다. 그는 사람을 고용할 때도 '이 사람이 호기심이 많은지 적은지를 어떻게 파악할까?'를 고민한다고 한다.

로버트 스코블은 호기심의 동력은 열정이라면서 이렇게 말한다. "자신이 가장 잘 알고 열정을 가지고 있는 틈새시장을 고르세요. 이왕이면 사람들의 관심이 커지면서 중요도가 높아지고 있는 틈새시장이면 더 좋겠죠. 그래서 그 틈새시장에 대해 이야기하는 사람이 있을 때 그 내용을 실시간으로 확인하고 다른 사람에게 설명할 수 있어야 합니다. 이 역할을 잘할 수 있다면 그 분야에서 우리의 영향력은 점점 커질 거예요."

열정과 틈새시장, 이것이 스코블의 화두다.

MTV의 인터넷 부문 책임자였고 지금은 마이스페이스의 공동대표인 제이슨 허천은 큐레이션에 명운을 걸고 있다.

"저는 정말로 큐레이션을 하는 사람에게 앞으로 황금기가 올 것을 확신하고, 그 점이 멋지다고 생각합니다."

마지막은 요즘 인기 있는 140컨퍼런스140 Conference의 설립자인 제프 필버다. 아홉살 때 이미 아마추어 무선을 통해 일대일 소통이 가능한 미래를 꿈꾸었던 그는 우리가 가장 먼저 스스로를 큐레이트해야 한다고 주장한다.

"우리는 스스로 성공할 수 있는 위치에 서 있어야 합니다. 발언권을 얻기 위해 때로는 자신의 상관이라도 해고해야 해요. 누구나 CEO가 되거나 높은 지위에 오르길 바라지는 않더라도 자신의 삶에서만큼은 CEO가 되어야 합니다. 자신이 하는 일과 일하는 방식에 책임을 지고 자신의 목표와 열정, 매일매일의 노력에 집중하는 사람이 그렇지 않은 사람보다 성공할 기회가 훨씬 더 많죠. 밥벌이를 위해 일하는 것은 맞지만, 평생 싫어하는 일을 해야 한다는 법은 어디에도 없어요."

내가 이 책을 쓰면서 인터뷰했던 거의 모든 사람이 온라인에 큐레이트된 콘텐츠의 등장과 기계 대비 인간의 중요성으로 인해 앞으로 열정적이고 자기 분야에 전념하는 큐레이터들이 돈도 버는 황금기가 도래할 것으로 내다보았다. 펄버는 이를 일종의 디지털 마술이라고 표현했다. 그의 말을 들어보자.

"인터넷에서 제가 발견한 가장 마술 같은 사실은 정말 무엇이든 가능하다는 것입니다. 그렇게 생각만 한다면 거의 모든 일을 해낼 수 있으니까요. 가끔 실수를 저질렀다고 해도 거기에서 뭔가 배울 수 있고 이전에 생각해 보지 못한 부분에 마음을 열게 되었다면 그것은 잘한 실수입니다. 우연한 횡재인 셈이죠. 그러므로 혹시 지금

책상에 앉아서 이 실시간 웹과 큐레이션으로 무엇을 해야 할지 고민 중이라면, 첫 번째는 자신을 큐레이션하는 것이고, 두 번째는 열정이 필요하다고 말하고 싶습니다.

지금 어떠한 열정이 있습니까? 어떤 일을 하고 싶은가요? 만약 자신이 열정을 느끼는 일을 하며 시간을 보낼 수 있다면 대체 무슨 일을 해야 매일 매순간 열정이 샘솟는 일을 하고 있다는 자부심 속에서 살 수 있을까요? 이런 면에서 저는 우리 모두가 자기 삶의 큐레이터라고 생각합니다."

애초에 나는 확실히 세상이 변하고 있다는 생각으로 이 작업을 시작했다. 그런데 다양한 분야의 똑똑한 사람들과 이야기하다 보니, 이제 이 변화가 내가 생각했던 것보다 훨씬 더 깊고 광범위하다는 확신을 가지게 되었다.

우리는 모두 큐레이터다. 모든 것을 함께 공유하게 될 것이다. 그런 일을 우연히 하게 되는 사람도 있겠지만, 자기정체성의 일부로 여기는 사람도 있을 것이다. 심지어는 큐레이션이 생계 수단이 되는 사람도 생겨날 것이다. 나로서는 우리가 한 고비를 넘고 있는 광경을 지켜보는 일이 매우 흥분된다. 이미 네트워크는 구축되었고, 데이터 센터도 가동 중이다. 큐레이션의 다음 단계는 기계보다 훨씬 가치가 높은 인간의 역할을 수용하는 것이다.

보바 펫[8]은 이렇게 말했다.

"더 나은 인간이 승리한다. 드로이드[9]."

생각해 보면 정말 마술 같은 일이다.

저자는 이 책을 쓰면서 70명에 이르는 사람과 인터뷰를 했다. 이 과정에서 분명해진 진실은 단 하나뿐이었다. 인간이 만든 기계는 미래를 필터링할 수 없다는 것이다. 기계에는 인간이 필요하다.

최근 세계를 휩쓸고 있는 모바일 기기는 인터넷 트렌드를 획기적으로 바꾸고 있다. 광고나 전자상거래, 주문형 콘텐츠에 막대한 영향을 끼쳐서 새로운 시장을 형성하고 있다.

과거의 웹은 실시간성을 목표로 구축되었지만, 부작용이 생겼다. 잡음이 비례해서 늘어났기 때문이다. 따라서 필터링, 즉 큐레이션이 필수가 되면서 모든 것이 제때 필요하게 되는 적시성이 더욱 중요해지게 되었다.

모바일 상거래와 위치 인식 추세가 강해질수록 개인에 맞춘 광고가 가능해진다. 이렇게 되면 짜증나는 스팸 광고는 옛이야기가 될 것이다. 또한 우리는 스스로 큐레이터로서 모든 것을 공유하게 될 것이다. 이미 이러한 변화는 진행되고 있다. 결국 승리자는 기계가 아닌 인간이다.

---

8) 영화 〈스타워즈〉의 인기 있는 캐릭터로 우주 최고의 현상금 사냥꾼이다.
9) 인간의 모습을 한 로봇이다.

에필로그

혼란스러운 스마트 시대,
성공의 핵심을 찾다

검색의 시대는 완전히 끝났다.

왜일까?

블로거인 비수 스리니바산은 웹이 도서관일 때는 검색이 효과적이라고 말한다. 도서관은 큐레이트된 컬렉션이다. 보통은 책마다 듀이 십진분류법에 따른 번호와 정해진 자리가 있다. 그러나 이제 온라인이라는 도서관 문은 활짝 개방되었다. 그 서가에는 문학, 영화, 만화, 요리법, 택시비 영수증, 연애편지 상자, 껌 포장지, 노래 가사 등 잡다한 물건으로 가득 차 있다. 온라인에 자료를 올리고, 그 카테고리를 분류하거나 태그를 붙이는 방식에도 아무런 기준이 없다. 데이터는 누구나 무료로 사용할 수 있고, 이것도 시작에 불과하다. 지금 우리는 한 장소에서만 포스퀘어나 페이스북으로 체크인할 수 있다. 하지만 우리가 즐겨 찾는 장소나 10분 이상 머무는 모든 곳에서 자동 체크인이 가능해진다면 소셜 네트워크는 온통 체크인 정보로 차고 넘칠 것이다. 누구든지, 빨리 내게 필터를 달라.

여기 검색 시대는 끝났다는 증거가 있다. 구글 이미지에서 내 이름으로 검색을 하면 여러가지 이미지가 뜬다.

그중 첫 번째 이미지는 내가 맞다. 그러나 두 번째와 네 번째는 내가 아니다. 계속 내려가면 여자도 나오고, 심지어는 애완견까지 등장한다. 또 내가 찍어서 태그를 붙인 사진도 몇 개 올라온다. 결국 구글은 '스티븐 로젠바움 사진'과 '스티븐 로젠바움이 찍은 사진'이라는 태그를 구분하지 못한다. 메타 데이터는 이래서 까다롭다.

그러나 내가 하려는 말은 이것이 아니다. 예를 들어 나를 만나기 위해 레스토랑에서 기다리고 있는 사람에게 이 검색 결과는 도움이 되지 않는다. 구속영장이 발부된 수배자를 잡으러 다니는 경찰관에게도 도움이 안 될 것이다. 나에 대한 정보를 탐색하려는 고용주에게도 마찬가지다.

데이터는 결코 '근사치'나 '거의 옳을' 수가 없다. 딱 맞아떨어지고 정확해야 한다. '당신이 찾는 스티븐 로젠바움은 바로 이 사람이다'라는 식이어야 한다.

지금 그런 정보를 얻으려면 페이스북을 이용한다. 둘 다 알고 있는 공통의 친구를 찾거나 여러분이 아는 나에 관련된 데이터, 즉 어느 회사의 CEO, 전직 마술사, 모 대학교 출신 등을 읽는 것이다. 이처럼 유용한 검색 결과를 얻으려면 인간적인 부분, 즉 데이터의 전후 컨텍스트를 본인이 채워 넣을 수 있어야 한다.

이는 무수한 사례 중 하나일 뿐이다. 소프트웨어 패치 프로그램을 검색해 보면 5년 전에 게시된 묵은 자료가 나온다. 레스토랑 리뷰를 찾으면 이미 문 닫은 가게를 알려준다. 지역 내 매장이나 목적지를 찾으려면 구글 검색보다 구글 맵을 이용하는 편이 낫다. 검색의 시대가 끝났다는 말은 구글이라는 기업이 파산했다는 의미가 아니라 데이터의 양이 늘어나면서 기존의 '검색' 행위가 점차 기초 자료 검색에서 믿을 만한 소셜 큐레이션으로 변해간다는 의미다. 우리는 커뮤니티를 신뢰한다. 그리고 커뮤니티는 우리가 원하는 바를 찾도록 도와준다.

검색의 시대는 끝나고 큐레이션의 시대가 시작되었다.

검색의 관건은 대용량의 빠른 컴퓨터였지만, 큐레이션의 관건은 인간이다. 큐레이션은 막막한 웹을 믿을 만한 필터로 걸러내서 친구나 이웃 등으로 범위를 좁혀준다. 우리는 이러한 믿음이 꼭 필요할 뿐 아니라 간절히 원하고 있다.

큐레이션하거나 도태되거나, 둘 중 하나를 선택할 시간이다.

콘텐츠 큐레이터의 좋은 친구, 망고보드

망고보드(https://www.mangoboard.net/)

망고보드는 국내 최고의 디자인 플랫폼이다. 우리는 책의 앞에서 '콘텐츠 큐레이션'이 중요함을 절실히 깨달았고, 또 '콘텐츠 큐레이터'라는 직업군이 있음을 알았다. 그렇다면 이렇게 큐레이션한 콘텐츠들은 어떻게 보여줄 것인가의 문제로 귀결된다. 이러한 때에 아주 적절한 도구가 있었으니, 망고보드가 바로 그것이다. 모바일 시대가 되면서 사람들은 긴 글을 읽기가 어려워졌고, 스마트폰에 시각화된 형태로 보여지는 게시물에 익숙하다. 이에 인포그래픽, 카드뉴스, 상세페이지, 웹툰스타일콘텐츠 등 '모바일'에 최적화된 형태로 보여지는 콘텐츠를 만들어낼 필요성이 더욱더 중요해지고 있다. 하지만 전문 디자이너가 아니면 엄두를 못내는 경우가 많다. 이에 망고보드는 디자이너가 아니더라도 클릭과 드래그만으로 내가 큐레이트한 것들을 바탕으로 다채로운 콘텐츠를 제작할 수 있게끔 도와주고 있다.

콘텐츠 큐레이션에 대한 정확한 이해를 했다면 이것을 바탕으로 실제 먹히는 콘텐츠를 만들어 낼 수 있으며 1인 기업부터 기업 SNS 계정 등을 운영하는 담당자까지 누구나 '콘텐츠 큐레이터'로서의 역할을 다할 수 있으리라 본다.

꼭 활용해 보시길 바란다.

SNS에 대한 큐레이션 카페와
유튜브 채널 소개

그림1. 네이버 카페 SNS로 10억 벌기

그림2. 유튜브 채널_임헌수TV

SNS에 관한 정보를 체계적으로 큐레이션하고 있는 카페입니다. 모바일과 SNS에 대한 정보들을 얻으실 수 있습니다.

모바일, SNS, 트렌드, e커머스 등에 대한 내용을 큐레이션하고 영상으로 보여드리는 유튜브 채널입니다. 구독과 알람 신청을 해두시면 최신 정보를 얻으실 수 있습니다.

옮긴이 ㅣ 이시은

서울대학교 서양사학과를 졸업하고 KAIST 테크노 경영대학원 MBA를 수료했다.
외국계 컨설팅 회사와 대기업 IT 분야 등 다방면의 체험을 쌓고 현재는 〈바른번역〉에서
전문번역가로 활동 중이다.

큐레이션
정보 과잉 시대의 돌파구

초판 1쇄 발행 ㅣ 2019년 09월 16일
초판 8쇄 발행 ㅣ 2021년 02월 10일

지은이 ㅣ 스티븐 로젠바움
추천·감수 ㅣ 임헌수
기　획 ㅣ 엔터스코리아
옮긴이 ㅣ 이시은
펴낸이 ㅣ 최화숙
편집인 ㅣ 유창언
펴낸곳 ㅣ **이코노믹북스**

등록번호 ㅣ 제1994-000059호
출판등록 ㅣ 1994. 06. 09

주소 ㅣ 서울시 마포구 성미산로2길 33(서교동) 202호
전화 ㅣ 02)335-7353~4
팩스 ㅣ 02)325-4305
이메일 ㅣ pub95@hanmail.net ㅣ pub95@naver.com

ⓒ 스티븐 로젠바움 2019
ISBN 978-89-5775-207-4 03320
값 19,000원